CMMI 基本の 實踐

CMMI 기본과 실천

생산성과 품질이 향상되는 프로세스 개선의 모든 것

안마 유타카 저 박철구 역

홍릉과학출판사

머리말

CMMI(Capability Maturity Model Integration : 역량 성숙도 모델 통합)는 기존의 「단면평가 형식」의 품질관리 방법과는 달리, 품질관리 프로세스가 조직에 정착되어 있는 정도를 묻는 것입니다. 구체적으로는 「품질」, 「비용」, 「일정」 (QCD : Quality / Cost / Delivery)이라는 프로젝트의 성공을 좌우하는 3대 요소를 포함하는 프로세스가 조직에 정착되어 있는지 여부를 평가합니다. 즉 조직에서 수행되는 모든 프로젝트의 성공에 직접적이고 장기적으로 기여하는 것을 목적으로 합니다.

우리가 본서를 집필하게 된 배경은 「세계적으로 사용되는 CMMI라는 프레임워크(framework)를 이용하여 일본의 IT 프로젝트 성공률을 조금이라도 높여 결과적으로 기업의 목표 달성을 성공으로 이끌고, 더 나아가서는 IT 관련 종사자들을 행복하게 하고 싶다」고 진심으로 생각했기 때문입니다. 덧붙여서 우리처럼 「방법론이나 도구에 전념해온 회사」가 CMMI를 소개함으로써 회사의 IT 부문을 포함한 IT업계 전체에 변화의 물결을 일으킨다면 다행이라고 생각했기 때문입니다.

따라서 본서는 회사의 IT 부문 혹은 IT 관련 회사의 품질관리 분야에 종사하는 분들, 프로젝트 관리를 담당하는 분들 혹은 프로젝트 관리에 관한 능력을 높이길 원하는 분들을 위한 것입니다. CMMI라는 프레임워크를 통해 본서가 실제 프로젝트를 성공으로 이끄는 데 도움을 줄 수 있다면 우리에게는 그 이상의 기쁨은 없을 것입니다.

CMMI 적용의 효과

일반적으로 CMMI 적용의 효과는 크게 다음과 같이 세 가지로 구분할 수 있다.

기업을 위한 가치

기업은 프로젝트의 성공을 통해 기업의 전략을 실현한다. 또한, CoPQ(Cost of Poor Quality : 총 매출이나 총 투자에 대해 「실패한 프로젝트로 발생한 손실」이 차지하는 비율)를 최소화 한다.

고객을 위한 가치

고객은 계획된 일정에 맞게 높은 품질의 서비스를 받을 수 있어 만족도가 향상된다.

IT 종사자를 위한 가치

IT 종사자들은 품질을 유지하며 계획대로 프로젝트를 완료함으로써 성취감을 얻는다. 또한, 재작업이 감소하여 업무와 개인 사생활에 대한 균형이 유지되어 업무에 대한 동기부여가 향상된다.

물론, 우리는 위에 언급한 세 가지 모두 중요하다고 생각합니다. 그러나 여기서 굳이 하나를 선택하자면 세 번째인 「IT 종사자를 위한 가치」에 주목하고 싶습니다.

일본의 IT 관련 업무가 「New 3K(힘들고, 어렵고, 바꿀 수 없는)」라고 불린 지 오래되었습니다. 오랜만에 만난 친구가 직업을 물어볼 때 「시스템 엔지니어」라고 대답을 하면 「고생하는군」, 「건강에 주의하게」 등으로 말하고, 끝에는 「언제까지 계속할 건가?」라고 하는 소위 「35세 정년설」까지 등장합니다.

IT 분야에 종사하는 사람들은 기업의 보물이며, 장래의 일본을 지탱하는 매우 중요한 인재라는 것은 말할 필요도 없습니다. 그럼에도 불구하고 「New 3K」, 「35세 정년설」이라고들 합니다. 당사에 대한 해외의 예를 들을 것도 없이, 극단적으로 말하면 일본뿐이라는 것이 슬픈 현실입니다. 해외에서는 IT 관련에 종사한다고 하면 대부분 「멋지다」고 합니다.

제가 지금의 Accenture · Technology · Solution(accenture에서의 SI(System Integration)를 담당하는 부문형 독립법인)을 인솔하게 되었을 때 「New 3K」나 「35세 정년 설」을 어떻게든 불식시켜 시스템 엔지니어들에게 긍지나 보람을 회복시키겠다고 마음을 먹었습니다. 그러나 New 3K는 「재작업을 감소시키자」라는 구호만으로는 절대로 해결되지 않습니다.

본질적으로 해결하기 위해서는 「순서를 틀리지 않는다(=방법론)」, 「산정을 틀리지 않는다(=안정된 산정 방법)」, 「결함에 의한 재작업을 만들지 않는다(=효과적인 품질관리 방법)」라는 「근본부터 수정하는 구조」의 도입과 이에 대한 정착이 필수라고 믿었습니다.

CMMI라는 프레임워크는 이 「근본부터 수정하는 구조」를 실현하는 것으로, 일본의 Accenture에서는 이 활동에 의해 대폭적으로 재작업이 감소되었습니다. 또한, 앞서 언급한 CoPQ도 제가 이 활동을 추진한 지 겨우 4년 만에 믿을 수 없을 정도의 효과를 달성할 수 있었습니다.

반복해서 말하지만, 앞으로 IT가 가져올 가치가 기업 활동이나 사회 자체에 있어서 점점 중요해지고, 여기에 종사하는 사람들이 긍지와 보람을 갖고 업무를 해 나가는 것이 필수적입니다. 그러므로 현재 우리는 CMMI의 가치를 다시 한 번 호소하며 그 정착화에 조금이라도 공헌하여, 결과적으로 IT 분야 종사자들을 행복하게 할 수 있다면 아주 다행이라고 생각합니다.

마지막으로 이 책의 구상부터 출판에 이르기까지 오랜기간 귀중한 충언과 편집을 해준 오카모토(岡本) 씨를 비롯한 Softbank Creative 주식회사 여러분에게 사과와 감사를 드립니다.

2007년 11월

안마 유타카(安間 裕)

역자 서문

이 책을 우리말로 옮기기까지 많은 고민을 했습니다. 현재는 우리나라도 소프트웨어의 품질 향상을 위해 많은 노력을 하고 있고, 저 역시 많은 경험을 했는데 굳이 CMMI를 개발한 미국도 아닌 일본의 책을 번역할 필요가 있을까 하는 고민들이었습니다. 하지만 아직까지는 일본이 우리보다 조금 더 앞서 있다고 생각했습니다. 그래서 먼저 이 책을 번역하여 우리와 문화가 비슷한 일본에서의 CMMI에 기반한 소프트웨어 품질향상 방법을 소개하고, 그 다음 제가 고민했던 부분과 경험을 글로 옮겨 우리의 품질향상 방법을 책으로 엮어보자 다짐하고, 이 책을 번역하여 이렇게 옮긴이의 글을 쓰게 되었습니다.

소프트웨어의 품질 담당자로써 가장 어려운 점은, 경영층으로부터 품질의 중요성을 이해시키고 이에 대한 스폰서쉽을 얻는 것입니다. 경영층은 흔히 IT의 중요성에 무관심하기 마련이고, 이는 곧 낮은 품질의 소프트웨어 개발로 이어져 경영환경을 충실히 뒷받침하지 못하는 결과를 가져옵니다. 이 책의 저자는 경영에서의 IT 중요성으로 첫 장을 시작합니다. 이러한 내용을 통해 소프트웨어를 개발하고, 품질향상을 위해 노력하는 우리가 경영층을 설득하는 하나의 도구가 될 수 있었으면 합니다.

소프트에어의 품질은 중요합니다. 그리고 프로세스 품질을 위해 CMMI나 SPICE같은 국제 모델이나, 아직은 초기 단계이지만 앞으로 그 발전이 기대되는 우리나라의 소프트웨어 프로세스 품질인증 기준을 조직에 맞게 잘 적용하는 것은 이제는 필수적인 요소입니다. 국내에 소프트웨어 프로세스 개선을 위한 몇몇 훌륭한 번역서와 집필서가 있지만, 그래도 아직 참고할 만한 서적이 많이 부족한 국내에 본 번역서가 저와 같은 목표를 가진 분들께 큰 힘이 되었으면 합니다.

마지막으로, 이 번역을 도와주신 그 많은 고마움들을 모두 표현할 능력이 부족하여, 소중한 분에게의 감사의 말을 적습니다.

가장 먼저, 먼 곳에 떨어져 있지만 항상 응원해주는 가족과 KT그룹의 IT서비스를 이끌어나가는 "Global IT Service Creator" KTDS의 김종선 사장님, 정보서비스연구소장 강석모 상무님께 감사의 말씀을 전합니다.

또한 번역을 가장 먼저 리뷰해주고 조언을 아끼지 않은 사랑하는 KTDS 정보서비스연구소 품질생산성팀 우리 팀원들, 정찬용 차장님 이하 송승진, 송은정, 김수영, 곽희순, 정은수, 한동준에게 고맙다는 말을 전합니다.

역자

차례

제3장 프로젝트별 사례 스터디(case study)

제1장

경영에서의 IT 역할과 CMMI의 적용 효과

Chapter 1

CMMI

1-1 경영에서의 IT 역할

IT 관련 투자의 효과

앞으로 IT가 경제나 주식시장에 커다란 영향력을 미친다는 것은 이미 누가 보아도 확실하다. 정보기술 부문의 책임자나 정보 시스템 자회사에서 경영자의 역할은 「IT를 활용하여 기업 가치를 높이는」 것이며, 그 책임은 매년 높아지고 있다. 또한, IT 관련 프로젝트에 종사하는 사람들은 기업 가치를 높이는 것에 직접적으로 기여한다고 할 수 있다. 이런 의미에서 경영자뿐만 아니라 프로젝트에 참여하는 구성원도 경영에서의 IT의 역할을 의식할 필요가 있다고 볼 수 있다.

이런 IT의 중요성을 뒷받침하듯이 IT나 정보 통신에 대한 지출액은 세계적으로 300조 엔을 넘는 규모에 달하고 있다. 그러나 그 실태에 대해 살펴보면, 일부 성과가 높은 기업에서는 IT가 기업 가치를 높여준다고 할 수 있지만, 대부분의 기업에서는 IT와 관련된 지출이 의도한 만큼의 효과를 내지 못하는 투자가 되고 있다.

지출이 가져온 효과의 차이

지금까지 필자가 조사 회사와 공동으로 세계 각국의 기업 CIO(Chief Information Officer : 최고 정보 책임자) 및 IT 관리자를 대상으로 실시한 조사에서는 IT 관련 비용이 성과가 낮은 기업과 높은 기업 사이에서 크게 차이가 나는 것으로 판명되었다. 투자 성과가 높은 기업에서는 시스템의 구축이나 통합, 비즈니스의 생산성 향상을 위해 새로운 프로젝트에 노력하고 있었다. 이 조사에서는 성과가 높은 기업이 생산성 향상을 위해 시스템 구축이나 통합에 소요되는 시간은 성과가 낮은 기업과 비교하여 40% 이상 많다는 결과가 나왔다.

한편으로 성과가 낮은 기업에서는 비용 삭감이 첫 번째 목적이기 때문에 새로운 시스템을 구축하지 못하고, 오래된 시스템의 유지보수에 대부분의 노력과 비용을 소비하고 있었다. 사실 일본에서는 많은 CIO가 소비하는 시간 중 아주 많은 시간을 들이는 업무로서 「운용」(CIO의 57%), 「장애 대응」(CIO의 80%)을, 그리고 소비하는 시간에서 아주 적은 시간을 들이는 업무로서 「시스템 구축」(CIO의 50%), 「시스템 통합」(CIO의 64%)이라고 답했다.

시스템이 오래되면 오래 될수록 유지보수 비용은 높아지고, 그것을 새로운 시스템과 통합하는 노력도 커지게 되고 만다. 결국 성과가 낮은 기업은 IT 관련 지출의 대부분을 오래된 시스템의 유지보수 비용으로 소비하기 때문에 지출이 증가해도 이 지출로부터 향유할 수 있는 효과는 그 노력에 비해 작다. 한편, 성과가 높은 기업은 지출에서 차지하는 오래된 시스템의 유지보수 비용의 비율이 상대적으로 작기 때문에 IT의 효과를 향유할 수 있는 운영 비율이 높다고 볼 수 있다.

이러한 IT 관련 지출이 가져오는 효과의 차이에서 결과적으로 보다 높은 성과를 낼 수 있는 기업과 그렇지 않은 기업의 격차는 매년 벌어진다고 볼 수 있다.

또한, 가령 현재 성과가 높은 기업이라도 계속적인 IT 투자를 멈추면 경쟁회사 대비 경쟁력이 떨어지기 때문에 현재의 위치를 유지하기 위해서도 효과적이고 계속적인 IT 투자가 필요한 것이다.

「공격적인」 투자

현재 일본 판 SOX법(Sorbance-Oxley Act, 금융상품 거래법) 대응이나 법령준수(compliance) 강화를 포함한 내부통제 대응 등의 필수 요구사항은 IT 지출의 대상으로서 주목되고 있지만, 이들은 진정으로 기업의 성과를 높이는 요구사항이라고는 할 수 없다. 기업이 경쟁우위를 유지하기 위해서는 「수비」의 요소가 강한 요구사항에 머물지 않고 진정으로 기업 성과를 높이는 「공격적인」 IT 투자가 필요하다. 진정으로 기업의 성과를 높이는 「공격적인」투자란 어떤 것일까? 예를 들면, IT를 통해 구축된 공급망(supply chain : 공급망) 구조는 재고를 감소시키고, 납기를 단축한다. 그 결과 쓸데없는 비용을 줄여 이익률을 높이고, 현금화 속도를 높여(재고일수를 짧게 하거나, 외상 판매 대금의 회수를 빠르게 하여) 효과적인 IT를 통한 기업의 가치 창출 사이클을 실현하는 것이다.

또한, IT를 활용한 효율적인 지식경영(knowledge management)은 기존에 획득 · 축적할 수 없었던 운영상의 노하우를 효율적으로 획득 · 축적하여 공유하게 할 뿐만 아니라, 이들을 재활용함으로써 더욱 새로운 운영 아이디어나 제품개발 아이디어를 창출하여 경쟁우위를 확보할 수 있도록 한다.

이들은 IT 자체의 프로젝트로서가 아닌 비즈니스 프로세스의 개선이나 직원의 의식 개혁을 통하여 실현하는 것이 일반적이다.

Column 칼럼 **IT 투자 예산의 동향**

2007년 4월의 「기업 IT 동향 조사 2007」(경제 산업성/사단법인 일본 정보 시스템 · 사용자 협회)에 의하면 매출에 대한 IT 투자의 예산 비율은 05년도의 1.3%에서 06년도의 1.42%로, 또한,

IT 예산 자체도 11%의 상승을 나타내고 있어서 IT 투자에 대한 의욕은 매출의 신장률을 초과하여 더욱 높은 것으로 나타나 있다.

또한, 투자의 방향성도 「업무 프로세스의 개선」(27%)라는 종래부터 변하지 않은 것이 1위를 차지하고 있지만, 「경영층에 의한 신속한 업무 파악, 정보 파악(실시간 경영)」(2위, 20%)나, 「경영의 투명성 확보(내부 통제, 시스템 감시에 대한 대응 등)」(3위, 14%) 등, 현대 경영에서 매우 중요성이 높은 항목에 집중되는 경향을 엿볼 수 있다(동 조사에서).

한편, 이와 같이 IT 투자가 확대되어 중요도가 증대하는 상황에서 계획된 일정대로 완료되는 프로젝트는 100M/M 미만의 프로젝트에서는 20%, 100~500M/M의 중규모 프로젝트에서 11%, 500M/M 이상의 대규모 프로젝트에 이르면 겨우 9%만이 계획대로 완료한다고 응답하였다(동 조사에서).

IT 프로젝트의 성공 확률

IT 분야는 니즈(needs)의 증가와는 반대로 신규 개발의 계약은 그렇게 증가하지 않고 있다. 그 원인은 IT 관련 프로젝트의 낮은 성공률과 관련이 있다는 것을 조사의 결과로 알 수 있었다.

변하지 않는 IT 성공 확률

현재 IT 관련 프로젝트 성공률은 평균 29%이고, 프로젝트의 비용 초과율은 평균 56%, 일정 지연율은 평균 84%나 된다. 그러나 더욱 놀라운 것은 이만큼의 기술 혁신이 있었음에도 불구하고 이 수치가 10년 전, 20년 전 조사된 수치와 크게 변하지 않았다는 것이다. 물론 IT 프로젝트에 대한 요구는 당시와는 비교할 수 없을 정도로 높아졌고, 프로젝트 기간도 20년 전에는 3~4년간의 프로젝트가 대부분이었지만, 현재는 대규모 프로젝트가 아닌 한 2년을 초과하는 프로젝트는 드물다. 이런 의미에서는 과거의 성공 확률과 비교하여 단순하게 진보가 보이지 않는다고 할 수는 없다.

그렇다고 해도 IT 프로젝트의 성공률이 10년 전, 20년 전과 비교하여 여전히 낮은 수준에 머무르는 것은 주목해야 할 사실이다. IT 프로젝트의 성공률을 높이고, 의도대로 거의 확실한 결과를 내놓게 되면 실제로 부가가치가 있는 IT에 대한 지출(투자)을 지금 이상으로 증대시킬 수 있으므로 기업에 보다 높은 성과를 가져올 수 있을 것이다.

예측 가능한 것이 중요

기업을 경영할 때에 어려운 것 중의 하나는 미래를 예측할 수 없다는 것이다. 기업에는 사업계획이 있어서 이 계획과 실적이 크게 차이가 나는 경우, 주주나 기타 이해관계자(stake holder)로부터 경영에 대한 신뢰를 잃을 우려가 있다. 이것은 IT 프로젝트에서도 마찬가지다.

최선의 상황은 100%의 확률에 따라 계획한 결과가 나타나는 것이지만, 좀처럼 실현하기 어려운 것이 현실이다. 그 다음으로 좋은 상황은 「종료할 수 있는 기간의 폭(range)을 거의 100%의 확률로 확신할 수 있는 것」일 것이다. 프로젝트의 예산을 어느 정도로 가감할 것인가, 프로젝트가 언제 종료할 수 있는가를 정확하게 예측할 수 있는 능력을 높이는 것이야말로 CMMI에서 말하는 성숙도를 높이는 것이다.

실제로 성숙도가 낮은 조직에서는 초기의 견적과 실적 사이에 수백 퍼센트(%)나 되는 차이가 있다. 한편, 성숙도가 높은 조직에서의 차이는 수 퍼센트(%)까지 축소된다. 덧붙여 품질에 관해서도 CMMI의 성숙도가 높은 조직에서는 어느 정도의 불량률이 있는가를 예측할 수 있으므로 불량률을 감소시키기 위한 방안을 검토하는 것과 동시에 불량이 발생했을 때의 대응을 위한 준비도 가능하게 된다.

프로젝트의 가시화

경영자의 중요한 역할 중 하나는, 투자 안건의 상태를 정확하게 파악하여 지원이 필요한 것에 대해서는 지원을 하고, 철수할 필요가 있는 것에 대해서는 철수 준비를 하는 등의 판단을 적절하게 하는 것이다. 경영자라고 해도 이미 대책을 세울 수 없는 상태에서 보고를 받는다면 대처하기가 어렵다. 항상 프로젝트의 상태가 가시화되어 있어야 경영자로서 할 수 있는 고도의 판단을 적절한 타이밍에 내릴 수 있는 것이다.

그러나 프로젝트의 상태를 판단하는 방법이 각 프로젝트별로 다르다면 판단을 그르칠 가능성이 있다. 이 때문에 조직에 프로젝트의 상태를 객관적으로 판단할 수 있는 장치가 정비되지 않으면 안 된다. 이러한 상태에 있을 때 비로소 기업은 투자활동의 하나인 IT 프로젝트에 대해서도 투자수익률(ROI)의 최적화를 실현할 수 있는 것이다.

IT 프로젝트의 성공률을 높이기 위해서는

IT 투자(단순한 「지출」이 아니라 기업의 성과를 향상시키는 「투자」)를 실시함으로써 경쟁 우위를 확보한 기업은 너무 많아서 일일이 셀 수 없을 정도다. 기업의 생산성을 향상시키는 투자를 통해 프로젝트를 성공으로 이끌어 나감으로써 IT는 경영에 공헌할 수 있다고 볼 수 있다.

그러면 도대체 어떻게 하면 IT 프로젝트의 성공률을 높일 수 있는 것일까?

IT에 있어서 기술은 커다란 진보를 이루었지만 IT 프로젝트의 성공률은 그 혜택을 받지 못하고 여전히 낮은 수준에 머무는 것을 볼 수 있다. 그러므로 IT 프로젝트의 성공 여부를 좌우하는 것은 기술적인 요인만은 아니라고 할 수 있다. 사실 실패한 프로젝트의 프로젝트 관리자에게 설문조사를 실시해보면 「본래 파악해야 할 관리 포인트를 소홀히 하였다」고 답하는 사람이 많았다.

- 프로젝트에서 파악해야 할 관리 포인트는 무엇인가?
- 무엇을 실천해야 성공 확률을 높일 수 있는가?
- 어떤 개선 단계를 밟으면 가장 효율적인가?

이런 질문에 대해 어떻게 생각하면 좋은 것인지의 지침을 나타내는 것이 CMMI이다.

왜 CMMI인가

현재 세상에는 프로젝트(IT 프로젝트 이외의 것도 포함)를 성공으로 이끌기 위한 프레임워크/모델 등 여러 가지가 있다. 각각의 특징이 있고, 목적에 따라 골라 쓰는 것도 가능하지만, 만일 대상이 되는 조직이 소프트웨어를 중심으로 하드웨어나 몇 개의 조정하는 부서 등을 갖고 있으며, 조직 전체의 종합적인 능력을 높이는 데 목적을 두는 것이라면 아래의 이유에 의해 CMMI가 가장 유력한 프레임워크/모델의 하나라고 할 수 있을 것이다.

CMMI의 구성

첫 번째 이유로, CMMI에서는 「프로젝트 관리 영역」, 소프트웨어 설계 · 개발 · 테스트의 「엔지니어링 영역」, 의사결정, 원인분석 프로세스 등의 「지원 영역」, 게다가 조직 레벨의 프로세스에 관한 「프로세스 관리 영역」을 포함하고 있어서 그 조직이 시행하는 업무의 많은 부분을 포함한다.

「어떤 시스템을 구축하는 프로젝트」라고 간단히 말해도 여기에 요구되는 작업 레벨은 10년 전과 비교하여 현격하게 높아졌다. 소프트웨어와 관련된 하드웨어나 이용부서에 대해 실시하는 교육 훈련이나 조정 등을 비롯하여, 소프트웨어의 설계 및 개발에 머무르지 않고 작업범위를 더욱 확대하여 포함할 필요가 있다. 동시에 다른 배경(background)이나 문화를 가진 구성원과의 관계도 요구된다. CMMI는 이런 환경까지도 포함하고 있다.

명확한 지침과 목표

두 번째 이유로, CMMI에서는 대상이 되는 조직이 어느 정도로 레벨을 높여야 하는가에 대한 지침을 나타내고 있다.

CMMI에서는 「연속적 표현」과 「단계적 표현」이라는 두 개의 표현방법 중에서 한 가지 방법을 선택할 수 있지만, 일반적으로는 단계적 표현을 이용하는 경우가 많다. 이것은 각 조직이 CMMI의 단계적 표현에서 정의된 성숙도 레벨 중의 어느 것을 목표로 하여 개선을 추진할 수 있다는 명확한 목표와 동일한 기준에서 심사됨으로써 업계 내에서 자신의 조직 위치를 명확하게 하기 쉽다는 것이 그 이유일 것이다.

단계적 표현

단계적 표현은 조직의 성숙도에 주목하여 진화론적으로 기술하고 있다. 특히, 성숙도 레벨이 낮은 조직에서는 무엇부터 착수하면 좋은지 로드맵이 나타나 있기 때문에 단계적 표현은 대처하기 쉽다고 할 수 있다.

단계적 표현에서는 조직의 프로세스 개선에서 진화의 단계를 5개의 「성숙도 레벨」로 나타내고 있다.

- 성숙도 레벨 1 : 초기(Initial)
- 성숙도 레벨 2 : 관리(Managed)
- 성숙도 레벨 3 : 정의(Defined)
- 성숙도 레벨 4 : 정량적 관리(Quantitatively managed)
- 성숙도 레벨 5 : 최적화(Optimizing)

각 성숙도 레벨에는 각각에 포함된 프로세스 영역(process area)이 정의되어 있어서 이들 모든 프로세스 영역이 만족되어야 비로소 그 성숙도 레벨을 달성했다고 인정할 수 있다. 예를 들면 성숙도 레벨 2를 달성하는 것은 여기에 포함된 7개 모두의 프로세스 영역(『표 01-01 프로세스 영역(단계적 표현)』 참조)이 달성되어야 한다.

연속적 표현

CMMI의 연속적 표현은 어느 정도 타 프레임워크에서 개선을 진행하여 어떤 개선과정을 취할지에 결심을 굳힌 조직에 적용하기 쉽다고 할 수 있다. 연속적 표현에서는 각 프로세스 영역별로 「능력 레벨」을 0부터 5까지 6단계로 심사할 수 있기 때문에 주력해야 할 개선점을 분명하게 나타낼 수 있다는 것이 특징이다.

- 능력 레벨 0 : 불완전(Incomplete)
- 능력 레벨 1 : 실시(Performed)
- 능력 레벨 2 : 관리(Managed)
- 능력 레벨 3 : 정의(Defined)
- 능력 레벨 4 : 정량적 관리(Quantitatively managed)
- 능력 레벨 5 : 최적화(Optimized)

본 서에서는 특별히 명기하지 않은 경우를 제외하고 단계적 표현을 중심으로 설명해 나간다.

앞에서도 서술한 것과 같이 CMMI에서는 하드웨어와 소프트웨어가 포함된 시스템 개발을 대상으로 하고 있어, 지금까지 중심이 되었던 기업에서의 정보 시스템의 개발뿐만 아니라 소프트웨어의 획득에도 적용할 수 있도록 되어 있다. 또한, 현시점에서는 소프트웨어의 획득도 프로세스에 기인된 생산성 및 품질 문제는 존재하고 있기 때문에 앞으로 적용할 가능성은 높다고 할 수 있다.

Column 칼럼 **심사(assessment)의 실시 건수**

CMMI의 심사를 받는 기업은 매년 증가하여 카네기 멜론(Carnegie Mellon) 대학 소프트웨어 공학연구소(Software Engineering Institute)의 「Process Maturity Profile(2007년 3월)」 보고에 의하면 2002년 4월부터 2006년 12월 시점에서 일본에서 172건의 심사가 실시되었다. CMMI 심사는 전 세계에서 실시되고 있으며, 지금까지 1964건이 실시되었다. 미국(718건) 이외에 중국(240건), 인도(204건)에 뒤를 이어 일본에서 많이 실시되었다.

CMMI의 성숙도 레벨의 이해

여기서는 CMMI를 실천하는 데 이해하지 않으면 안 되는 각 성숙도 레벨에 대해 설명한다. CMMI 자체의 정의나 역사, 상세한 내용, 심사 방법 등은 SEI에서 제공하는 「CMMI V1.2 for Development」 및 공개 자료를 참조하기 바란다.

CMMI의 성숙도 레벨

「CMMI V1.2 for Development」은 22개의 프로세스 영역으로 구성되어 있고, 단계적 표현에서는 성숙도 레벨 1부터 5까지 각각에 관련된 프로세스 영역이 아래와 같이 정리되어 있다.

각 성숙도 레벨은 다음과 같은 상태로 표현된다.

표 01-01 프로세스 영역(단계적 표현)(계속)

성숙도 레벨		프로세스 영역
5	최적화 (Optimizing)	• 조직 혁신 및 전개(Organizational Innovation and Development) • 원인 분석 및 해결(Causal Analysis and Resolution)
4	정량적 관리 (Quantitatively Managed)	• 조직 프로세스 성과관리(Organizational Process Performance) • 정량적 프로젝트 관리(Quantitative Project Management)
3	정의 (Defined)	• 요구사항 개발(Requirements Development) • 조직 프로세스 정의 + IPPD(Organizational Process Definition + IPPD) • 기술적 해결(Technical Solution) • 제품 통합(Product Integration) • 조직 훈련(Organizational Training)

성숙도 레벨		프로세스 영역
3	정의 (Defined)	• 검증(Verification) • 통합 프로젝트 관리 + IPPD(Integrated Project Management + IPPD) • 확인(Validation) • 조직 프로세스 중점관리(Organizational Process Focus) • 위험 관리(Risk Management) • 의사결정 분석 및 해결(Decision Analysis and Resolution)
2	관리 (Managed)	• 요구사항 관리(Requirements Management) • 측정 및 분석(Measurement and Analysis) • 프로젝트 계획 수립(Project Planning) • 프로세스와 제품의 품질보증(Process and Product Quality Assurance) • 프로젝트의 모니터링 및 통제(Project Monitoring and Control) • 공급자 계약 관리(Supplier Agreement Management) • 협력사 관리(Supplier Agreement Management) • 형상 관리(Configuration Management)
1	초기(Initial)	프로세스 영역 없음

출처 : 카네기 멜론 대학 소프트웨어 공학연구소의 공개정보를 바탕으로 액센츄어(accenture) 작성

성숙도 레벨 1 : 초기(Initial)

프로세스가 정의되지 않은 무질서 상태로 개인의 능력에 의존하고 있어서 우수한 구성원이 배속된 프로젝트는 성공하지만, 그렇지 않은 경우에는 예산 초과나 일정 지연이 발생한다. 또한, 무모한 계획이나 어림도 없는 예산을 적용하는 사례도 많이 보인다. 위험이 발생할 경우 당초 계획된 것도 포기하는 경향이 보인다.

성숙도 레벨 2 : 관리(Managed)

프로젝트에서 기본적인 프로젝트 관리가 가능하게 된다. 고객의 요구 관리나 프로젝트의 계획·관리, 판매자(vendor) 등의 공급자 계약 관리, 산출물의 검토, 관리 지표를 이용한 관리를 할 수 있게 된다.

성숙도 레벨 3 : 정의(Defined)

조직에 표준 프로세스가 정의되어 있는 상태다. 조직에서 정의된 표준 프로세스를 바탕으로 조정 및 가이드를 활용하여 프로젝트에 적용시킬 프로세스 조정을 실시하여 각각의 프로젝트의 특징에 맞는 프로세스를 정의할 수 있다. 조직에서 제공된 자산 및 프로세스에 관해서도 계속적으로 개선을 하는 도구가 구축된다.

성숙도 레벨 2와의 커다란 차이는 성숙도 레벨 2에서는 각 프로젝트별로 프로세스가 정의되어 프로젝트 사이에서 그것을 실현하는 방법이 다를 가능성이 있지만, 성숙도 레벨 3에서는 프로젝트의 모체가 되는 조직수준에서 표준화된 프로세스가 존재하기 때문에 프로젝트 사이에 조정되는 차이를 제외하면 어떤 하나의 표준으로 통일되는 것이다.

성숙도 레벨 4 : 정량적 관리(Quantitatively Managed)

통계 수단을 이용한 정량적 품질관리가 조직 및 프로젝트에서 실시되는 상태다. 조직 및 프로젝트 단위에서 정량적인 품질, 비용, 납기 등의 구체적인 정량적 목표치를 설정하게 된다. 수집된 데이터를 이용하여 프로세스를 정량적으로 관리함으로써 빈번한 사양 변경을 방지하고 프로젝트의 예측이 가능하게 된다.

성숙도 레벨 3에서 정성적인 예측은 가능하지만, 정량적인 예측은 어렵다. 그러나 성숙도 레벨 4에서 통계적인 기법을 이용함으로써 정량적인 예측을 가능하게 한다.

성숙도 레벨 5 : 최적화(Optimizing)

조직 내외에서 항상 프로세스를 개선하는 정보를 수집하여 조직의 프로세스가 계속해서 개선되는 상태다. 사업목표 달성을 위한 품질 목표가 정해져 있고, 개선 활동은 비용 대비 효과를 바탕으로 결정된다. 또한, 문제 발생시에 통계적 수단의 적용에 의한 근본원인 분석이 실시되어 정량적 품질관리에 의해 프로세스의 평균 레벨이 높아지고, 프로세스가 안정화된다.

예를 들어, 개발 지연의 주요 원인을 통계적으로 분석하여 비용 대비 효과가 가장 높은 새로운 개발 프로세스를 구축함으로써 개발기간이 단축되고 개발 프로세스가 안정화되는 상태를 들 수 있다.

그림 01-01 CMMI의 성숙도 레벨

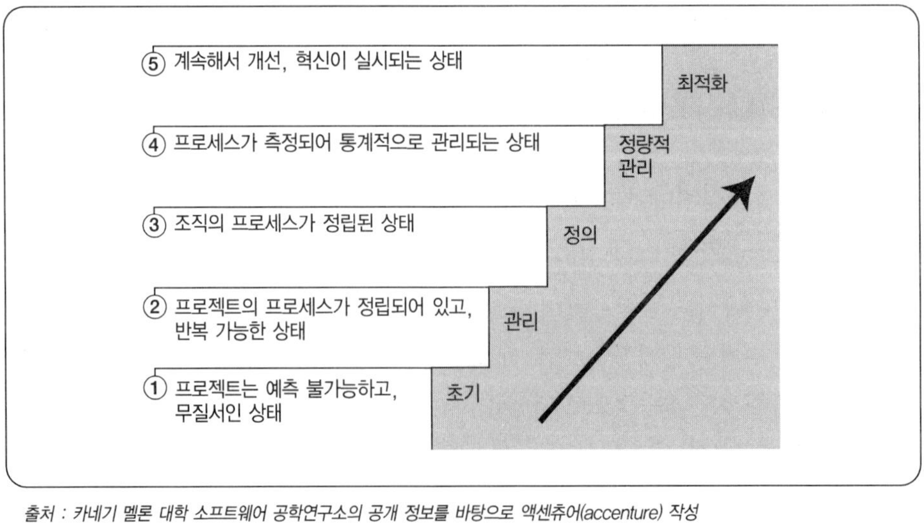

출처 : 카네기 멜론 대학 소프트웨어 공학연구소의 공개 정보를 바탕으로 액센츄어(accenture) 작성

Column

칼럼 적용해야 할 CMMI 모델

조직이 CMMI를 활용하여 프로세스 개선활동을 실시할 때는 CMMI의 어떤 모델을 적용할지를 검토해야 한다. 이것은 대상이 되는 프로세스 영역이나 실천사항(practice)의 범위를 정의하는 것이 되기 때문에 프로세스 개선을 추진하기 위해서도 중요한 결단이 된다.

CMMI V1.2판에서는 CMMI 모델의 아키텍처(architecture)가 개정되어 특정 대상의 영역 니즈(needs)를 만족하도록 「관련요소 군」이라는 개념을 도입하여 설계되었다. 이중 하나는 「CMMI for Development」다. 이 밖에 서비스를 하는 조직의 프로세스 개선을 위한 모델인 「CMMI for Service 획득을 하는 조직을 위한 모델인 「CMM V1.2 for Acquisition」가 있어서 크게 3개의 모델이 새로운 모델의 관련요소 군으로 되어 있다.

더욱이 「CMMI for Development」는 「CMMI for Development + IPPD」와 「CMMI for Development(IPPD 없음)」의 2개로 나뉘어, IPPD를 적용하는 경우에는 IPPD를 취급하는 추가목표와 프랙티스(practice)가 포함된 모델에서 심사를 실시하는 것이 된다.

또한, 시스템 구축 및 IT 프로젝트에서는 주로 「CMMI for Development」가 적용되기 때문에 본서에서 취급하는 사례나 해설에서는 「CMMI for Development + IPPD」를 적용하고 있다.

그림 01-02 CMMI의 3개의 관련요소 군

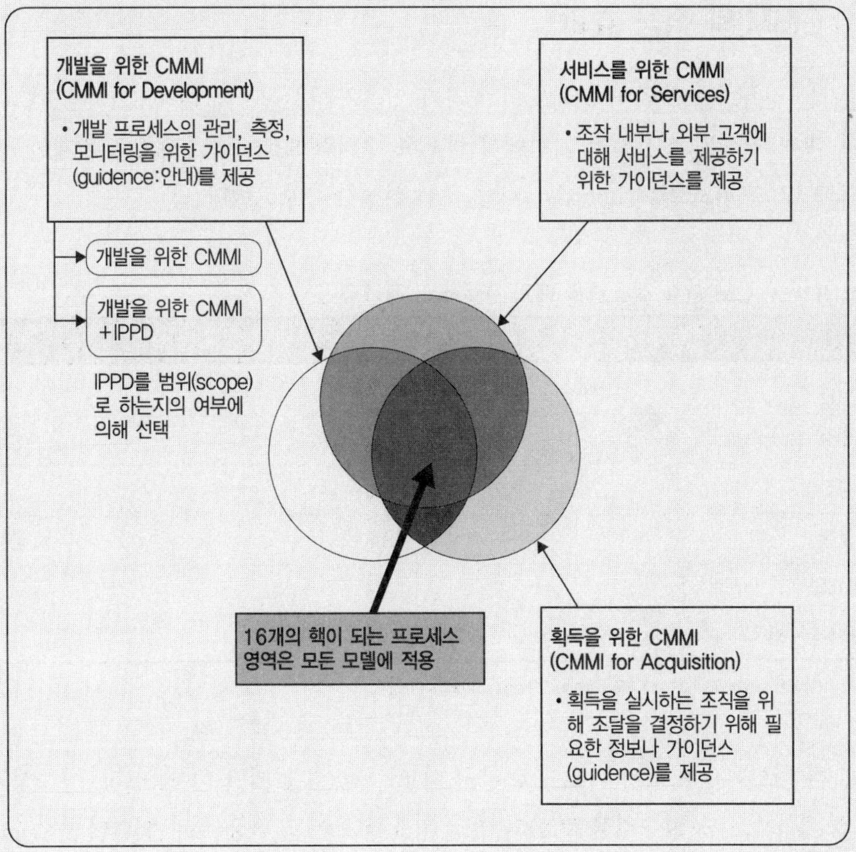

1-2 CMMI의 적용 효과

CoPQ(Cost of Poor Quality)

CoPQ란 낮은 품질에 의해 발생하는 비용을 말하는 것이다. 직접적으로는 재작업 비용이나 불량품의 폐기비용 등이 포함되는데, 이들은 매출의 5~8%를 차지한다고 한다. 또한, 간접적인 비용으로는 기업 이미지 손상이나 기회손실 등이 포함되는데, 이들은 매출의 15~20%나 된다고 한다. 즉, CoPQ가 매출에서 차지하는 비율은 20~28%나 되기 때문에 CoPQ를 감소시키는 것은 기업 가치를 높이는 중요한 요소라고 할 수 있다.

CMMI의 적용 효과

CMMI를 적용함으로써 어느 정도의 효과가 있는가? 이 질문에 대해 SEI가 35개의 조직에 대해 조사를 실시하여 기업에서 발표한 수치와 SEI가 독자적으로 집계한 설문 결과를 「기술 리포트(technical report)」로서 작성하여 보고했다.

표 01-02 CMMI를 적용했을 때의 프로세스 개선 정도

항목	개선 정도(평균)
비용	34%
일정	50%
생산성	61%
품질	48%
고객만족도	14%
투자수익률(ROI:Return On Investment)	4.0 : 1

출처 : Performance Results of CMMI-Based Process Improvement

각 조직별로 지표 정의가 다르므로 단순 비교는 할 수 없지만 비용, 일정, 생산성, 품질, 고객만족도, 투자수익률(ROI)의 어느 지표를 보아도 적용 효과가 있다는 것을 알 수 있다. 성숙도 레벨 5의 조직에서는 투자수익률이 13배나 되었다는 사례도 있다. 이

기업의 경우에는 CMMI를 통해 기존 프로세스의 원인 분석을 실시하고 새로운 프로세스를 구축하여 전개한 결과, 소프트웨어에서 불량상태를 조기에 발견하여 13배의 투자수익률을 실현한 것이다.

또한, 실제로 수치화 하는 것은 곤란하지만, 임원을 포함한 사원의 품질의식이 향상된 점은 경영자에게 매우 중요한 효과다. 경영자는 CMMI 활동에 의해 수집된 프로젝트 지표를 통해 평가를 한다. 프로젝트 팀은 진행 상태를 구체적인 지표로 관리하기 때문에, 프로젝트 진행 상태를 나타내는 수치로 진행 상태를 설명할 필요성이 생긴다. 이 과정을 통해 사원의 품질 의식이 높아짐으로써 작업품질이 향상된다.

CMMI의 간접적인 효과

CMMI의 직접적인 효과는 CoPQ(Cost of Poor Quality)의 감소, 일정단축, 생산성 향상 등에 의해 측정된다. 그러나 동시에 프로젝트 품질이 향상되기 전에 발생한 납기지연에 의한 기회손실(본래는 다음 프로젝트에 배치해야 할 인적자원이 지연에 의해 배치되지 못하고 결과적으로 다음 프로젝트를 착수할 수 없는 것과 같은 사례)이나 품질문제에 의한 기업 이미지의 실추, 가혹한 노동 상황에 따른 우수한 자원의 이직이나 휴직 등을 감소시킬 수 있는 커다란 간접적인 효과도 볼 수 있다. 일반적으로 이것들은 투자대비 효과로 나타내는 것은 드물기 때문에 실질적인 효과는 더 크다고 할 수 있다.

일본 총무성의 자료에 의하면 현재 부족한 IT 기술자는 42만 명 이상이나 된다고 한다. 앞으로 IT 업계에서는 우수한 인재의 확보가 더욱 중요하게 될 것을 예상하여 프로젝트 구성원의 이직이나 휴직의 원인이 되는 불합리하고 가혹한 프로젝트가 되지 않도록 하는 것이 매우 중요하다.

또한, CMMI를 도입하는 것은 프로젝트에 관련된 구성원의 교육 훈련 효과도 크다. 지금까지 느낌 · 경험 · 배짱으로 관리해온 프로젝트 운영을 보다 투명도 높게, 논리적인 판단에 의해 관리된다면 경영적 관점을 지닌 IT 인재육성에도 도움이 될 것으로 생각된다.

필자가 실시한 조사에서 일본의 최고정보책임자(CIO:Chief Information Officer)는 IT 인재관리에서 비즈니스에 필요한 인재를 예측하여 이에 해당하는 인재를 확보 · 유지하여 숙련도와 지식을 개발하는 것이 중요한 사항이라고 대답하였다.

이와 같이 CMMI를 적용, 정착시킬 수 있다면 유형, 무형의 다양한 효과를 발생시켜 기업 가치를 높일 수 있다고 할 수 있다.

CMMI의 도입

CMMI는 자격이나 인증이 아니라 프레임워크/모델이다. CMMI의 레벨이 입찰 조건이 되는 경우는 있지만, 오히려 이것은 예외적인 일로서 CMMI를 실시한다는 사실만으로 혜택을 받는 일은 거의 없다. CMMI를 본질적으로 이해하여 프로젝트 현장의 개선으로 이어지지 않는다면, 오히려 부담으로 작용하여 오랫동안 계속할 수는 없을 것이다. 물론 앞에서 기술한 CMMI에 의한 투자 대비 효과를 향유하는 것도 불가능하다.

그렇다면 실제로 개발 현장에 변화를 가져오고 계속해서 도입 효과를 내기 위해서는 어떻게 CMMI를 도입해야 하는가?

목표로 해야 할 성숙도 레벨

우선 목표로 할 성숙도에 대해서는 적어도 「성숙도 레벨 3 : 정의」을 목표로 한다. 「성숙도 레벨 2 : 관리」는 어디까지나 통과과정으로 생각해야 할 것이다. 성숙도 레벨 2 수준의 조직에서는 안정적으로 프로젝트를 성공시키는 것은 어렵다. 물론 아무것도 하지 않는 것 보다 효과적이지만, 조직에서 안정된 결과가 계속해서 나타나지 않으면 이 활동을 계속하는 것 자체가 곤란해지고 만다.

다른 말로 바꿔 말하면, CMMI의 도입은 각각의 프로젝트에 대해 실시해야 하는 것은 아니다. 물론 각각의 프로젝트에서 해야 할 것을 적절하게 실행되는지를 확인하는 체크리스트(check list)와 같은 활용 방법도 가능하지만, 본래의 목적은 프로젝트의 모체인 「조직」의 프로세스를 정비하여 결과적으로 그 조직에서 생산된 프로젝트의 성공률을 높인다는 것이다.

CMMI의 대상 규모

CMMI를 도입하는 기업 중에는 그 선전효과를 의도했는지 작은 조직에 대해 높은 성숙도 레벨의 달성을 꾀하는 사례를 볼 수 있다. 확실히 잡지 등에서는 「XXX회사 CMMI 레벨 X 달성」이라고 소개하는 경우가 많아 마치 회사 전체 레벨에서 CMMI의 어떤 레벨을 달성한 것과 같이 전달되고 있다.

그러나 그 실태는 회사 전체에서 보면 단지 일부의 작은 조직이거나 대체로 「조직」으로서 분리하기에는 부적절한 경우조차 있다. 이것으로는 그 조직에서 완료된 소규모 프로젝트에서는 일정한 효과를 보았는지는 모르겠지만, 그 조직을 초월한 복수 조직에 걸친 프로젝트에서는 의미가 없다. CMMI를 도입하지 않는 성숙도 레벨이 낮은 조직으로 그 프로젝트의 전체 품질은 끌려가게 되는 것이다. CMMI 도입은 실질적으로 프로젝트를 구성 · 추진하고 관리하는 단위에서(가능하면 사업소 레벨에서) 이루어져야 할 것이다. 당사에서는 CMMI의 레벨 달성을 위해 일본 사무소 전체를 대상으로 하여 3,000명이나 되는 대규모 조직에 도입했다. 타 회사의 사례에 비해 어려운 길을 선택했다고도 볼 수 있지만, 정말로 의미있게 한다는 관점에서는 가야 할 길을

갔다고도 볼 수 있다.

또한, SEI가 발표한 「Process Maturity Profile(2007년 3월)」 보고에 의하면 심사를 실시한 1,712개 조직 중 100명 이하의 조직이 전체의 45.9%로서 가장 많고, 2,000명 이상의 규모는 전체의 2.5% 밖에 되지 않았다. 이것은 대규모 조직에 대한 적용의 어려움을 나타낸다고 볼 수 있다. 또한, 비교적 작은 조직도 많은 심사를 실시한 사실에서, CMMI는 도입한 목적에 따라 조직의 규모에 제약받지 않고 적용할 수 있다고 볼 수 있을 것이다.

그림 01-03 CMMI 자산 대상 규모

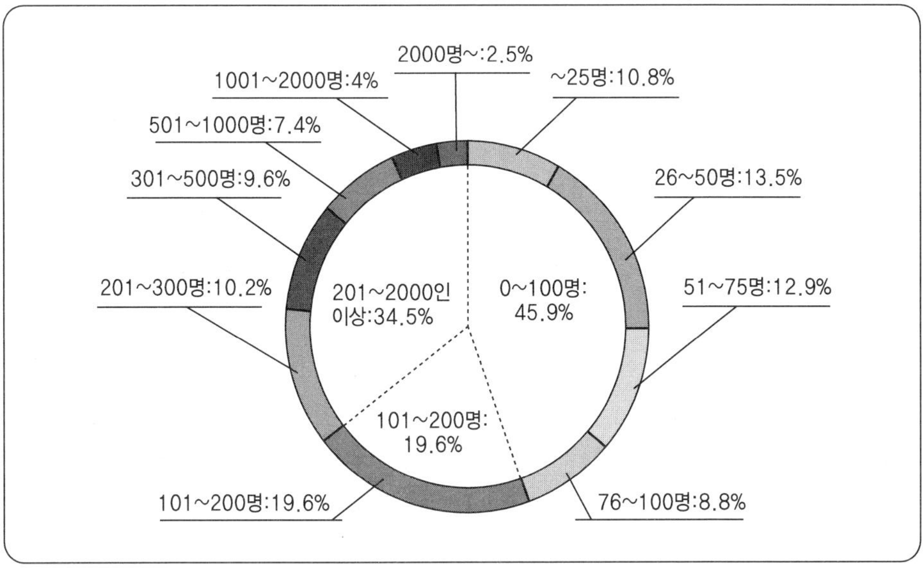

출처 : 카네기 멜론 대학 소프트웨어 연구소의 공개정보를 바탕으로 액센츄어(accenture) 작성

CMMI 도입에서 경영층 커미트먼트(commitment)의 중요성

조직에서 투자를 하여 어느 정도의 기간을 갖고 계속 추진해 나가는 것과 같이 CMMI를 도입하여 그 결과를 얻기 위해서는 상당한 각오가 필요하다. 특히, 경영층의 관심과 지원은 필수 요소라고 할 수 있다. 예를 들면 관리지표 데이터의 수집, 분석, 활용이라는 활동은 프로젝트 단위에서는 실시할 수 없다. 프로젝트는 목적을 달성하고 나면 해산하므로 어딘가 고정적인 조직(EPG)에서 데이터를 수집, 분석 활동을 일괄하여 실행할 필요가 있다.

또한, 참가하는 프로젝트도 활동의 초기에는 활용할 수 없으므로 프로젝트로서는 비용만 부담하게 된다. 따라서 경영층이 프로젝트에 대해 그 중요도를 설명하고 협력을 요청하거나, 때에 따라서는 지원하는 것이 필요하게 된다. 예를 들면 시작하고 나서 얼마간은 관리지표 데이터의 수집 등의 비용을 프로젝트 밖에서 지원 하거나 프로젝트 밖에서 전임 구성원을 배속하는 등의 지원이 필요하게 된다.

장기적인 시점에 입각하여 활동

CMMI 도입은 장래의 프로젝트 품질 향상(성공 확률의 향상)에 대한 투자로 생각할 필요가 있다. 그러나 그 효과는 곧바로 나타나는 것은 아니다. 적어도 도입 후 12개월간은 그 효과를 수확할 수 없다고 보아야 할 것이다. 단기적인 시점으로 취급하면 CMMI의 활동에 종사하는 인재를 중요 프로젝트에 배속하고 싶을 때도 있을 것이다. 그러나 그런 유혹에 빠진다면 언제까지나 개선은 진행되지 않는다.

지금까지 예시한 것처럼 어느 정도까지 개선이 진행되었음에도 불구하고 그 효과가 나오기 전에 핵심 인재를 문제 프로젝트(trouble project)에 소방수 역할로 투입해, 그 프로젝트에서 실패한 구성원이 결국에는 퇴직하고 개선이 중도에 좌절된 경우도 있다.

프로젝트의 성공 확률만을 논의하는 것이라면 체질개선을 한 후에 프로젝트를 진행해야 하는 것이지만, 기업인인 이상 이처럼 느긋한 진행은 허용되지 않는다. 그러나 체질개선에 손대지 못하고 특효약에 의존하는 것으로는 언제까지나 문제해결은 되지 않는다. 그러나 특효약 없이는 체질개선 이전에 생명이 끝날지도 모른다. 이 때문에 체질개선을 위한 운영(CMMI를 견고하게 진행)과 특효약과 같은 운영(현재 긴급한 프로젝트를 지원)을 동시에 진행하는 것이 현실적인 답이라고 할 수 있다. 시간적으로 여유가 있는 기업은 체질개선부터 시작하는 것이 바람직하지만, 좀처럼 그와 같은 예는 적다고 볼 수 있다.

CMMI를 효과적으로 진행하여 기대 효과를 나타내기 위해서는 경영층의 장기적인 관점에 입각한 지원이 성공을 위해 필수 불가결한 요소라고 할 수 있다.

이해 관계자의 협조

CMMI의 추진에는 그 스폰서인 경영층의 커미트먼트가 가장 중요한 요소의 하나라고 서술했지만, 그 커미트먼트는 관계 부서와의 조정도 포함된다. CMMI를 도입할 때는 관련된 모든 조직에 대해 조정이 필요하다. 소프트웨어 개발에 종사하는 조직에서는 아무래도 소프트웨어 관련 부서가 주로 신경이 쓰일 것이다. 그러나 CMMI를 추진할 때는 이 이외에도 인사부(교육 훈련 이력, 배치 프로세스)나 구매부서(PC 등 기재의 조달) 등, 관련된 부서는 여러 분야에 걸쳐 있다. CMMI에서 성취하려는 것은 소프트웨어 개발뿐만이 아니라 매우 광범위한 것이다. 이들 관계부서의 협력이 없이는 CMMI의 도입은 원만하게 진행되지 않는다.

CMMI 도입의 동기와 전임 구성원의 중요성

CMMI를 도입하는 것은 새로운 가치관 및 프로세스를 기업에 도입하는 것과 비슷하다. 「경쟁회사가 하고 있으므로」, 「최신 잡지 등에 자주 CMMI가 자주 언급되므로」라는 이유로 안이하게 CMMI를 도입하는 것을 결정하면, 종종 현재의 업무를 지닌 채 또 다른 업무로 CMMI 도입 활동을 하게 되는 경우가 많이 있다. 자주 볼 수 있는 실패의 예이다.

CMMI 활동을 위한 업무뿐만 아니라 다른 업무도 수행하는 구성원만으로 구성된 CMMI 도입 프로젝트가 성공하는 것은 매우 드문 일이다. 일주일에 한 번 밖에 참가하지 않는 10명의 구성원보다 2명의 전임 구성원쪽이 훨씬 의미가 있다. 전임 구성원으로 우수한 구성원을 확보하는 것도 경영층의 중요한 커미트먼트의 하나다.

지속적인 개선 활동의 중요성과 주의할 점

어느 레벨에 한번 도달했다고 하여 그 활동을 중지하면 결국 물거품이 된다. 지속적인 개선 활동을 하지 않으면 안 되는 이유이다.

지속적 개선 활동의 중요성

CMMI의 전신인 CMM을 설계한 구성원 중 한 명에게서 "CMMI의 최고 등급인 성숙도 레벨 5가 「최적화(Optimizing)」라고 명명한 것은 「지속적인 최적화 활동을 수행한다」"라는 계속성을 지니고 싶어서라고 들은 적이 있다. 그는 「성숙도 레벨 5가 어떤 의미를 가지며 출발점이라고도 할 수 있다」라고도 말했다. 매우 높은 의식 레벨의 얘기지만 「다양한 일을 극복하고, 멈추지 않고 효율적으로 개선 활동을 이어가기 위해서는 성숙도 레벨 5를 달성하지 않으면 안 된다」라는 의미일 것이다. 물론 성숙도 레벨 5를 달성하지 않으면 계속할 가치가 없다는 의미는 아니다. 오히려 성숙도 레벨 5라고 해도 계속하지 않으면 안 되고, 그 미만의 성숙도 레벨인 경우에는 더욱 해야 한다는 의미로 받아들여야 할 것이다.

지속적 개선 활동의 주의할 점

지속적 개선활동을 할 때 주의하지 않으면 안 되는 것으로서 「정의된 프로세스의 본질을 이해하는 데 항상 유의할 것」이 있다. 프로세스가 정착하여 그 내재화 정도가 높아지면 좋든 싫든 자동적으로 프로세스를 따라가 버릴 가능성이 있다. 이렇게 되면 그 프로세스에서 의도한 본질을 잊어버리고 만다. 왜 그 프로세스가 정의되었는지를 알지 못하는 상태가 되면 본질을 이해하지 못하는 담당자가 「효율화」를 구호로 프로세스를 「개악(改悪)」할 우려가 있다.

본질을 따르지 않은 프로세스 변경이므로 언뜻 효율이 올라간 것처럼 보이지만, 당연히 그 후에 문제가 발생하기 시작한다. 문제가 발생하는 프로세스는 서서히 준수하지 않게 되어 프로세스 사이의 정합성도 붕괴되어 결과적으로 모처럼 만들은 구조도 유명무실하게 되어버리는 것이다.

항상 그 프로세스의 목적을 의식하고, 목적에 따른 형태로 타 프로세스와 정합성을 유지하면서 개선하는 것은 매우 중요한 것이지만, 본질을 이해하지 못하는 프로세스 변경은 구축된 것을 물거품으로 만들 위험을 내포한 행위라고 할 수 있다. 단순하게 활동을 계속시키는 것만 아니라 본질을 이해하고 나서 활동을 계속 개선해 나가는 것이 중요한 것이다.

새로운 프로세스 전개 시의 포인트

앞서 우수한 전임 구성원의 중요성에 대해 서술했는데, 여기서 말하는 「우수」하다는 것은 단순히 CMMI의 지식이 있다든지, 소프트웨어 설계 및 개발 능력(skill)이 뛰어난 것을 의미하는 것은 아니다. 물론 CMMI의 지식은 필수이며, 소프트웨어의 설계 및 개발 능력이 뛰어나다면 큰 힘이 된다. 그러나 문제는 프로세스를 정의할 때 발생하기보다 이것을 전개하고 정착시킬 때 발생하는 경우가 많다.

실천적인 프로세스 정의와 전개

시스템 구축 현장에 투입된 후 CMMI를 배우고, 연수를 받은 인재만으로는 「이론적으로」 올바른 프로세스, 즉 현장의 구성원이 저항하지 않고 받아들여 실천하고, 내재화할 수 있는 프로세스를 정의하고, 정착시키는 것은 어렵다.

CMMI는 다른 지침이나 프레임워크와 마찬가지로 「What(무엇을)」 해야 하는가에 대해서는 나타나 있지만, 「How(어떻게)」 실천하는가에 대해서는 나타나 있지 않다. 이 「How」를 현실에 맞춰 적절하게 검토할 수 있는 힘이 CMMI 프로세스의 전개 및 정착에는 필수인 것이다.

학문으로서 CMMI나 PMBOK(Project Management Body Of Knowledge)을 배우고 PMP(Project Management Professional)의 자격을 보유한 젊고 재기가 넘치는 구성원은 정작 새로운 프로세스를 정의하고, 이것을 전개시키는 과정에서 현장과의 괴리 때문에 좌절하고 마는 경우를 본 적이 있다. 「올바른 일을 하고 있으므로 실천하는 것이 당연」하다는 마음, 「프로세스를 정의하여 연락을 했으므로 그 다음은 실천하는 사람 마음」이라는 자세로는 성공할 수 없다.

새로운 프로세스의 전개 및 정착이 중요하다는 것을 경영층에서 조직이나 프로젝트 구성원에게 명확하게 전달하는 일이 중요하다는 것은 앞에서 기술한 바와 같지만, 전개를 담당하는 담당자에게 전개 및 정착시키는 능력이 있는지의 여부도 CMMI 활동의 성공 여부를 좌우한다. 단순히 지식만이 아니라 대인관계 능력(human skill)이나 의사소통 능력(communication skill)도 매우 중요하다. 또한, 현장에서 인정받고, 존경받는 구성원이 새로운 프로세스를 전개하는 경우에는 현장과의 장벽이 낮아진다. 경영층은 지식뿐만 아니라 「전개하는 힘」에 주목하여 인선을 진행해야 할 것이다.

개선 결과를 구성원에게 피드백(feedback) 한다.

새로운 프로세스를 전개한 경우에 그에 따른 개선 결과로 어떻게 변하고, 어떤 효과가 나왔는지를 성실히 구성원에게 피드백 하는 것도 중요하다. 경영층에서는 아무리 사소한 효과라도 이것을 끄집어내어 칭찬할 필요가 있다. 효과가 눈에 보이면 보일수록 그때까지 반대한 사람이 주장하던 「하지 않는 이유」는 더욱 작아진다. 광고 선전의 요소도 중요하다.

「시켜서 한다」라고 생각할 때는 프로세스는 결코 정착되지 않는다. 현장의 구성원이 프로세스의 소유권(Ownership)을 갖고 전개해가며 전개 후에는 자신들이 연구를 계속해 나갈 수 있도록 하는 것이 중요하다. 시작은 외부 전문가의 힘을 빌려 진행하지만, 전개에서 정착에 이르는 길은 현장 구성원이 주체가 되고, 프로젝트 외부 구성원은 지원자의 역할로 일관되게 가는 것이 진행상 원만하다고 볼 수 있다. 프로젝트 외부 구성원의 역할은 CMMI에 관계된 활동이 순조롭게 진행하는지의 여부를 객관적으로 모니터 하면서 필요에 따라 경영층을 협력하게 하거나 현장에서 활동하기 쉽도록 측면 지원을 하는 것이다. CMMI를 추진하는 입장인 사람이 고려하지 않으면 안 되는 것은 「어떻게 현장이 변화되고, 어떻게 그것이 정착하는가?」에 있다.

CMMI를 본래의 의미에서 확실하게 추진하여 현장에 변화을 주고, 효과를 발휘하는 여정은 결코 평탄한 길은 아니다. 그러나 경영층이 커미트먼트를 갖고 주의해야 할 곳을 주의한다면 뛰어난 투자라는 데는 이의가 없다. CMMI가 가져올 효과를 향유하기 위해서는 경영자의 커미트먼트는 불가결한 것이다.

Column 칼럼

CMMI 성공 요령

본질적이고 장기적인 프로젝트를 성공시켜서 계속 진행하기 위해서는 우선 「CMMI 레벨 3의 달성」이라는 목표를 세워 품질관리 프로세스를 정착시킬 필요가 있다. CMMI의 성공에는 다음의 2개 시점이 중요하다.

- 어떻게 하면 프로젝트의 성공에 본질적으로 기여할 수 있는가?
- 어떻게 하면 레벨 3 이상을 달성할 수 있는가?

전자는 「활동의 본질적인 의의를 잊지 않고 어떻게 실제적인 효과를 낼 수 있는가?」라는 빠트릴 수 없는 시점이며, 누구나 이 점을 강조한다. 그러나 우리는 이에 덧붙여 「CMMI 레벨 3 달성」이라는 하나의 「축제」를 성공시키는 것도 품질관리의 중요성을 기업 전체에 내재화시키는 데 불가결한 구심점이 될 수 있다고 확신하고 있다.

후자의 시점에서 보면 다소 「How-to」 형태이지만, 「CMMI의 성숙도 레벨 달성을 위한 신청 방법」이나 「성숙도 레벨 달성에 필요한 작업공정」 등에 대해서도 웬만큼 이해할 필요가 있다. 따라서 「본질」만을 중심으로 얘기하는 다른 CMMI 관련의 서적과는 조금 입장이 다르고, 「How-to」에 대해서도 페이지를 할애할 예정이다.

참조

「Process Maturity Profile(2007년 3월)」 보고

CMMI SCMPI v1.1 Class A Appraisal Results 2006 End-Year update(March 2007)

「개발을 위한 CMMI 1.2판」

CMMI ® for Development, Version 1.2 CMU/SEI-2006-TR-008

「기술 리포트」

Performance Results of CMMI-Based Process Improvement CMU/SEI-2006-TR-004

일본 총무성 정보통신 정책국 정보통신 이용촉진과

차세대 IP 인프라 연구회 security WG(제4회) 자료

「ICT 인재 육성을 위한 총무성의 대처에 대해」(2005년 3월 17일)

제2장

CMMI 실천편 - 프로세스 개선 추진

Chapter 2
CMMI

개선활동을 수행할 때는 CMMI를 프로세스 개선의 프레임워크로서 활용하는 조직도 많지만, CMMI는「성숙도 레벨 5의 달성」과 같이 조직에 대한 성숙도 레벨의 인정만을 목적으로 하는 것은 아니다.

CMMI를 활용한 프로세스 개선활동의 목적은 조직의 표준 프로세스를 적용하여 자산(asset)을 축적함으로써 품질이나 작업효율을 향상시키는 것이 주목적이다. 더욱이 표준 프로세스를 사용하는 측(프로젝트 구성원)이 능숙하게 사용할 때까지 성장함으로써 시스템 개발 능력이나 품질, 조직력을 향상시키는 것도 커다란 목적이라는 것을 잊어서는 안 된다.

이 목적을 달성하기 위해서는 시스템 개발현장에서 개선활동의 효과를 느끼게 할 필요가 있으므로, 조직이 개발현장에서 적용하는 표준 프로세스나 구조를 정비하여 실제로 활용할 수 있는 상황으로 만드는 것이 절대적인 조건이 될 것이다.

그래서 각 프로젝트나 구성원이 조직의 표준 프로세스를 이용하여 주체적이고 지속적인 개선을 반복함으로써 조직전체의 시스템 개발 능력이 향상하게 된다.

이 장은「CMMI 실천편」으로서, 조직이 CMMI를 활용하여 프로세스 개선을 추진할 때에 구체적으로 무엇을 계획하고, 어떤 구조를 구축할 필요가 있는가? 그리고 어떻게 프로젝트에 CMMI를 적용하여 개선상황을 모니터링 할 수 있는가? 등 실시해야 할 것을 종합하여 열거하였다.

2-1 프로세스 개선 추진계획

프로세스 개선활동을 수행할 때 발생할 수 있는 실패는 현장을 알지 못하는 개선 담당자가 품질관리의 규칙(rule)이나 절차만으로 표면적인 프로세스를 체크함으로써 개선활동이 유명무실하게 되어버리는 일이다. 프로젝트 팀의 입장에서 보면 활동의 효과를 나타 낼 수 없을 뿐만 아니라 관리비용만 무의미하게 팽창하여 사무적인 부담만 발생할 것이다. 이와 같은 상황을 방지하기 위해 표준 프로세스나 구조와 함께 개발현장을 지원하고 적절하게 관리하기 위한 추진체계를 확립할 필요가 있다.

또한, 프로세스 개선활동을 수행하여 표준 프로세스를 조직 내에 정착시키려면 2~3개월의 단기간이 아닌 1~2년이라는 중 장기적인 지속적인 추진이 필요하다. 이 때문에 조직이 프로젝트의 현장까지 포함한 한 덩어리가 되어 프로세스 개선활동을 추진하고, 그렇게 하기 위해 먼저 조직적 개선활동 도입을 결정하고, 아래의 그림에서 서술한 요소를 계획단계에서 확실하게 포함시킬 필요가 있다.

그림 02-01 프로세스 개선 추진계획

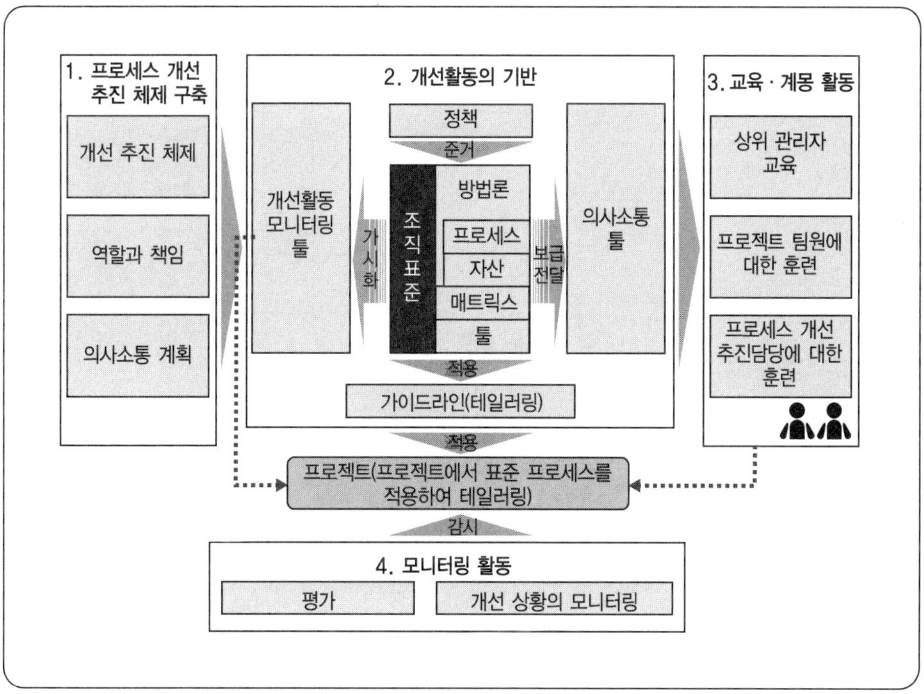

2-2 프로세스 개선 추진체계의 구축

조직적으로 프로세스 개선을 추진할 때는 추진 조직의 리더십(leadership)을 확립하여 어떻게 프로세스 개선을 실시할 것인가를 정의하고, 프로세스 개선의 의의와 함께 프로젝트에 대해 설명하게 된다. 이를 이해서는 프로세스 개선추진에 필요한 역할과 책임을 정의하고, 인력을 적절하게 배치하여 조기에 추진체계와 의사소통 계획(communication plan)을 구축하는 것이 필요하다.

조직에서의 프로세스 개선 추진체계

프로세스 개선활동을 실천하기 위해서는 프로세스 개선활동을 추진하는 측이 조직 내의 모든 계층으로부터 이 활동의 중요성에 대한 이해를 얻어 참여를 장려해야 한다.

아래의 그림 02-02는 프로세스 개선 추진체계의 예를 나타내고 있다.

그림 02-02 프로세스 개선 추진체계 예

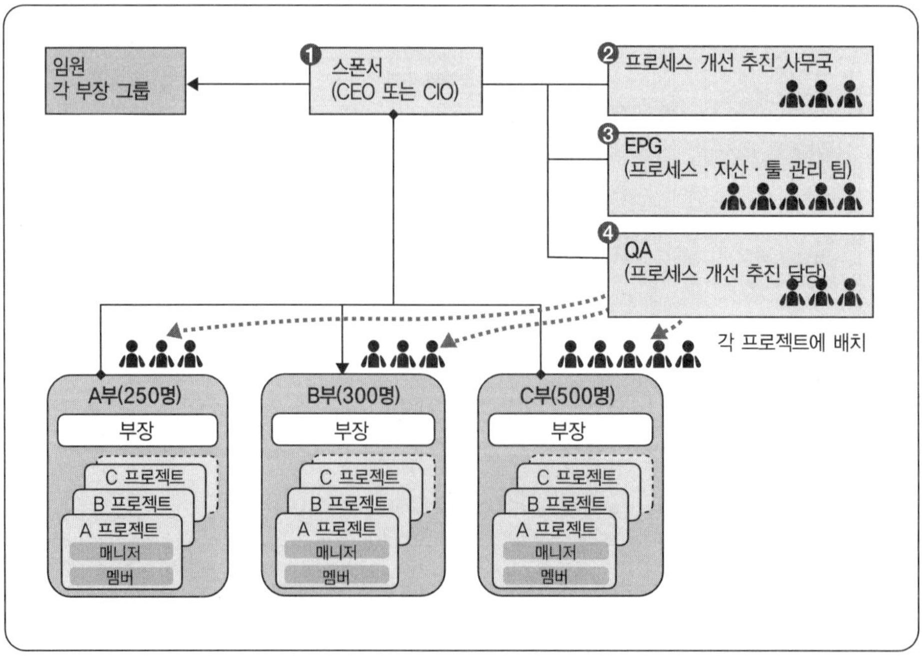

또한, 추진체계를 정의할 때는 관리(management) 상위층(CEO나 CIO 등)을 스폰서로 배치하여 스폰서의 책임이나 소유권을 획득하는 것이 성공의 열쇠가 된다. 왜냐하면 각 부의 부장 및 시스템 개발의 현장을 담당하는 프로젝트 관리자나 구성원이 활동의 주체가 되지 않는 한 개선활동 자체가 정체되기 때문에 현장의 개선활동에 끌어들이는 것을 후원하기 위해서도 스폰서가 활동 전체의 책임자로서 이 활동의 의의에 대해 구성원 전원에게 설명하고, 활동을 견인하는 것이 중요하다.

특히, 성숙도 레벨 3 이상을 달성하려면 조직으로서의 방법론이나 자산의 정비 그리고 이들의 프로젝트에 정착화를 실시할 필요가 있기 때문에 상당한 작업이 필요하다. 이 때문에 활동 예산 확보라는 관점에서도 책임주체를 명확하게 할 필요가 있다.

그리고 체제를 고려할 때의 중요한 점은 프로세스 개선활동을 추진하고, 객관적으로 체크할 QA(Software Quality Assurance : 소프트웨어 품질보증)나 방법론, 프로세스, 도구(tool) 등의 조직 표준자산을 관리하는 EPG(Engineering Process Group)와 같은 측면 지원을 담당하는 팀의 존재도 없어서는 안 된다.

역할과 책임

앞서 기술한 프로세스 개선 추진체계에서 각 담당자의 필요한 역할과 책임은 일반적으로 다음과 같다.

표 02-01 역할과 책임

스폰서 (CEO나 CIO 등의 상위 관리)	역할	내용
	프로세스 개선활동의 추진 책임	• 프로세스 개선활동의 책임자로서 활동 전체의 지시 및 조직 정책(policy : 방침) 수립과 이것을 철저히 준수하게 함 • 프로젝트 및 각 부서에서의 개선활동의 상황을 파악하여 프로세스 개선 추진 팀이나 QA에서 에스컬레이션(escalation : 단계적 확대)된 사항에 대한 의사결정 및 각 부에 대한 지시
	프로세스 개선활동의 예산 확보	• 프로세스 개선활동을 위해 필요한 예산의 확보
	책임	
	조직의 프로세스 개선활동의 스폰서로서 이 활동을 추진하는 책임을 지게 되며, 현장이나 관리 층에 대한 권한을 갖는다.	
프로세스 개선 추진 사무국	역할	내용
	진척관리 · 보고 · 모니터링	• 프로세스 개선활동의 진척이나 활동상황의 관리 • 스폰서에게 보고 및 각 부문의 개선상황 보고
	회의의 운영	• 스폰서에게 보고나 QA 정기, 주간 회의의 실시

프로세스 개선 추진 사무국	공통 프로세스의 정의	• 프로세스 개선활동을 추진하기 위해 필요한 공통 프로세스나 절차의 정의와 전개
	의사소통	• 프로세스 개선활동 촉진을 위한 홍보활동의 실시(사보의 송부, 포털 사이트 활용, 만족도 조사 등)
	심사	• CMMI 심사 계획과 실시 • 선임 심사원의 배치 외, 참가 구성원의 조정실시
	책임	
	프로세스 개선활동을 원활하게 추진하고 활동상황을 가시화하기 위해 조직전체의 활동 관리를 철저히 하고, 추진 상황에 대해 스폰서나 관련 부서에 설명하는 책임을 진다. 심사(내부심사나 공식심사 등)에 대해 지체없이 수행하기 위해 계획의 수립과 실시 그리고 조정에 관한 책임을 진다.	
EPG (프로세스 · 자산 · 도구 관리팀)	역할	내용
	방법론 · 자산의 표준화와 정비	• 조직방법론의 정비, 조직전체에 대해 전개 • 버전 업에 따른 유지보수(maintenance)의 실시
	지원도구의 개발 · 도입지원 · 유지보수	• 프로젝트 관리도구나 테스트도구, 형상 관리도구 등, 프로젝트 도구를 도입할 때의 도입지원 및 도입검토 시의 컨설팅(consultation), 어드바이스 실시 • QA와 관련된 프로젝트 내에서의 프로세스 정의 및 도구를 도입하기 위한 기술지원
	help desk 지원	• 조직에서 제공하는 도구 종류에 관한 헬프 데스크 · 문의 지원 대응
	훈련	• 조직에서 제공하는 도구 및 방법론의 훈련 계획 • 코디네이션(coordination), 훈련의 실시
	책임	
	회사 전체의 방법론이나 자산의 구축이나 개선, 유지 및 축적 공유화에 대한 관리책임을 진다. 조직방법론의 전개 및 도구 · 자산의 유지보수를 담당하며 조직구성원에게 이것들이 전개 될 수 있도록 책임을 진다.	
QA (프로세스 개선 추진담당)	역할	내용
	프로젝트 지원	• 프로젝트에 직접 소속된 구성원이 아니라 측면지원 식으로 프로젝트 내의 프로세스 개선을 지원 • 표준 템플릿(template)이나 우수사례(Best Practice)의 제공 • 프로젝트 규모 · 특성에 맞는 어드바이스 · 컨설팅의 실시
	표준 프로세스 보급 · 활용 상황의 체크실시	• 프로젝트에서 조직의 표준 프로세스 준수상황의 모니터링/정기적인 검토의 실시, 문제점의 명확화 • 지속적인 개선제안이나 프로세스 개선활동 지원을 실시
	지표 수집 · 분석지원	• 프로젝트가 지표를 수집할 때 도구의 전개나 데이터 수집 방법의 검토지원 • 조직지표의 수집과 분석, 수집한 지표의 체크

QA (프로세스 개선 추진담당)	역할	내용
	우수사례 수집지원	• 우수사례 수집과 EPG 팀에 제출 • 조직의 자산으로서 축적 · 활용 지원
	책임	
	하나의 프로젝트에 1인의 QA가 담당하여 그 프로젝트 내의 개선활동에 대한 추진책임을 진다. 프로세스에서 표준이 아닌 것이 있다면 문제를 해결하기 위한 대응 안을 프로젝트 구성원과 검토하여 프로젝트 구성원에 대한 강제력을 갖고 대처할 책임을 진다.	

프로젝트의 생명주기에 맞춘 지원메뉴 및 각 담당자의 역할과 책임을 정리하면 다음과 같다.

그림 02-03 프로젝트 지원 메뉴

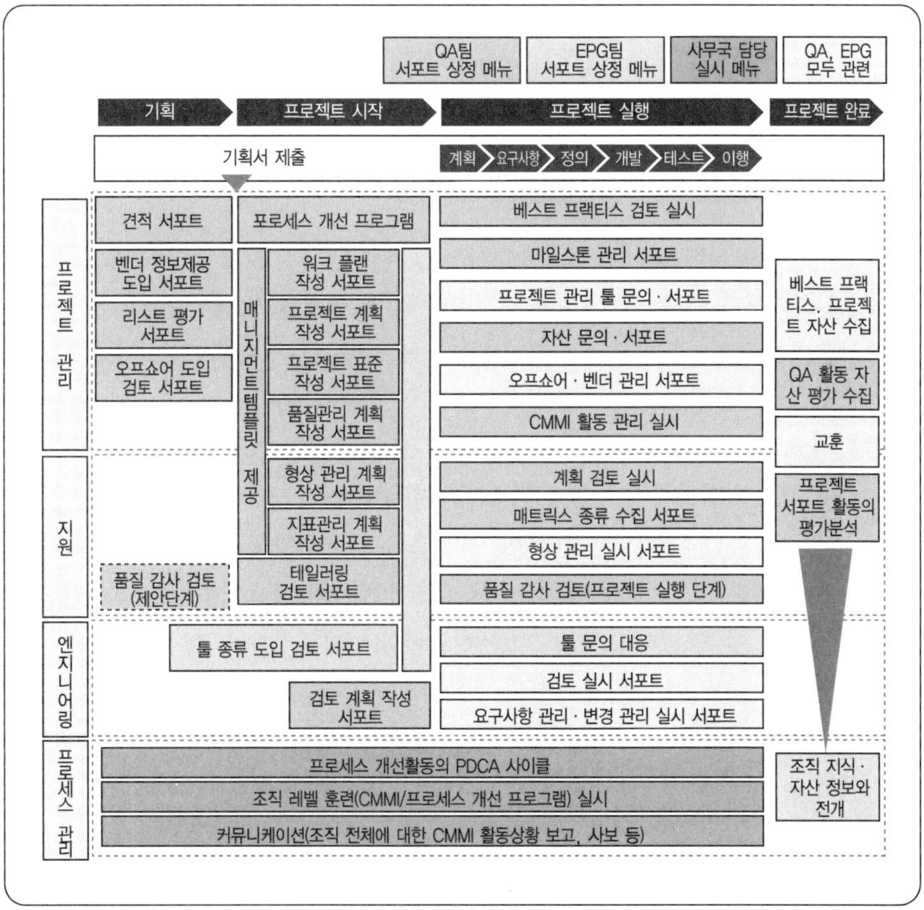

각 담당자는 프로젝트의 단계(phase)에 맞춰 어떤 지원을 실시할 것인가를 정의하고, 프로젝트를 시작할 때부터 설계, 개발, 시스템의 완성까지 CMMI의 프로세스 영역

에 대한 적합성을 의식하여 프로세스의 정착화를 지원한다.

예를 들면 QA는 프로젝트를 시작할 때 규모 산정기준, 프로젝트 계획(project plan)이나 작업 계획(work plan)의 작성지원, 검토(review)를 실시한다. QA는 객관적인 시점을 가진 검토자로서 조직에서의 표준화 의식을 가지고, 방법론이나 표준 프로세스를 준수하고 있는가, 조정을 실시할 필요가 있는가를 체크하는 것이다. 또한, 각종 프로세스(형상 관리, 품질관리, 지표 관리 등)를 정의할 때는 이들에게 필요한 관련 도구의 도입을 EPG와 연계하여 프로젝트를 지원한다.

프로젝트의 실행 단계에서는 구성원이 정의된 프로세스나 절차에 따라 실시하는지의 여부를 QA가 평가하여 개선할 부분이 있는 경우에는 계획을 세워서 실행한다. 그리고 프로젝트를 완료했을 때에 산출물이나 표준 · 방법론에 대한 피드백이나 작업을 통해서 얻은 프로젝트의 경험을 「교훈(lessons learned)」으로서 수집하여 EPG가 조직 자산에 반영한다.

지금까지 서술한 것과 같이 개선 추진체계는 그 조직 안에서 적합한 담당에게 역할이나 책임을 할당할 수 있도록 검토한다.

의사소통 계획(communication plan)

프로젝트 안에서 의사소통 계획을 정의하는 것과 마찬가지로 프로세스 개선 추진활동에서도 회의체나 의사소통 계획을 정의한다. 특히, 프로세스 개선활동인 경우에 참가 구성원은 프로젝트 구성원들과 같이 빈번하게 의사소통을 할 수 없기 때문에 각 담당자가 정기적으로 정보를 공유하고 상황을 서로 보고하는 기회를 만들 필요가 있다.

또한, QA가 현장에 부임하여 수집하는 정보(각 프로젝트의 상황이나 과제, 위험 등)는 일반적으로 현장의 구성원과 접촉하는 빈도가 거의 없는 부장이나 스폰서에게 매우 유익하다. EPG와 같은 조직에서도 시스템의 개발 현장에서 실제로 요구되는 것을 수집할 수 있는 정보의 경로를 갖는 것이 조직 자산의 개선안을 검토할 때에 중요한 입력 요소가 될 수 있다. 그렇기 때문에 일련의 이해관계자를 포함한 회의체나 의사소통 계획을 명확하게 정의해야 한다.

이상의 것을 바탕으로 회의체나 의사소통 계획의 예제를 그림 02-04에 나타냈다.

그림 02-04 회의체 · 의사소통 계획

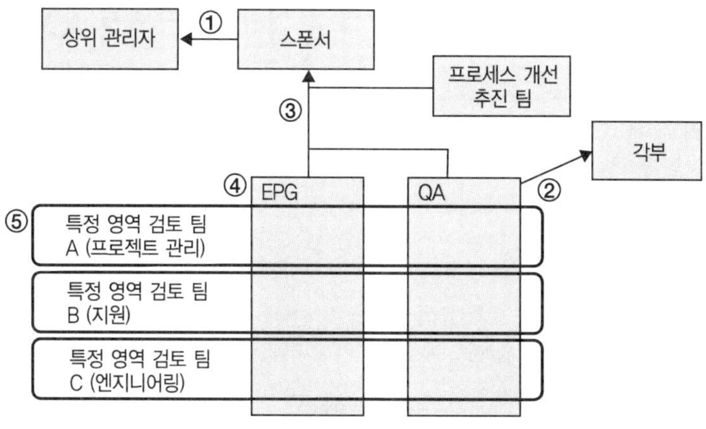

회의 명	구성원	의사 내용	보고	빈도
① 관리 보고	사장 · 임원 스폰서 프로세스 개선 추진 팀	• 프로세스 개선 추진상황 보고 • 각부의 프로세스 개선상황 확인 • 관리에 대한 과제 · 위험의 공유	추진 맵(heat map) 각부별 진척상황 보고 과제 · 위험 일람	월별
② 각부 프로세스 개선 상황 보고 회의	부장 QA	• 각부 내의 프로젝트에서 프로세스 개선 추진상황의 보고 • 각부의 프로세스 개선상황의 보고 • 관리에의 과제 · 위험의 공유	추진 맵 각부별 진척상황 보고 과제 · 위험 일람	주별
③ QA 정기 회의	스폰서 QA 프로세스 개선 추진 팀 EPG 리더	• 각부/프로젝트의 프로세스 개선 상황의 확인, 과제 · 위험의 공유 • EPG-QA 간의 정보 공유 • 우수사례의 공유 • 지표의 수집 · 보고 • 특정 영역 검토 회의의 검토 결과의 공유	활동 상황 보고 QA 활동보고 과제 · 위험 일람	
④ EPG 정기 회의	스폰서 EPG 프로세스 개선 추진 팀	• EPG 내에서의 정보 공유 • 조직 자산이나 도구, 방법론에 관한 작업의 진척보고 • 과제 · 위험의 공유	활동 상황보고 과제 · 위험 일람	주별
⑤ 특정 영역 검토 회의	각 영역 담당의 QA 및 EPG	조직에서 특정 프로세스에서 약점이 되는 것, 개선이 필요한 것에 대해 검토 담당을 결정하고 QA나 EPG가 협력하여 개선에 필요한 대응을 검토	활동 상황보고 과제 · 위험 일람	수시 (각 그룹의 필요에 따라 실시)

Column 칼럼

개선 프로세스 활동 시작은 어려움의 연속

CMMI에 의한 프로세스 개선 활동계획을 세울 때에 특히 주의가 필요한 것은 「성숙도 레벨의 달성」만을 목표로 삼지 않아야 한다는 것이다. CMMI는 어디까지나 「품질이 좋은 제품을 생산하는 조직의 특징」을 모델화 한 것으로서 이들의 특징을 갖추는 것만으로는 진정한 품질개선을 이룰 수 없다. 단지 단순하게 모델과의 차이를 메우는 것이 아니라 「개선 마인드의 문화」를 뿌리내리게 하는 것이 최종 목표인 것이다. 이것을 잘못 이해하면 성숙도 레벨을 달성한 것은 좋지만, 결국 품질향상으로 이어지지 않는 경우가 될 수 있다.

어느 프로젝트 예에서 보면 개선활동의 목표를 「성숙도 레벨의 달성」만이 아닌 「대다수의 구성원에게 프로세스의 중요성을 일깨워, 개선을 위한 노력을 문화로서 정착시킨다」는 것도 포함하기 시작했다.

실질적인 개선 추진에 필요한 업무(task)

이 프로젝트에서는 베이스라인 심사(baseline assessment)의 결과를 통해서 「조직으로서의 정책의 충실」, 「프로세스 준수상황을 판단하는 감사 체크항목의 정비」, 「철저한 훈련」, 「프로세스 문서 등의 자산을 공유하는 구조 만들기」 등의 대응책을 정의했다. 이들을 소프트웨어 개발 프로젝트의 현장이나 조직 전체가 문서화하고 적용해 나가면 좋을 것이다.

그러나 실제로는 이들 활동에 대한 정의만으로는 실질적인 개선으로 이어지지 않는 사례가 많이 있다. 특히, 소프트웨어 개발 프로젝트의 현장에서는 조직의 프로세스 성숙도가 낮을 때에 프로세스의 중요성이나 조직으로서의 방침에 따르는 것이 하나의 "문화"로서 뿌리내리지 않았다. 이 때문에 CMMI와의 차이에서 찾아낸 대응책뿐만 아니라 공통의 프로세스가 필요한 이유나 프로세스에 따르는 것에 대한 중요성을 충분하게 현장에 전달하여 이를 준수시키기 위한 정책을 강화할 필요가 있다.

규모나 특징에 맞춘 유연한 제안

프로세스 개선활동을 정착시키려면 QA와 프로젝트의 현장 구성원과의 관계를 강화시키는 것을 감안하여 계획을 세우지 않으면 안 된다. 이를 위해 QA에서는 프로젝트의 특징이나 제약에 대한 깊은 이해가 필요한데, 예를 들면 형상 관리에서는 형상 관리 담당자가 필요한데 「전임이 아니면 안 된다」라는 획일적인 자세가 아니라 프로젝트의 규모나 특징에 의해 프로젝트 관리자가 겸임하는 등 유연한 대처를 제안할 수 있는 자세가 요구된다.

강제력의 필요성

또한, 개선활동을 추진하려면 강제력도 빠뜨릴 수 없다. 이를 위해서는 조직의 장이 프로세스 개선활동에 대한 커미트먼트(commitment)를 표시하는 것도 중요하다. 예를 들면 회사 전체의 이벤트에서 전 사원 앞에서 협력을 요청하거나 개선 책임자에게 프레젠테이션(presentation)을 하게하여 의식을 고취시키고, 프로세스 개선의 진척도가 낮은 프로젝트에 대해서는 직접적으로 기합이 들도록 하는 것도 중요하다. 베이스라인 심사의 결과에서 도출된 대응책을 비롯하여 이들에 대한 방안도 업무로서 정의하지 않으면 안 되는 것이다.

또한, 당연한 것이지만 개선활동에서도 일반적인 소프트웨어 개발 프로젝트와 마찬가지로 일정이 필요하므로 언제, 어느 정도의 기간을 들여 실시할 것인가에 대한 일정표를 만들 필요가 있다.

요원 확보의 어려움

마지막으로 이들 작업을 실시하는 데 필요한 공수를 산출하여 이것을 실행하기 위한 요원을 조달할 필요가 있다. 이번 프로젝트에서는 계획상, 활동을 추진하기 위해 20명의 프로세스 개선 추진담당자들이 필요했었다.

그렇다고 해도 지금부터 프로세스 개선을 시작하려는 기업에 전문가 그룹이 있을 리가 없다. 이 때문에 각 개발부문에서 실제로 개발 프로젝트에 참가하는 구성원 중에서 프로젝트 관리나 프로세스에 조예가 깊다고 생각되는 구성원을 별도로 프로젝트 QA의 역할을 담당하도록 조치했다.

그 결과, 회사 전체에 대한 대처인 것도 있어서 다른 부서의 인력을 선발하여 시산(試算)에 의한 필요인수인 20명을 크게 상회하는 30명 가까운 요원을 확보할 수 있었다. 개선활동에 사용될 공수(工數)는 개선활동을 위한 특별예산에서 조달하는 것으로 하여, 비용 면에서도 본래 소속된 부서에 폐를 끼치지 않도록 하였기 때문에 크게 공헌했다고 볼 수 있다.

"겸무"의 함정

그러나 QA로서 개발부문에서 투입된 인원은 전원이 현행 시스템 개발 프로젝트에 한 발을 걸친 겸무라는 형태로 참가했다.

겸무를 하는 것은 이슈를 많이 발생시킬 수 있는데, 개발 프로젝트의 일정이 빠듯하거나, 소프트웨어의 품질문제가 발생하면 개발 프로젝트 쪽이 우선시되므로 프로세스 개선에 대한 작업이 실시되지 않게 된다. 점차 프로세스 개선활동을 위한 주간 회의에도 참여하지 않게 되고, 결국에는 인식하지 못하는 사이에 개발부문 측의 의향으로 QA에서 벗어나게 된 경우도 생겼다.

이번에도 최종적으로는 몇 명밖에 남지 않았다. 3,000명이 소속된 조직을 개선하려면 이것으로는 아주 부족하다. 그래서 우선 소수인원이라도 효과적으로 개선활동을 할 수 있도록 프로젝트의 규모에 의해 우선순위나 지원 수준을 대폭적으로 변경했다. 또한, 사라진 원래 QA나 QA는 아니었지만 개선활동에 흥미가 있을만한 사람에게 개선활동의 필요성을 설명하여 스스로 지원하도록 했다. 이렇게 견고한 노력을 계속함으로써 어떻게든 수개월간은 개선활동의 불길을 꺼트리지 않을 수 있었다.

그러나 개선활동에 제동이 걸렸다는 것은 일목요연하게 설명될 수 있다. QA가 개발현장과 겸무를 한다는 것에 대해 개선활동을 실시하는 중에 빈번하게 논의되었다. 실제로는 겸무라는 형태를 취하고 개선활동을 추진하는 일도 많을 것이다. 그러나 개발 프로젝트가 바빠지면 현업의 프로젝트에 대부분의 시간을 할애하지 않으면 안 되는 것도 사실이다. 역시 프로세스 개선활동을 수행하려면 전임이 바람직하다. 적어도 일정 수의 전임을 확보한 후 공수관리를 실시하여, 겸무의 QA가 현업의 프로젝트에 공수(工數)를 할애하지 않을 때라도 인원 조달이 용이할 수 있는 체제로 가야 한다.

커미트먼트(commitment)의 중요성

이 프로젝트에서는 결국 「이대로는 회사전체가 CMMI의 레벨 달성을 실현할 수 없다」는 위기감을 바탕으로 부서장급에게 호령하여 다시 요원을 모으게 되었다.

결국에는 조직의 관리 층에서의 호령으로 해결된 것처럼 상위 관리의 커미트먼트(commitment) 없이는 이와 같은 요원의 문제는 해결되지 않는다고 하는 것도 중요한 시사점이라고 할 수 있다.

2-3 개선활동의 기반

프로세스 개선활동을 원활하게 추진하려면 지금까지 서술한 것과 같이 추진체계의 구축 및 회의체(會議體)나 의사소통의 확립에 따른 개선활동의 기반구축이 필요하다.

아래 그림은 프로세스 개선 추진 계획에서 발췌한 것으로서 개선활동의 기반을 구축할 때에 고려해야 할 요소를 나타낸다.

그림 02-05 개선활동의 기반

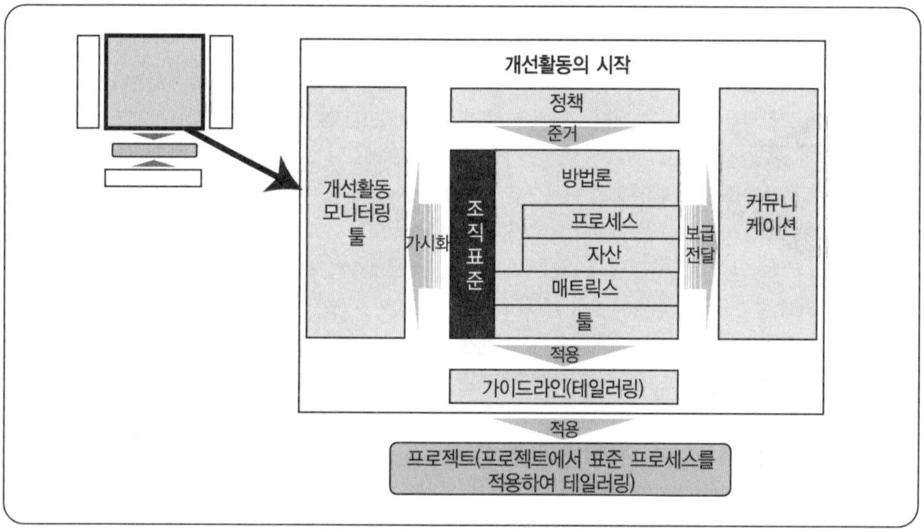

표 02-02 개선활동 기반의 요소 일람

요소	개요
정책	품질관리에 관한 방침, 표준 적용에 관한 방침
방법론	조직 표준으로서 정의된 방법론
프로세스	방법론에서 정의된 프로세스
자산	방법론에서 정의된 자산
지표	조직 표준으로서 반드시 수행되어야 하는(측정되어야 하는)
도구	조직 표준으로서 이용을 추천하는 도구
지침	조직 표준을 프로젝트에 적용하기 위한 절차
개선활동 모니터링 도구	개선 상황을 가시화 · 체크하는 도구
의사소통 도구	정보 공유를 위한 포털 사이트 등

이들 요소에 대해 구체적으로 어떤 내용을 고려해야 하는지 예를 들어, 사례를 기반으로, 예제를 기반으로 설명한다.

정책(policy)

프로세스 개선을 추진할 때, 왜 이 조직이 프로세스 개선을 수행하는가, 활동의 목적은 무엇인가, 프로세스 개선에서 기대하는 것은 무엇인가를 조직 전체에 명확하게 알릴 필요가 있다. 이와 같은 기대나 목적을 실현하기 위해 무엇을 해야 하는가를 조직의 「정책」으로 확립하여 관리 상위층이나 최고 경영자가 조직 전체에 전달하는 것이다.

예를 들면 「프로세스 개선을 실시하여 조직 능력을 높이는 것으로 업계에서의 경쟁력을 향상시킨다」, 「프로세스를 개선하여 조직 표준을 확립 및 적용함으로써 품질이나 생산성을 향상한다」라는 목적이 있다면 그 목적을 실현하기 위해 「프로세스 개선을 추진하여 모든 구성원은 조직 표준을 따른다」, 「모든 프로젝트가 프로세스 개선 프로그램의 활동에 참여한다」라는 회사 전체로서의 정책을 명확하게 나타내어 조직 전체에 적용한다.

또한, 정책을 정의할 때에는 개선활동의 대상 또는 조직 표준, 지표를 적용해야 할 대상(조직 전체 · 부문 · 프로젝트 등)으로 명확하게 구분 후, 프로젝트의 규모나 업무의 내용을 고려할 필요가 있다. 예를 들면 아직 계획단계인 프로젝트나 벤더관리, 그리고 프로젝트 관리만을 실시하는 프로젝트인 경우에 개발 방법론의 적용 범위는 한정된다. 이와 같은 경우, 조정의 지침이나 절차를 정책의 부칙으로 준비하는 것도 대응안의 하나가 된다.

현장에서의 혼란을 초래하지 않기 위해서는 위의 것을 미리 정책으로서 정의하고, 조정이 필요한 경우, 수행 방법을 포함하여 조직의 구성원에게 주지시켜 두는 것이 중요하다. 정책의 정의는 CMMI안에서 필요한 실천항목의 체크포인트가 되므로 명확하게 문서화하여 전개하는 것이 필요하다.

방법론

시스템 개발에서 방법론이란 작업을 진행할 때에 적용하는 개념이나 규칙이다. 구체적인 관리방법, 개발의 절차나 진행 방법을 정의한 「프로세스」 및 프로젝트의 산출물이나 지침 그리고 템플릿(template)이나 프레임워크를 정의한 「자산」 등으로 구성된다.

예를 들면 「요구사항이나 설계를 어떤 절차로 문서화해 나가는가?」, 「산출물의 충족성을 확보하기 위해 어떤 체크리스트를 사용하는가?」, 「어떤 예제 산출물을 제공하는가?」라는 조직으로서의 표준적인 절차를 준비한다.

프로젝트가 시작할 때마다 구성원이 백지(zero base) 상태에서 필요한 작업을 생각하고, 그때마다 프로세스를 정의하고 문서화하여 구성원에게 설명하고 이것을 준수하도록 노력을 하는 방안보다는, 조직의 노하우가 축적된 프로세스를 활용하는 쪽이 품질의 불량률을 초래할 확률을 낮춘다. 이 때문에 조직으로서 시스템 개발력을 향상시키려면 조직이나 프로젝트가 작성한 자산을 확실하게 수집하여 축적해 나가는 것이 매우 중요하다. 조직 프로세스나 자산은 이들을 축적하고, 방법론에 살을 붙이기 위해 활용되고, 항상 지속적인 개선 사이클이 적용된다.

또한, 방법론은 시스템 개발의 특성에 따라 수립되거나 또는 패키지(package) 별로 정의되어 있는 것이 이상적이다. 즉 개발의 라이프사이클이나 단계에 관한 사고방식, 설계 및 개발 단계에서 범위(scope)나 명칭, 필요한 산출물을 시스템 특성에 따라

그림 02-06 방법론 예제

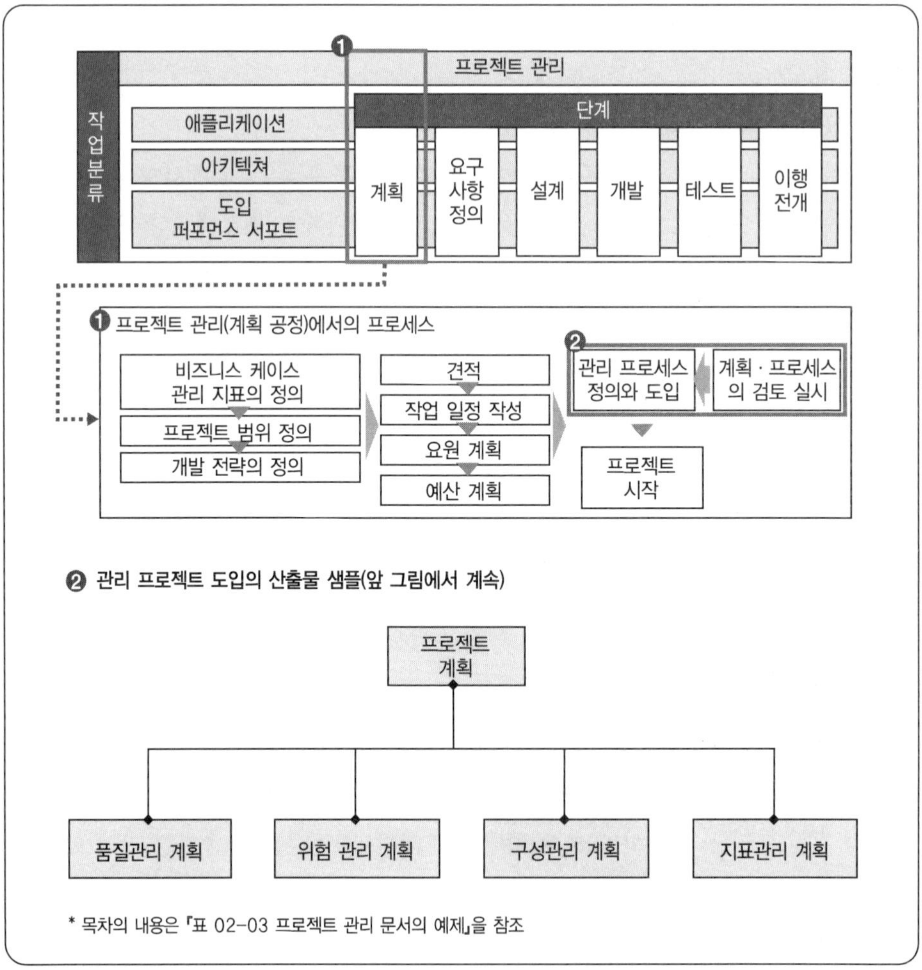

구분하여 정의하면 프로젝트에서 활용하기가 쉽다. 그리고 방법론 중에서 각 단계 또는 프로세스에서 실시하는 내용이나 산출물을 작성하여 정의함으로써 프로젝트의 명확한 지침이 된다.

그림 02-06은 방법론의 예로서 프로젝트 관리영역의 계획단계에서 실시해야 할 프로세스 개요와 자산의 예제(관리 프로세스 도입의 산출물 예제)를 나타낸 것이다.

이 예에서는 프로젝트를 시작할 때에 필요한 관리 프로세스를「필수적으로 작성해야 하는 것」으로 정의되어 있는 계획 문서에 따라 정의하는 것을 나타내고 있다. 프로젝트 구성원은 방법론에 따라「프로젝트 계획」,「품질보증 계획」,「위험관리 계획」,「형상관리 계획」,「측정 및 분석 계획」을 수립한다.

또한, 이들 계획의 필요한 항목은 목차 페이지에서 결정하므로 프로젝트의 초반부터 프로젝트 관리 프로세스에서 정의해야 할 것을 생각할 필요는 없다. 프로젝트 구성원은 이미 정의된 모형에 기재된 사항을 고려하여, 이 프로젝트에서만 필요한 것들을 별도로 정의해야 하는 것들을 고려하면 된다.

또한, 프로젝트 관리자는 이들 계획 문서를 품질보증의 프로세스의 일환으로서 QA에 의한 검토를 실시하는 것이 의무화 되어 있다. QA의 검토를 통해 프로세스에서 정의를 하지 못한 부분이나 적합성이 부족한 절차가 있는지의 여부를 객관적으로 판단하는 것이 가능하게 된다.

표 02-03 프로젝트 관리 문서의 예제

계획 문서종류	주요 내용	목차 예
프로젝트 계획	프로젝트 구성원이 공통적으로 인식해야 할 프로젝트의 미션, 비전, 프로젝트의 모니터링 · 관리나 의사소통에서의 표준 프로세스, 프로젝트의 체계 등을 정의	• 프로젝트의 비전과 미션 • 조직도 · 거버넌스 모델(governance model) • 프로젝트 모니터링 · 추적(tracking) • 실적관리, 과제관리, 변경 및 장애관리 • 의사소통 계획 • 요구사항 개발 및 관리 • 지식관리 • 훈련관리 • 의사결정 분석 및 관리(DAR) • 자원 계획 • 산정 접근방식 • 요구사항(request) 관리 • 계속적 개선을 위한 노력 • 공급업체 관리
품질관리 계획	프로젝트에 요구되는 작업이나 산출물의 품질을 보증하기 위해 필요한 품질유지 및 관리활동을 정의	• 품질관리에 관련된 이해관계자의 역할과 책임 • 품질관리에서의 기본 검증 및 실용 검증 • 품질검토 프로세스 • 품질검토에서의 마일스톤

계획 문서종류	주요 내용	목차 예

위험관리 계획	위험관리를 위한 프로세스(위험의 식별/분류, 분석, 추적, 위험 완화계획, 모니터링 및 보고를 위한 접근방식)를 정의	• 위험관리에 관련된 이해관계자의 역할과 책임
		• 위험관리 프로세스
		  – 특정/분류, 분석,
		  대응 접근방식 결정, 추적
		• 완화 조치
		• 위험관리에서의 마일스톤(milestone)
		• 위험관리 도구

형상관리 계획	시스템의 정합성을 유지하고, 변경에 대한 추적성을 제공하는 형상관리 접근방식을 정의	• 형상관리에 관련된 이해관계자의 역할과 책임 • 변경관리 위원회 • 형상관리 품목(CI) • 카테고리, 관리수준, 명명규칙 • CI의 베이스라인 관리 • 요구사항 관리, 변경관리 • 변경의뢰, 시스템 조사의뢰 • 형상관리의 감사

지표관리 계획	프로젝트의 성과를 측정하는 프로젝트 관리지표를 정의	• 지표관리에 관련된 이해관계자의 역할과 책임
		• 프로젝트의 관리지표
		  – 성과 측정준비
		  – 성과 분석
		  – 성과의 정량적 관리
		• 시정조치의 계획

지표

지표는 프로젝트의 상황을 가시화하기 위해 활용된다. 프로젝트의 타입(system integration : 시스템 통합), 애플리케이션 아웃소싱(application outsourcing) 등에 맞춰 측정이 필수인 지표를 정의하고 계속적이면서 정기적으로 측정 및 분석을 반복함으로써 그 의의를 증대하게 한다.

성숙도 레벨 3 이상을 지향하기 위해서는 조직으로서 지표를 측정하여 측정한 지표를 모니터링하고 분석하는 구조가 확립되어야 한다. 이들은 최종적으로 조직의 지표로서 경향분석, 평균, 상한선 및 하한선을 정의하고 모니터링하여 분석할 때에 활용한다.

당사에서 필수적인 지표인 일정 및 비용의 지표 중에는 「예산대로 진행되고 있는가」, 「일정대로 진행되고 있는가」를 모니터링 하기 위한 CPI(Cost Performance Index : 비용효율지수)나 SPI(Schedule Performance Index : 일정효율지수), 검토효율을 확인하기 위한 지표, 프로젝트의 위험을 측정하여 위험 값 등을 나타내는 지표가 있으며, 그리고 애플리케이션 아웃소싱 프로젝트일 경우, 서비스 수준의 준수율(표준 비율) 등을 나타내는 지표를 추가하여 정의하였다.

물론 조직에서 정의한 최소한의 지표 외에 별도로 지표의 추가를 검토하거나 모니터링을 하는 타이밍을 보다 짧은 주기로 실시하는 등 프로젝트와 QA 간의 상황에 맞춰 검토하고 정의하는 경우도 있다.

도구(tool)

프로젝트를 시작할 때에 프로젝트 관리나 엔지니어링, 지원의 각 영역별로 처음부터 도구선정을 하는 것은 비효율적일 것이다. EPG 등의 팀에 의해 조직의 표준으로 도구가 선정되어 도입에 관한 컨설팅이나 지원이 이루어 질 수 있도록 하는 구조가 구축될 필요가 있다.

물론 프로젝트에 따라서는 고객이나 환경, 시스템 규모 등의 이유로 표준 도구를 그대로 적용할 수 없는 사례도 생각할 수 있다. 그러나 프로젝트에 도구 도입을 검토할 때에 필요한 정보나 프로젝트가 이용할 수 있는 표준 도구가 조직에 준비되어 있어야 한다.

그림 02-08은 각 영역에서 요구되는 도구들과 그 리스트의 예다. 물론 이것은 일부이며 시스템 타입에 따라 다른 도구들의 적용이나 그 영역의 전문가에 의한 지원도 필요할 것이다.

또한, EPG 팀의 공수 확보 상황에 따라서는 프로젝트에 대해 지원할 수 있는 서비스 수준에 대해 정의가 필요하며, 프로젝트 팀은 이것을 바탕으로 개발 기반 팀이나 프로젝트 관리팀의 공수를 검토할 필요가 있다.

지침(guideline)

프로젝트를 수행하려면 회사 전체에서 표준이 되는 개발 프로세스를 준비해야 할 뿐만 아니라 소속된 조직이나 각 프로젝트별 특성을 고려하여야 한다. 그리고 그 조직이나 프로젝트에 적합한 프로세스를 적용할 필요가 있다.

프로젝트가 조직의 표준 프로세스를 활용하여 자신들의 프로젝트 상황이나 규모에 맞는 절차로 새롭게 고치는 「조정(tailoring)」은 CMMI에서 특징적인 키워드다. 조정은 어디까지나 표준 프로세스를 활용하여 새롭게 고친다는 발상이기 때문에 무턱대고 고치는 것은 바람직하지 않고, 명확한 지침과 절차가 필요하다.

또한, 개선활동의 초기나 표준 프로세스가 내재화되지 않는 경우, 하나의 개선활동 주체의 의식수준 향상은 시간이 걸릴 것이다. 이 경우에는 「개선활동 발족 초기에는 부 또는 과 등의 소규모 조직을 활동의 단위로서 개별적으로 표준 프로세스를 정의

그림 02-07 비용/일정의 상태(status) 보고

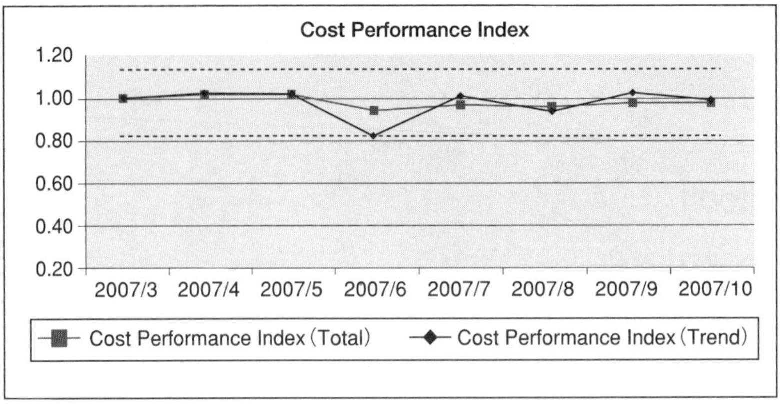

개발 단계		요구 사항	기본 설계
지표		**2007/3**	**2007/4**
Total(누계)	BCAC (총 예정 공수)	45,000	45,000
	BCWA (PV)	2,200	4,000
	BCWP (EV)	2,200	4,010
	ACWP (Actual Cost)	2,180	3,900
	Cost Performance Index	1.01	1.03
	Schedule Performance Index	1.00	1.00
Trend(월별)	BCWA (PV)	2,200	1,800
	BCWP (EV)	2,200	1,810
	ACWP (Actual Cost)	2,180	1,720
	Cost Performance Index	1.01	1.05
	Schedule Performance Index	1.00	1.01

소견	• 6월의 상세설계 초기시점에서 신규 구성원의 능력 및 경험 부족에 의해 잠시 CPI가 악화되어 있다. • 통합 테스트 초기의 테스트 환경이 좋지 않아 예정된 작업을 종료하지 못하고, 현시점에서 SPI가 0.98로 전체적으로 1주 정도 지연되었다.

하면서 전 조직에 걸쳐 프로세스화를 지원하는 팀을 만들고, 각 소규모 조직의 활동을 살펴보면서 조직 전체의 표준화를 병행하여 진행하는」 등의 접근방식을 모색할 필요가 있다.

표준 프로세스를 적용하는 범위 내에서도 일정한 소규모 조직이나 프로젝트의 특성에 따라 표준 프로세스 그대로를 적용하기 어려운 사례도 있다. 대부분의 경우, 조직의 표준 프로세스라는 대규모 개발 프로젝트를 전제로 하여 상세한 절차까지 정의되어 있는 사례가 많이 있다. 예를 들면 형상관리의 프로세스에서는 많은 인원수가 동일한 소프트웨어나 산출물 등을 편집하는 것을 방지하기 위해 산출물이 나올 때까지 승인행위를 포함한 엄격한 절차를 정하는 사례가 있다. 그러나 10명이 되지 않는 소수의 프로젝트에서는 소스코드를 수정할 때에 필요한 구성원 간의 의사소통 규칙을

2007/10/01 현재

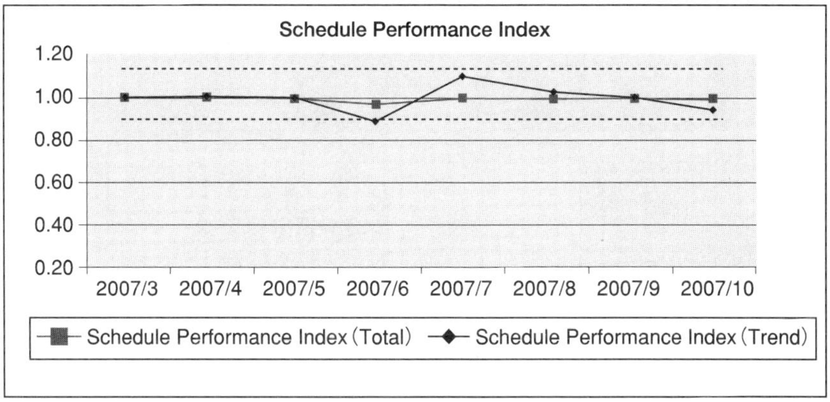

	기본 설계	상세 설계	상세 설계	개발 · 단체	개발 · 단체	결합 테스트
	2007/5	2007/6	2007/7	2007/8	2007/9	2007/10
	45,000	45,000	45,500	45,500	45,500	45,500
	7,000	12,000	17,000	22,000	27,000	32,000
	7,000	11,500	16,800	21,900	26,850	31,500
	6,800	12,300	17,500	23,000	27,800	32,500
	1.03	0.93	0.96	0.95	0.97	0.97
	1.00	0.96	0.99	1.00	0.99	0.98
	3,000	5,000	5,000	5,000	5,000	5,000
	2,990	4,500	5,300	5,100	4,950	4,650
	2,900	5,500	5,200	5,500	4,800	4,700
	1.03	0.82	1.02	0.93	1.03	0.99
	1.00	0.90	1.06	1.02	0.99	0.93

대응책	• 상세 설계단계는 경험이 있는 구성원을 단기간 투입하여 새로운 구성원의 교육 및 지원을 실시 • 통합 테스트 환경에 대해서는 10월 중순에 형편이 안 좋은 것에 대한 대응 완료, 11월 초순에 지연된 작업에 대해서도 완료 예정

정해두기만 해도 충분하다.

이와 같은 표준 프로세스와 프로젝트 특성의 「차이」를 줄이기 위해 조직 표준 프로세스를 조정 하는 것이다. 예를 들면 표준 프로세스를 바탕으로 「10명 이내의 프로젝트인 경우, 형상관리 프로세스 중 A와 B는 실시하지 않아도 좋다」고 하는 규칙을 설정하거나, 「프로젝트 팀은 표준 프로세스 안에서 면제해야 할 절차를 선정하여 표준 프로세스의 전문가인 QA가 승인한다」고 하는 지침을 정의하여 각각의 프로젝트에 적합하게 프로세스를 조정하는 것이다.

가령 개선활동이 어느 수준에서 시작하더라도 조직표준을 준수해야 한다는 방침을 포함하며 이에 대한 지침과 절차를 수립한 다음 표준 프로세스 자체를 점차 개선해 나가는 것이 중요하다.

그림 02-08 지원 도구의 라인업 예

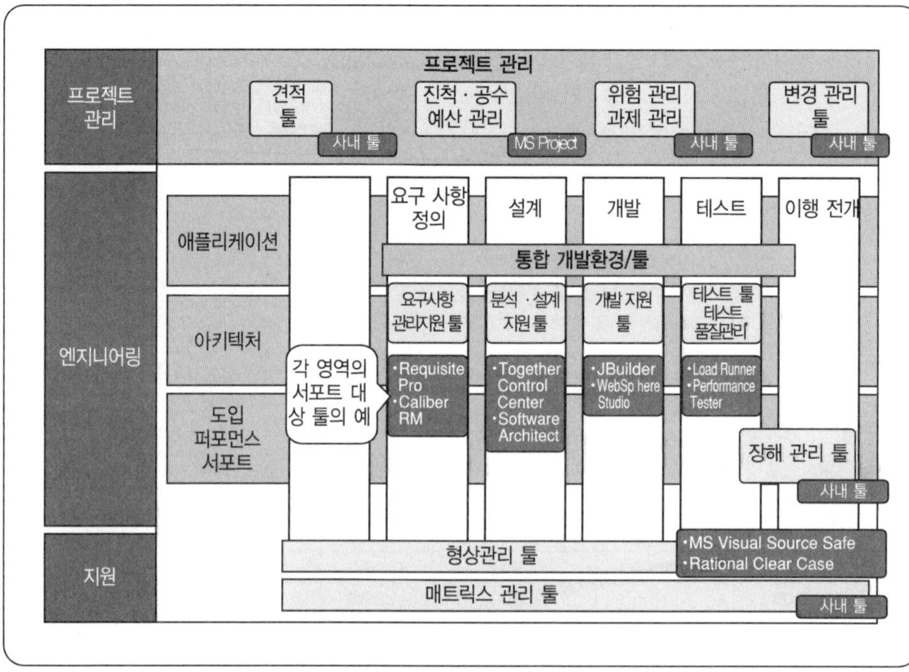

개선활동 모니터링 도구(monitoring tool)

개선활동의 전제로서 개발 프로젝트 팀이 준수해야 하는 조직의 표준 프로세스가 필요하다는 내용은 앞서 살펴보았다. 여기서는 프로세스 개선활동을 추진하는 팀(조직)이 실시하는 프로세스에서 구체적으로 어떤 자산이 필요한가를 생각해본다.

프로세스 개선활동에서 프로세스를 정의하여 문서화 하는 일이 중요한 것은 말할 필요도 없다. 그러나 실제로 가장 중요한 것은 문서화 된 프로세스를 개발 프로젝트의 현장에서 확실하게 사용하고 일시적인 것이 아니라 그 프로세스를 준수하는 것이 당연하다고 생각할 정도로 내재화시키는 것이다. 이것을 고려해 볼 때, 자산으로 준비해야 할 문서의 대상이 되는 것은 아래의 2종류가 있다.

- 개발 프로젝트 대상(개발 현장에서 표준 프로세스를 사용하기 위한 것)
- 관리대상(표준 프로세스가 어느 정도 현장에서 사용되고 있는가를 나타내는 것)

개발 프로젝트 대상 : 표준 프로세스의 준수 상황 체크리스트

개발 프로젝트를 대상으로 표준 프로세스에 대한 준수상황을 나타내기 위해 「표준 프로세스를 준수하고 있는가?」, 「방법론을 따르는 활동으로 되어 있는가?」라는 것에 대해 QA가 객관적으로 심사할 수 있는 「기준」이 있는 도구를 준비할 필요가 있다.

프로젝트의 활동을 QA가 외부감사 및 체크를 하기 위한 예제로서 그림 02-09와 같은 것이 있다.

이 체크리스트는 방법론에서 정의된 각 프로세스나 산출물 등에 준수한 활동이 프로젝트에서 실시하고 있는가, 구성원에 대한 내재화 상황은 문제가 없는가? 등을 기재한 것이다. QA가 체크리스트의 200항목 가까운 질문을 바탕으로 월별에서 검토를 실시하여 표준 프로세스에 대한 준수율을 모니터링 한다.

프로젝트를 실행할 때는 지적된 개선 항목의 검토를 QA가 지원하고 프로젝트 구성원에 대한 지원을 계속적으로 실시함으로써 프로젝트 내에서의 프로세스 개선 및 품질 면에서의 향상을 기대할 수 있다.

이들 프로세스의 준수상황과 지표에 의한 프로젝트 상태를 결부하여 현재 프로젝트가 어떤 상태에 있는가를 나타내는 것이다.

그림 02-09 표준 프로세스 준수 상황 체크리스트의 예제

<table>
<tr><th rowspan="4">개발 단계</th><th rowspan="4"></th><th rowspan="4">질문 항목</th><th rowspan="4">관련 산출물</th><th>검토 담당</th><th>이순신</th><th>이순신</th><th>이순신</th></tr>
<tr><th>프로젝트 담당</th><th>홍길동</th><th>홍길동</th><th>홍길동</th></tr>
<tr><th>검토 실시일</th><th>04/30/2007</th><th>05/31/2007</th><th>06/29/2007</th></tr>
<tr><th>코멘트</th><th>제1회</th><th>제2회</th><th>제3회</th></tr>
<tr><td rowspan="4">개발</td><td>1</td><td>애플리케이션 개발표준이 작성되어 형상관리가 이루어지고 필요에 따라 갱신되고 있습니까?</td><td rowspan="4">• 개발표준 문서
• 형상관리 계획
• 설계/개발 인수 기준
• 검토 체크 리스트</td><td rowspan="4">2007/7/30
설계단계 종료 후의 인수기준을 정의하여 구성원에게 주지시켰다.</td><td>Yes</td><td>Yes</td><td>Yes</td></tr>
<tr><td>2</td><td>애플리케이션 개발표준은 팀 구성원에게 주지되었습니까?</td><td>No</td><td>Yes</td><td>Yes</td></tr>
<tr><td>3</td><td>프로젝트는 애플리케이션 개발 표준을 따르고 있습니까?</td><td>No</td><td>Yes</td><td>Yes</td></tr>
<tr><td>4</td><td>프로젝트는 설계단계를 종료하고 개발단계를 시작할 수 있는 단계에 있는가를 확인하기 위해 착수 기준 · 종료 기준을 이용하고 있습니까?</td><td>No</td><td>No</td><td>Yes</td></tr>
<tr><td rowspan="3">개발 비용</td><td>1</td><td>프로젝트는 개발 패키지(예: 소스 코드, 쉘(shell), 스토어드 프로시저(stored procedure) 등)를 작성하고 있습니까?</td><td rowspan="3">• 개발표준 문서
• 형상관리 계획
• 설계/개발 인수 기준
• 기술 데이터 패키지
• 검토 체크 리스트</td><td rowspan="3">2007/7/30
설계단계 종료 후의 종료기준을 미 작성
다음 달 테스트 단계를 시작하기 전까지 작성</td><td>No</td><td>Yes</td><td>Yes</td></tr>
<tr><td>2</td><td>프로젝트 구성원은 개발절차를 따르고 있습니까?</td><td>No</td><td>Yes</td><td>Yes</td></tr>
<tr><td>3</td><td>개발단계를 종료하고, 테스트 단계를 시작 할 수 있는 단계에 있는지를 확인하기 위해 착수 기준 · 종료 기준을 이용하고 있습니까?</td><td>No</td><td>No</td><td>No</td></tr>
</table>

산출물 템플릿의 검토 결과, 코멘트를 기재

사용상황을 추적 Yes/No의 근거를 기재

관리대상 : 각부 · 프로젝트의 준수 상황 일람 요약

모든 프로젝트의 상황을 알기쉽게 나타내는 것은 관리에서 필수적이다. 프로세스 검토의 준수율이나 EVM(Earned Value Management)의 지표(CPI, SPI) 등, 모든 프로젝트에 대해 공통의 KPI를 설정하여 대시보드(dashboard)를 작성 및 일람화하여 회사 전체를 관리할 수 있도록 연구해야 한다. 그리고 QA에 의한 정기적인 보고회를 설정함으로써 관리자는 현재상황을 모니터링할 수 있다.

그림 02-10 프로젝트별 모니터링 보고

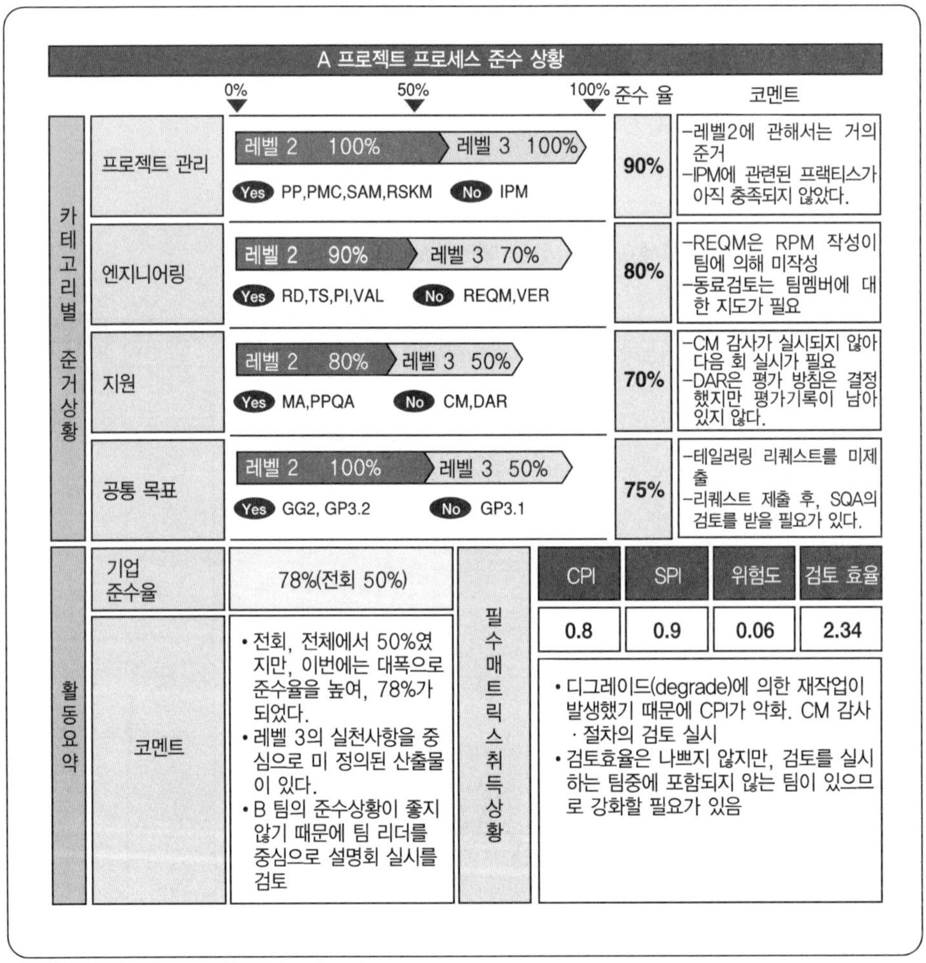

표 02-04 관리 대상 대시 보드 예제

#	프로젝트	부	일정		프로젝트 위험	프로젝트 상태 개요	품질				일정 · 비용					인원		
			초기	종료(금주)				프로젝트 준수 사항	QA 검토 검토 실시일	QA 검토 준수율		경향 분석	지표 측정일	CPI	SPI		경향분석	요원 계획과의 차이
1	A 프로젝트 영업지원 시스템 개발	금융	04/01/2007	09/30/2007	저	다음 달부터 상세 설계 단계를 맞아, 오프쇼어 개발이 시작되기 때문에 계속해서 상황 확인이 필요	저	특별한 문제 없음	08/01/2007	85%	저	CPI, SPI	07/31/2007	0.95	1.01	저	현시점에서는 특별한 문제 없음	0
2	B 프로젝트 CRM 시스템 요구사항 정의	통신	08/01/2007	08/01/2007	중	프로젝트가 이제 시작했기 때문에 프로세스 정의 등, QA에 의한 지원이 필요	중	제1회 째의 QA 검토실시. 첫회는 30%	08/15/2007	30%	저	현시점에서는 특별한 문제없음	07/31/2007	1.01	1.01	저	현시점에서는 특별한 문제 없음	0
3	C 프로젝트 물류 시스템 구축	제조	04/01/2007	08/31/2007	고	애플리케이션 팀을 중심으로 진척 및 생산성이 함께 악화되었다. 능력을 갖춘 인력의 투입 등 지원 필요	고	프로젝트 사정으로 연기되었기 때문에 당월분의 QA 검토가 아직 실시되지 않았다.	07/15/2007	85%	고	주로 업무 애플리케이션 팀의 진척이 지연되기 때문에 CPI, SPI 모두 준수율를 밑돈다.	07/31/2007	0.81	0.85	고	애플리케이션 지연 때문에 지원 인력이 추가되었다. 앞으로 계속할지 검토 필요	+2
4	D 프로젝트 패키지 도입 설계 단계	자원	03/01/2007	09/30/2007	중	프로세스 준수상황의 개선이 필요. 인력에 관한 요청이 있었지만, 현시점에서 해결되지 않았기 때문에 준비가 필요	중	QA 프로그램 적용 후 5회째의 검토에서 프로세스 준수 상황이 아직 100%에 도달하지 못했다.	08/10/2007	85%	저	현시점에서는 특별한 문제없음	07/31/2007	1.10	1.01	저	실질적 리소스가 마이너스 1이 되었지만, 타 인력의 잔업 등으로 임시해결하고 있다.	−1

관리대상 대시보드의 작성

상위 관리나 각부의 관리층을 대상으로 사내의 프로젝트 상황을 가시화하기 위해서는 각 개발 프로젝트의 프로세스 준수상태를 지표화하여 개선의 진척정도를 나타내는 요약된 정보가 필요하다. 그래서 앞에서 기술한 프로세스 준수결과의 요약과 지표도구에서 수집한 결과를 합쳐 대시보드를 작성한다. 앞의 표는 조직의 관리층에 대해 공유되는 상태 대시보드의 예제이다.

개선 월간보고서(부/프로젝트)

그리고 프로세스의 준수상태에 초점을 맞추어 각 부서 및 각 프로젝트의 상태 일람을 작성하여 조직전체의 개선 항목을 분석한다.

보고서 작성뿐만 아니라 이와 같은 모니터링 도구를 이용하기 위한 개선활동의 프로세스를 정의하는 것이 중요하다. 체크리스트를 이용한 프로젝트에 대한 감사나 결과의 집계와 보고를 위한 관리대상의 월별 회의 등, 의사소통 계획을 정의한다.

또한, 개선활동의 진척상황은 마일스톤(milestone : 이정표)과 목표를 검토하지 않으면 안 된다. 개선활동의 지표, 진척의 가시화라는 것과 관련하여 효과의 가시화라는 관점도 상정할 수 있다. 즉 「프로세스가 개선됨으로써 개발 프로젝트의 성공확률이 높아지고 소프트웨어 품질도 높아지기 때문에 결과적으로 CoPQ(Cost of Poor Quality)를 낮출 수」 있다면 최종적으로 개선활동에 의한 CoPQ의 저하비율과 보다 정밀한 지표로서 개선활동을 하기 위해 투자한 공수와 비교하여 투자대비 효과를 관리층에게 제시할 수 있는 것도 하나의 중요한 요소다.

위와 같은 활동을 통해 「단지 수치를 모아서 관리한다」는 것이 아니라 프로젝트 팀에서의 경고사인(warning sign)을 재빨리 받아들여 「어떻게 활동을 시작할까?」라는 적절한 타이밍을 통해 관리적인 판단력을 높이는 것이 매우 중요하며, 이것이 개선활동의 핵심 사안이라 할 수 있다.

의사소통 도구

개선목표의 달성 상황이나 개선 포인트에 관한 정보, 유익한 산출물이나 정보를 각 계층에게 정기적으로 어떻게 전달하는 가는 개선계획을 수립할 때 빠지지 않는 항목이다.

정의된 프로세스를 준수하는 것이 CoPQ의 감소로 이어진다는 메시지에 덧붙여 현장의 프로세스를 어떻게 운용하면 CMMI의 요구를 만족시킬 수 있는가라는 시사까지 모든 계층의 구성원에게 적극적으로 전달하는 것이 요구된다.

의사소통에 대한 수단으로 다음을 참조할 수 있다.

포털 사이트의 활용/사보의 발행/메일 발송

사원에게 정보 발신을 목적으로 한 포털 사이트의 구축은 개선활동의 보급 및 전개를 위해 매우 유용한 수단이다. 게재 내용으로는 방법론이나 산출물 자산, 도구에 관한 정보 외에 훈련의 실시, 우수 사례의 공유와 같은 발표 등 여러 분야에 걸친 내용을 생각할 수 있다.

단 포털 사이트는 글을 작성하는 것만으로는 좀처럼 열람되기 어렵다. 실제로는 유익한 자산이 게재되어 있어도 받아들이는 쪽이 검색하지 못하여 유용하게 활용되지 못한 사례도 많다. 포털 사이트를 활성화하기 위해서는 정기적으로 발행하는 사보에 홍보하거나 지속적인 유지보수에 의해 콘텐츠의 관리가 중요하다. 또한, QA가 프로젝트에 대한 지원활동 중에서 직접 프로젝트에 소개하여 교육이나 전체 회의 때에 발표하는 것과 같은 공유 방법도 생각할 수 있다.

EPG와 QA가 일체가 되어 「포털 사이트」, 「메일」, 「사보」를 각각 연계하여 의사소통을 실천한다면 매우 효과적일 것이다.

그림 02-12 포털 사이트의 예제

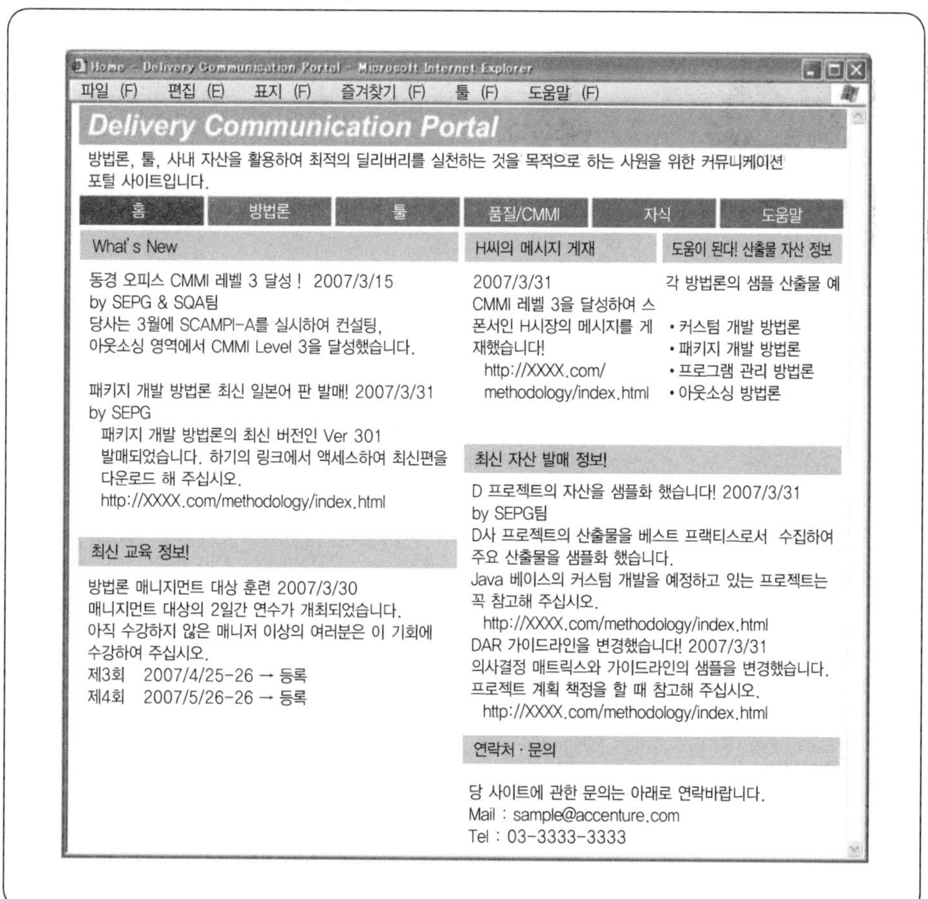

회의 · 커뮤니티(community : 공동체)

회사 전체회의나 팀(부)별회의, 커뮤니티 등 사원이 모이는 기회를 이용하여 이 개선활동을 설명한다. 회의를 할 때 전달해야 할 내용은 출석한 구성원에 따라 다양한 사례가 예상되지만, 이런 의사소통은 계속적으로 반복해서 실시해 나간다. 회의의 의제로서 예를 들면 다음과 같은 것을 들 수 있다.

- CMMI를 추진하는 목적이나 회사 차원의 추진 효과
- 회사의 품질관리에 관련된 정책의 소개
- 개선활동 상황의 설명, 프로세스 강화 포인트 등의 공유

이상과 같은 포인트로 CMMI에 관한 정보를 공유하여 개선활동의 진척상황 등을 정기적으로 의사소통 함으로써 사내의 사원들에게 정말 필요한 활동이라는 인식을 심어주는 것이 중요하다.

Column 칼럼

자산(asset)을 관리하라!

프로젝트에서 조직의 프로세스나 자산을 최대로 활용하기 위해서는 산출물의 템플릿이나 우수사례를 언제라도 자유롭게 활용할 수 있도록 해야 한다.

A사에서는 방법론을 막 전개했을 때는 「어디에 무엇이 있는지 알기 어려워 찾기가 곤란했다」는 의견이 끊임없이 제기되어 모처럼 유익한 자산이 있어도 이용하기 어려운 상태에 있었다.

자산을 모아 관리하라!

앞서 설명한 방법론에서 정의된 산출물 예제는 작업 이미지를 갖춘 정도로서 목차 레벨의 내용밖에 기재되어 있지 않았다. 또한, 템플릿도 실천적이라고는 할 수 없는 것이 많았다.

프로젝트를 시작함에 있어 방법론을 검토(walk through)하고 프로젝트에 필요한 산출물 템플릿을 정의하려고 할 때에 프로젝트 구성원이 「이것으로는 활용할 수 없다」고 했다. 그래서 프로젝트 현장의 의견을 받아들인 QA의 구성원은 EPG팀에 대해 더욱 구체적인 예제의 제시와 전개방법에 대한 검토를 의뢰했다.

한편, EPG팀은 많은 프로젝트 산출물을 모아 예제를 작성하고, 방법론을 충실하게 따르게 했다. QA팀은 담당 프로젝트의 우수사례를 활용할 수 있는 산출물에 대한 수집이나 프로젝트 종료시점까지의 산출물에 대한 수집을 의뢰했다.

그 후 EPG팀은 각 방법론이나 각 단계와 연결된 산출물을 언제라도 열람 및 다운로드 할 수 있도록 포털 사이트에 콘텐츠를 충실히 유지하고, 사이트나 방법론의 갱신에 관한 정보를 사보 등에서 적절하게 소개하여 프로젝트의 적용에 도움이 될 수 있도록 노력했다.

수집하기 쉽고 찾기 쉬운것이 중요함

방법론 전개 초기의 프로젝트 산출물은 아직 ID 체계나 접두문자 등이 방법론에 정의된 것과 맞지 않고, 프로젝트 독자적인 문서체계로 만들어진 것이 많았다. 이 때문에 작성한 산출물이 방법론

상의 어느 산출물을 가리키고 있는지 판별하기 어려워 도표화하는 데 매우 많은 시간이 걸렸다.

그리고 CMMI의 심사에서도 이 점은 매우 불리했다. 본래 프로세스 영역과 방법론상의 산출물은 연결되어 있기 때문에 문서 ID만 갖춰져 있으면 심사에 필요한 산출물의 수집은 그다지 어렵지 않다. 그러나 산출물에 독자적인 ID를 부여한 프로젝트가 몇 개 없었기 때문에 도대체 어느 산출물이 어느 프로세스 영역의 고유 프랙티스로 도표화 되었는지를 식별하는 데 애를 먹었다.

이러한 것을 바탕으로 형상관리 계획에서 정의된 문서체계를 검토 할 때는 표준 프로세스에서 정의한 방법론에 따라 산출물 ID의 명명기준을 적용하도록 촉진했다. 예를 들면 계획문서라면 「PL 0001」, 기술계 문서라면 「TS 0001」과 같이 ID의 처음에 접두문자를 붙이고, 그 후에는 번호체계로 하여 어느 단계의 산출물인가도 대략 ID에서 식별할 수 있도록 했다.

이를 실시함으로써 자산의 수집 및 축적이나 포털 사이트에 반영할 때도 쉽게 분류할 수 있었다.

자산을 개발해라

방법론이 전개된 초기에는 산출물 자산에 대해 완벽한 템플릿이나 예제가 첨부되어 있어서 아무 생각하지 않고 그대로 적용할 수 있는 것이 아닌가라고 생각하는 구성원도 많았다. 그러나 방법론에 첨부된 것은 어디까지나 예제일 뿐이다.

실제의 프로젝트에서 작성된 산출물만큼 실천적이고 충실한 것은 없다. 표준을 고려하면서 실제의 프로젝트에서 작성된 산출물이 점차 축적되고, 활용되는 예제 산출물을 작성하는 것이 필요하다. 즉 자산도 방법론도 개발하는 것으로서 계속적으로 개선해 나가는 것이 조직의 가치를 높이는 데 중요한 역할을 한다.

2-4 교육 · 홍보 활동

프로세스를 개선해 나갈 때는 정의한 프로세스를 실제로 현장에 내재화 시키는 것이 최대의 목적이며 난관이다. 활동의 의의나 CMMI 개선에 따른 본질에 대해 개발 구성원이나 관리층 등, 활동에 관계된 모든 사람에 대해 홍보하는 기회를 만들어 이것들에 대한 의의를 호소하는 지속적인 의사소통이 필수이다. 구성원에 대한 의사소통은 반복해서 필요성을 설명하는 것이 요구되기 때문에 다양한 방법으로 실시하게 된다.

예를 들면 현장의 개발 구성원이 프로세스를 따르는지 확인하기 위해 프로젝트의 외부에서 프로세스 준수상태를 체크할 필요가 있지만, 이것만으로는 본질적인 개선 활동으로 연결되기 어렵다. 체크리스트는 어느 정도 기계적으로 준수상태를 점검할 수 있도록 한 것으로서, 개발 구성원도 형식적으로 프로세스를 그대로 따라서만 하고 끝날 가능성도 있다.

이와 같이 프로세스 준수상태를 확인하는 프로세스는 정의되어 있어도 그 자체가 유명무실하게 되는 사태를 종종 볼 수 있다. 이를 방지하고 활동 자체를 본질적인 것으로 한다는 의미에서도 개선활동의 의의나 CMMI에서 개선의 본질에 대해 개발 구성원이나 관리층 등, 활동에 관련된 모든 사람에 대해 홍보하는 기회를 만들어 이것에 대한 의의를 지속적으로 호소하는 의사소통이 필수적이다.

이상의 것을 바탕으로 조직에서 우선 이해관계자 전원에게 프로세스를 보유하고, 이를 따르는 효과를 이해하게 할 필요가 있다. 조직의 노하우가 축적된 프로세스를 이용함으로써 품질적인 면도 물론이지만 비용면이나 진척 관리면에서도 효율화가 가능하게 된다.

역할에 맞는 교육(training) 실시

프레임워크로서 CMMI를 적용하는 것이라면 「CMMI란 무엇인가?」에 대해서도 함께 교육의 기회를 만들어야 한다. 구체적으로는 「상위 관리자 대상」, 「프로젝트 구성원 대상」, 「프로젝트 QA 대상」으로 하는 3개의 카테고리로 분류하여 각각의 레벨에 맞춘 교육을 실시 하는 것이 좋다.

각 카테고리에서 교육의 목적은 다음과 같다.

상위 관리자 대상

임원이나 부장 등의 상위 관리자를 대상으로 하는 훈련은 이 활동의 의미를 설명하고 깊이 이해할 수 있도록 하는 것과 동시에 개선에 따른 지원을 얻기 위해 실시된다. 관리의 의식이 희박하면 현장을 향한 메시지가 약해져 강제력도 협력도 얻을 수 없다.

이 때문에 상위 관리자를 대상으로 최소한의 이해가 이루어 질 수 있도록 프로세스 개선을 위한 기초지식을 세미나나 워크숍 등을 통해 교육하고 CMMI의 의의나 목적에 대해 의식을 고취시킬 필요가 있다.

프로젝트 구성원 대상

프로젝트 구성원을 대상으로 하는 교육은 관리자나 리더 그룹과 실제 작업자를 대상으로 하는 교육 2단계를 준비해야 할 것이다. 또한, 「형상 관리란 무엇인가?」, 「요구사항 관리란 무엇인가?」라는 개념적인 사항이나 키워드에 대한 교육도 필요하지만, 프로젝트 개발을 추진하는 데 「자신의 프로젝트에서 실제로 어떻게 절차가 정의되고, 전개되는가?」라는 실천적인 설명도 추가해야 한다.

시종 개념적인 설명으로 끝난다면 실제로 자신의 프로젝트 내에서 어떻게 적용되는가에 대한 구체적인 사항을 알지 못하여 전개로 이어지지 않는 일이 많다. 개념 및 기초 사항과 프로젝트 내의 프로세스 적용을 함께 설명함으로써 교육의 효과를 기대할 수 있는 것이다.

프로젝트 QA 대상

QA는 프로젝트 구성원에게 프로세스에 관한 설명과 이에 대한 이해를 돕기 위한 조언을 해야 하므로 풍부한 시스템 개발경험과 CMMI나 프로젝트 관리의 지식자산 외에 프로젝트 팀에서 신뢰받기 위한 의사소통 능력이 요구된다.

이 때문에 프로젝트 구성원 및 관리자가 이해할 수 있도록 내용을 일관되게 이해할 필요가 있을 것이다. 덧붙여서 QA는 프로세스 개선 활동에 필요한 지식 및 프로세스 준수여부를 체크해야 할 내용이나 지표의 수집 및 분석을 할 때에 체크해야 할 내용들을 이해할 필요가 있다. 또한, QA의 능력이나 지식 레벨을 향상시키기 위해 내부의 워크숍이나 스터디 그룹과 같은 형태로 QA팀 내에서의 정보교환 모임을 실시하는 것도 유효한 수단이 된다.

그리고 CMMI 전문가는 사내에서 이를 전개하기 위해 CMMI를 보다 깊이 있게 이해하기 위한 훈련도 필요하다. 이것은 SEI 공인 CMMI 훈련 외에 심사팀으로서 참가하는 구성원에게 필요한 심사의 테크닉이나 진행 방법에 관한 교육도 포함된다. 또한, CMMI나 심사에 대한 이해를 위해서는 QA뿐만 아니라 EPG나 프로세스 개선 추진 사무국의 구성원들에게도 강의가 필요할 수 있다.

훈련계획에 대해서는 각 회사나 프로젝트 상황에 따라 빈도와 내용이 상당히 차이가 날 수 있지만, 앞서 서술한 것과 같은 내용에 입각한 예제를 아래에 제시한다.

표 02-05 교육 계획 예제

훈련 과정 예제		설명(강의 내용의 포인트)
회사 전체 공통	프로세스 개선 프로그램 개요	• 사내의 프로세스 개선 프로그램의 설명 • 어떤 목적인가, 각 프로젝트에 어떤 개선 프로그램이 적용되는가, 마일스톤 등의 설명
	방법론 기초 방법론 각 모듈	• 조직(회사)에서 전개하는 방법론의 개요 설명 • 조정기준이나 각 모듈(module)별 내용의 설명과 산출물에 관한 지침
	견적 교육	• 견적을 실시할 때에 유의해야 할 포인트 • 각 방법론을 위한 고유의 견적 도구에 관한 설명, 실행방법
	재무(finance) 관리	• 프로젝트 예산의 수립 • 계획 · 실적 관리
	계약 관리	• 고객, 벤더 등과의 계약에 관한 프로세스, 정의해야 할 사항에 대한 교육 · 훈련 • 계약서에 기재해야 할 포인트 등(범위, 산출물, 일정, 전제조건 등)
	데이터 · 보안 관리	• 프로젝트 내에서 또는 개인 PC에서 관리하는 데이터에 대한 취급이나 정보 보안(security)에 관한 훈련
프로젝트 관리 실천 편	프로젝트 계획과 관리	• 프로젝트를 시작할 때에 정의해야 할 프로세스, 계획해야 할 것에 관한 설명 • 작업 계획(WBS) 작성상의 포인트, 개발전략, 요원계획, 과제 · 위험 관리 프로세스, 의사소통 계획, 진척관리, 공수관리 등
	요구사항 정의 및 요구사항 관리	• 요구사항 정의 할 때의 요구사항 수집 기술이나 애플리케이션 타입별로 나타나는 요구사항 정의문서에 기재해야 할 내용의 설명 • 요구사항 관리 · 변경된 요구사항 관리 수행에 관한 포인트, 요구사항의 추적성에 관한 설명 등
	테스트 관리	• 테스트 계획의 수립, 각 테스트의 범위나 각 테스트에서 작성해야 할 문서, 지표 등의 취급 방법, 테스트 도구 이용의 설명 등
	형상 관리 (기초편 · 도구편)	• 형상 관리상 필요한 키워드와 개념, 프로젝트 내에서 실천해야 할 사항(기초편) • 실제로 각 애플리케이션이나 시스템에 형상 관리를 적용해나갈 때에 이용하는 도구나 절차에 관한 설명(도구편)
	지표 관리 · 분석	• 조직(회사)에서 정의한 지표에 관한 설명 • EVM 등을 현장에서 활용할 때에 필요한 지식
CMMI	CMMI추진 세미나 (관리편)	• CMMI 도입에 따른 의의 그리고 회사에서의 효과나 전개시의 포인트에 대한 설명
	CMMI 초급편	• CMMI란 무엇인가, CMMI의 개요, 프로세스 영역 등의 설명

훈련 과정 예제		설명(강의 내용의 포인트)
	CMMI 심사 세미나	• 심사 실시 전에 대상 프로젝트를 향해 실시하는 CMMI 심사에 관한 설명회
프로세스 개선 추진담당 대상	QA 대상 훈련	• 프로세스 체크, 지표 수집•분석 등, 개선 프로세스의 전개에 관련된 훈련 • 프로젝트 구성원을 대상으로 프로세스 지도에 필요한 내용의 설명
	프로세스 개선 워크숍	• 프로세스 영역에 관한 이해 그리고 현장에서의 실천과 적용을 과제로 계속해서 스터디를 실시
	심사팀 대상 훈련	• CMMI의 심사에 심사팀으로서 참가하는 구성원을 대상으로 하는 교육 • SEI 주체의 CMMI 관련 교육 포함(Introduction to CMMI 등)

Column 칼럼

QA야말로 배워라!

CMMI 모델을 통한 개선활동을 추진하기 위해서는 QA나 프로젝트 구성원이 CMMI의 프레임워크를 이해할 필요가 있다. CMMI의 개요나 프로세스 영역을 이해하기 위한 훈련 프로그램은 있지만, 유감스럽게도 그것만으로는 완전하게 CMMI를 이해하고 프로젝트의 현장에서 실제로 CMMI의 프레임워크를 적용 하기는 어렵다.

드디어 CMMI 활동 초기

베이스라인 심사가 끝나면 파일럿 프로젝트(pilot project)가 정해지고, 드디어 CMMI 활동이 본격화된다. 베이스라인 심사에서 CMMI의 지식이 조금은 정체되었지만 이것도 심사 구성원에게만 해당될 뿐이다. CMMI 활동의 본격화를 목전에 두고 필요한 것은 CMMI의 난해하고 추상적인 표현을 알기 쉽게 설명하여 프로젝트의 현장에 어떻게 적용해야 하는가에 대한 것이다. QA는 CMMI에서 요구되는 것을 프로젝트팀에 가이드하는 역할이므로 프로젝트 관리자에게 「구체적으로 무엇을 어떻게 하면 좋은가?」를 설명할 수 없으면 안 된다. QA 중에는 임명되었지만 CMMI에 대해 잘 이해하지 못한 채 프로젝트의 프로세스를 검토 및 승인하는 구성원도 있다.

QA에 의한 QA를 위한 CMMI 스터디

프로젝트에 대한 교육 및 홍보 활동으로서 사보에 CMMI 관련 내용을 게제하거나 회사 전체 회의에서 관련내용을 홍보하는 등, 사내에서 전개활동을 한다고 해도 추진하는 QA 자신이 CMMI를 올바르게 이해하고 프로젝트에 어떻게 적용해야 하는가를 알지 못하면 CMMI를 내재화시키는 것은 불가능하다.

그래서 QA의 이해도를 높이기 위해 우선 QA가 한자리에 모이는 주간회의를 이용하여 QA 내에서 강사를 선출한다. 그리고 각 강사에게 CMMI의 각 프로세스 영역을 할당하여 조사해온 내용을 발표하게 하고 다른 구성원과 공유하도록 했다.

QA 구성원 중에서도 「학습을 통해 CMMI의 이해를 넓히고 싶다」고 생각하는 적극적인 구성원이 있는 반면, 실제로는 아직 「CMMI는 막 시작했을 뿐이고, 파일럿 프로젝트를 담당하는 QA만 스터디에 참가하면 된다」고 생각하는 소극적인 구성원도 적지 않았다. 담당 프로젝트가 파일럿 프로젝트로 선출되지 않으면 「아주 무관심」한 분위기 속에 개선활동이 수행 안 되었지만 스터디만은 계속하기로 했다.

스터디에서는 매회 특정 프로세스 영역을 선택하고, 그 영역을 담당하는 강사는 자료를 준비하여 조사한 내용을 발표했다. 발표할 때 이용하는 자료는 미리 템플릿을 작성했다. 예를 들면 아래의 그림은 엔지니어링 영역의 「검증(Verification)」에 대해 설명한 자료다. 이 프로세스 영역의 정의나 이 영역을 수행하기 위해 필요한 작업 등 이해를 위한 포인트를 해설하고 구조나 개념을 보다 깊이 이해하기 위해 도해를 추가했다.

그림 02-13 검증(Verification) 구조도

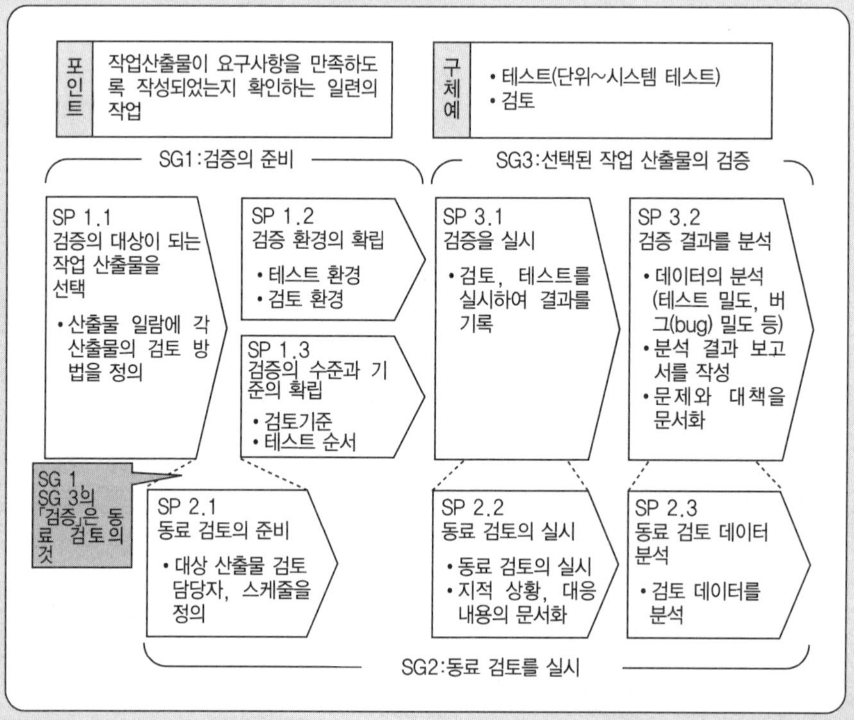

또한, 고유한 프랙티스에서 이해하기 어려운 것이나 요구되는 범위를 알기 어려운 것을 선택하여 정의한 각각의 고유한 프랙티스의 판단기준과 발표자가 담당하는 프로젝트의 상태와 비교하고 판단하여 그 상황을 발표했다. 강사와 참가자가 각각의 고유한 프랙티스를 어떻게 판단했는가를 논의함으로써 판단기준과 방법이 명확하게 확립되므로 QA가 실제로 프로젝트를 검토 할 때의 판단기준을 명확하게 세우는 데 도움이 된다.

그림 02-14 검증(Verification) : 판단방법

고유 프랙티스	판단 기준	사실		판단 결과
SP 2.2	• CMMI의 동료검토(peer review)는 대상산출물의 작성 작업에서 직접 상관인 자 이외의 제3자적인 검토를 가리킴(동료, 별도 팀의 구성원, 전문가) 등	• 검토는 실시되었지만 모두 상사에 의한 검토 • 동료 등의 제3자 검토는 실시되지 않음.	▶	×
SP X.X			▶	
SP X.X			▶	

스터디, 그 효과는?

프로세스 영역별로 총 20여 회에 걸쳐 스터디를 실시하였고, 그 기간은 약 6개월이었다. QA 구성원은 스터디에 참가하는 중에 CMMI에 대해 어느 정도 설명할 수 있게 되었다.

담당 프로젝트의 구성원에게 CMMI에 대해 질문을 받았을 때는 스터디에서 배운 것을 바탕으로 대답할 수 있게 되었고 결과적으로 프로젝트 구성원과의 신뢰관계를 구축하게 되었다. 그리고 담당 프로젝트에 대한 지원도 자연적으로 CMMI를 바탕으로 지도하는 것으로 되었다.

프로세스 개선을 통해 실감한 것이 있다면 교육활동은 「무엇보다도 먼저 CMMI의 추진 담당」에서 시작할 필요가 있다는 것이다.

2-5 모니터링 활동 심사 계획

개선활동 안에서도 커다란 마일스톤(milestone)이며 조직 프로세스의 성숙도에 관한 심사 축이 되는 것이 「심사」이다.

프로세스 개선활동의 진척을 나타내는 지표를 CMMI에서 정의한 각 프랙티스의 실행비율과 연결시켜 두면 목표를 달성하는 모습을 눈으로 확인할 수 있으므로 개선이 진행되고 있는 상황을 알 수 있다는 것이 가능하다.

심사 계획

심사를 계획하는 데 주의가 필요한 것은 CMMI 프랙티스의 충족판단이 선임심사원(lead appraiser)밖에 허용되지 않는 점과 판단할 때에는 사내에서 CMMI의 전문가가 실시하지만, 선임심사원이 아니면 확실한지 여부를 엄밀한 의미에서 판단할 수 없다는 점이다.

따라서, 「사내에서의 체크」라는 의미에서는 어디까지나 목표로서의 진척상황을 표현하는 것이 된다. 이것은 정확성이라는 의미에서 불충분하지만, CMMI를 올바르게 이해하고 있는 사람의 판단이라면 거의 정확한 진척을 나타낼 수 있다.

그러나, 「레벨 3 이상을 달성한다」라는 목표를 가진 경우에는 사내의 체크뿐만 아니라 외부의 심사원에 의한 시점이 필요하다. 왜냐하면 실제의 심사에서는 엄밀한 규칙이 정해져 있어서 선임심사원의 판단이 절대적으로 필요하다. 그러므로 자격을 갖춘 공식 선임심사원의 판단을 공식 심사 전에 요청하는 것이 중요하기 때문이다.

그리고, CMMI 모델의 해석은 물론이고 외부의 선임심사원에 의해 지적된 것들을 비중있게 다루고 조직에 대한 개선활동을 촉진해 나가야 할 것이다.

이와 같이 공식심사 전에 외부의 선임심사원에 의한 베이스라인 심사나 중간심사 등을 실시하는것이 바람직하고, 개선계획 전체의 마일스톤을 고려하여 심사를 실시하는 일정이나 횟수 등의 계획을 세우는 것이 요구된다. 그리고, 심사결과를 바탕으로 개선계획이나 활동계획을 세워 개선 항목들에 대한 대응을 해나가며 다음 심사에서도 그 흐름을 반복하도록 한다.

그림 02-15는 개선활동의 로드맵(road map)을 예시하고 있다. 각 외부심사(베이스라인 · 중간 · SCAMPI-A) 사이에 체크 포인트 식으로 내부심사를 설정하여 개선 항

목의 대응상황을 확인할 수 있도록 계획하고 있다.

이 예에서는 마일스톤별로 달성목표를 설정하고 베이스라인 심사에서 「레벨 2의 프로세스 영역을 70% 달성」 등으로 설정하고 있다. 각 심사를 실시할 때에 약점이 되는 프로세스 영역을 식별하고, 이에 대한 활동계획을 세워 개선활동을 실시한다. 내부심사 실시는 상황의 확인뿐만 아니라 CMMI라는 모델이 추구하는 프로세스 개선활동에 대해 개선 추진담당 및 대상 프로젝트의 이해를 깊게 하는 것이 도움이 될 것이다.

Column 칼럼 선임 심사원(lead appraiser)의 확보

SCAMPI-A까지의 로드맵작성과 심사 후에 클래스 A인 경우에는 SEI 공인 선임심사원을 초빙하고, 클래스 B, C라면 SEI 공인의 팀 리더를 초빙하여 심사를 실시하게 된다(그림 02-15 참조).

SEI 공인 선임심사원이 되기 위해서는 SEI가 정한 3개의 교육(CMMI 입문, Introduction to CMMI), 중급, SCAMPI 선임심사원 훈련)을 모두 수료하고 나서 SEI의 옵저베이션 테스트(observation test)에도 합격이 필요하다. 그리고 시간적인 제약이나 비용에 따른 재원마련이 쉽지 않아 일본인 중에서 인정된 선임심사원은 많지 않다. 실제로 SEI 인정의 심사원 서비스를 일본에서 실시하는 기업은 25개사 정도(2007년 9월)로 되어 있다.

일본인 선임심사원의 확보가 어려운 경우에는 해외에서 초빙하는 것도 가능하지만, 이 경우에는 통역이나 여행비의 부담 등이 증대하게 된다.

이런 것을 고려하여 적절한 시기에 심사가 실시될 수 있도록 조기에 선임심사원을 확보해둘 필요가 있을 것이다.

또한, 심사원 서비스를 실시하는 기업 및 선임심사원의 자격이 있는 자는 SEI의 사이트에서 검색이 가능하다(http://partner-directory.sei.cmu.edu/).

그림 02-15 CMMI 레벨 3으로의 로드맵(예제)

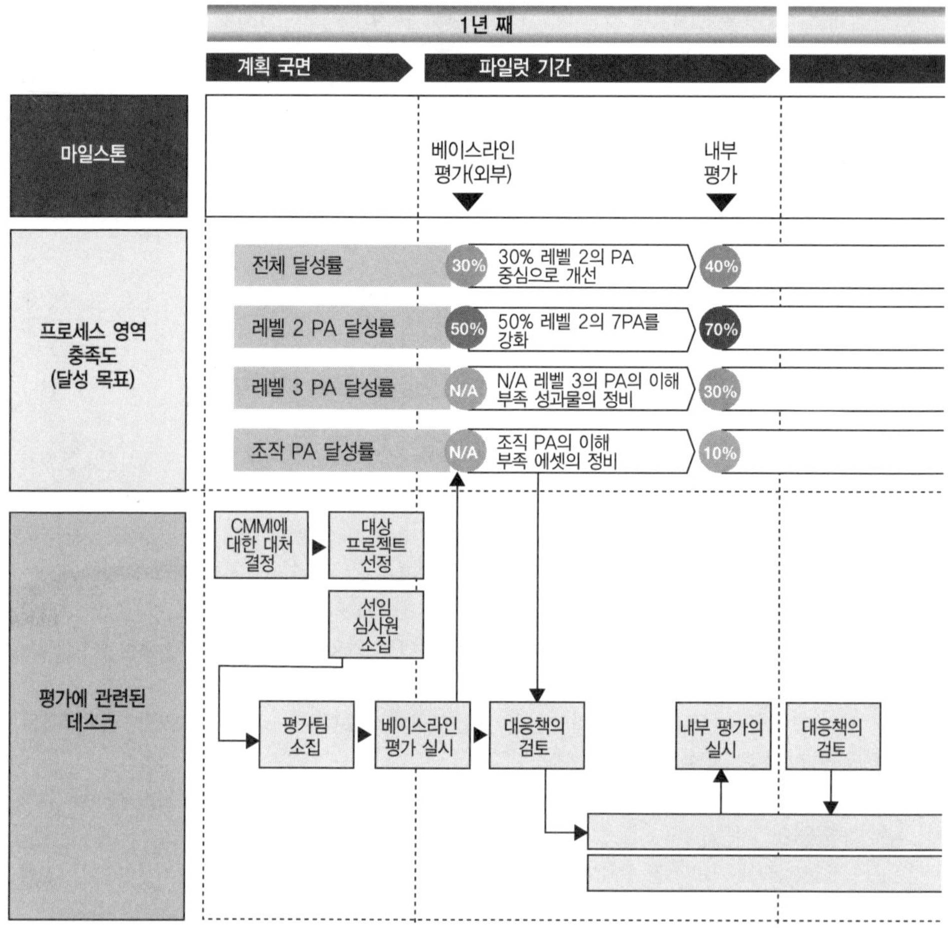

전체 달성률	CMMI 레벨 3 대상의 모든 프로세스 영역에서 개선 달성 상황
레벨 2 PA 달성률	레벨 2의 7개의 프로세스 영역에서 개선 달성 상황 (프로세스 영역 : PP, PMC, SAM, MA, PPQA, REQM)
레벨 3 PA 달성률	레벨 3의 프로세스 영역에서 개선 달성 상황(조직 및 프로세스 관리의 PA를 제외) (IPM, RSKM, DAR, TS, PI, VAL)
조직 PA 달성률	조직레벨의 프로세스 영역(OPD, OPF, OT)

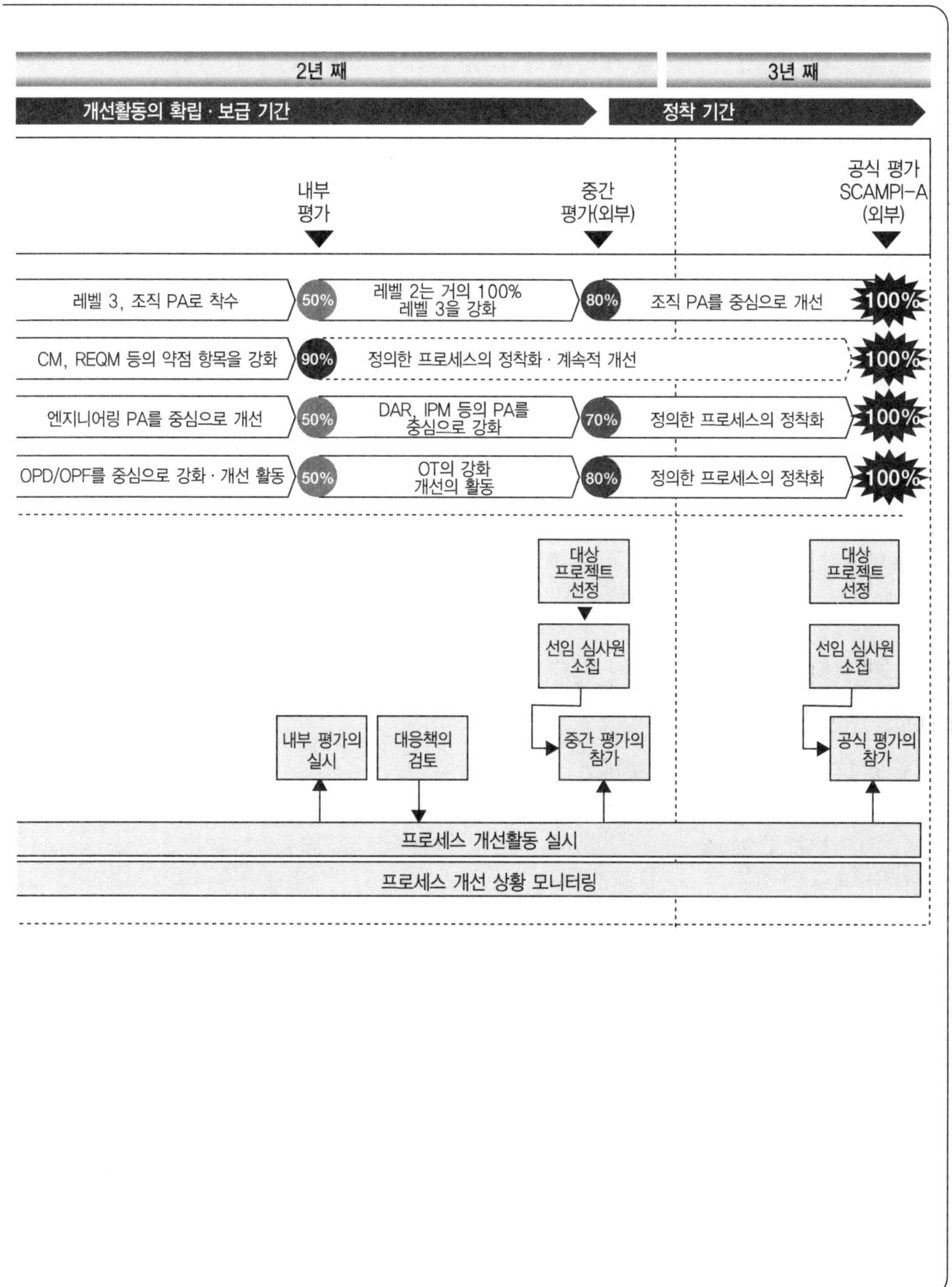
2년 째
3년 째
개선활동의 확립 · 보급 기간
정착 기간
내부 평가
중간 평가(외부)
공식 평가 SCAMPI-A (외부)
레벨 3, 조직 PA로 착수
50%
레벨 2는 거의 100% 레벨 3을 강화
80%
조직 PA를 중심으로 개선
100%
CM, REQM 등의 약점 항목을 강화
90%
정의한 프로세스의 정착화 · 계속적 개선
100%
엔지니어링 PA를 중심으로 개선
50%
DAR, IPM 등의 PA를 중심으로 강화
70%
정의한 프로세스의 정착화
100%
OPD/OPF를 중심으로 강화 · 개선 활동
50%
OT의 강화 개선의 활동
80%
정의한 프로세스의 정착화
100%
대상 프로젝트 선정
선임 심사원 소집
중간 평가의 참가
대상 프로젝트 선정
선임 심사원 소집
공식 평가의 참가
내부 평가의 실시
대응책의 검토
프로세스 개선활동 실시
프로세스 개선 상황 모니터링

Column 칼럼

혼란한 베이스라인 심사(baseline assesment)

CMMI를 이용한 개선활동을 추진하는 데 먼저 해야 할 것은 개선하려고 하는 조직의 프로세스가 CMMI에서 요구하는 레벨과 비교하여 어느 정도의 차이가 있는지를 측정하는 것이다. 이것을 「베이스라인 심사」라고 한다.

여기서는 베이스라인 심사를 실시한 어느 조직의 사례를 소개한다.

베이스라인 심사의 목적

베이스라인 심사의 목적은 「심사 대상이 되는 조직이나 프로젝트의 성숙도가 어느 정도인가?」, 「CMMI에서 정의된 성숙도 레벨과 어느 정도의 차이가 있는가?」, 「개선 및 내재화되지 않는 프로세스 영역은 어디며, 무엇을 개선하면 그 차이를 메울 수 있는가?」 등을 찾아내는 것이다.

이 이벤트는 개선대상이 되는 조직의 구성원이 주체가 되어 SEI 공식 선임심사원을 통해 실시한다. 기간은 2주 정도이다.

이 책을 읽고 있는 독자라면 CMMI를 이해하기 어렵다는 것을 잘 아실 것이라고 생각한다. 심사에 참가하는 구성원은 물론 CMMI 교육을 받은 선임심사원도 있다. 그러나 아직 CMMI에 대해 누구도 충분하게 학습되어 있지 않은 상황에서 이것을 실시하지 않으면 안 된다.

심사의 체험

심사구성원은 일단 선임심사원의 심사의 추진방법이나 판단내용을 보고, 이를 따라가면 되겠지라고 안이하게 생각했다. 막상 심사를 시작하고 보니 선임심사원의 자세는 기본적으로 「조직에 대해 잘 아는 여러분들은 어떻게 생각하십니까?」라는 질문을 던지는 것이었다. 심사팀은 지금까지의 생각을 고쳐 무엇을 추구하는 것인가를 해석하려고 계속 논의하였다.

「"이해관계자"란 누구를 가리키는 것인가?」, 「진척 검토는 어느 정도의 빈도로 실시하면 OK인가?」, 「계획서가 작성되어 있기만 하면 된다고 하는 것은 아니겠죠」, 「형상 감사는 감사결과 보고를 작성하지 않으면 안 되는 것인가?」. 2주간에 걸쳐 계속 논의한 결과 겨우 도달한 결론은 아래와 같다.

「어떻게 생각하는가? 라고 물어도 판단기준이 명확하지 않으면 판단할 수 없다」

CMMI의 표현은 매우 추상적이고 다양하게 해석이 가능하므로 현실의 조직이나 프로젝트의 활동에 대한 적용방법에 대해 명확한 기준은 나타나 있지 않다. 단지 막연한 지침만 있을 뿐이다. 이 「없는 기준」을 구하기 위해 심사팀은 매일 심야까지 계속해서 논의했다. 그리고 심사 최종일을 맞아 철야작업을 하였고 겨우 보고서 정리를 마치고 관계자 앞에서 보고 할 수 있었다. 심사팀 일동은 열심히 심사에 달라붙어 CMMI의 이해도 깊어졌지만, 그 한편으로 모두의 마음속에는 「CMMI는 괴롭다」고 생각했음에 틀림없다.

심사는 목적인가?

어떻게든 극복한 베이스라인 심사였지만 여기서 주의하지 않으면 안 되는 것이 있다. 바로 심사는 목적이 아니라 어디까지나 「프로세스를 개선한다」는 목적 달성을 위한 수단이라는 것이다.

일반적으로 조직이 커지면 커질수록 프로젝트 구성원부터 상위관리자 사이에는 몇 개의 계층이 있기 때문에 프로젝트에 관련된 모든 구성원의 인식을 동일하게 하는 것은 어렵다. 베이스라인 심사에서는 CMMI라는 필터를 통해 프로젝트의 현상을 백일하에 드러내었고 프로젝트 구성원부터 상위 관리자까지 과제인식을 공유할 수 있었다. 이 심사라는 수단을 잘 이용하여 「개선」을 위한 활동으로 최종 연결시켜 나가는 일이 중요한 것이다.

심사의 실시

심사를 실시할 때는 구체적으로 어떤 기법 및 절차가 있고, 어떤 준비가 필요한 것일까?

여기서는 실제로 심사를 계획하고 실시할 때 필요한 지식이나 정보에 대해 서술한다. 또한, SEI가 공식적으로 제공하는 기법에 따른 심사는 정식으로는 「평가(appraisal)」라는 명칭으로 통일되어 있지만, 여기서는 편의상 심사로 표현한다.

심사의 범위(scope)

심사를 실시할 때에는 우선 회사 단위로 할지, 사업부 단위로 할지 심사의 범위가 되는 조직의 범위를 결정한다. 대상 규모의 판단에 대해서는 제1장에서도 서술했지만, CMMI의 활동을 적용하는 효과나 의의를 고려해서 결정해야 할 것이다.

그리고 「개발을 위한 CMMI」에서 IPPD를 포함하는지의 여부 등 제1장에서 서술한 것과 같이 CMMI의 어떤 모델을 적용할지도 조직에 맞춰 검토하고, 심사에 따른 실시 범위도 결정하게 된다.

심사의 종류

CMMI의 심사에는 어떤 규정이나 종류가 있고, 어떻게 실시되는 것일까?

CMMI의 심사는 SCAMPI(Standard CMMI Appraisal Method for Process Improvement)라는 방법으로 통일되어 있고, 클래스 A, B, C의 3종류의 방법이 정의되어 있다. 각 심사는 목적과 역할이 다르고 개선활동을 할 때는 언제, 어느 클래스의 심사를 실시할지 목적에 따라 결정하게 된다.

이 중에서 레벨을 심사하여 정할 수 있는 것은 클래스 A뿐으로 조직의 성숙도 레벨을 판정하는 정식심사가 된다. 클래스 A는 심사의 정확성을 문제로 삼기 때문에 심사팀의 규모, 기간, 필요한 비용 모두 최대가 된다. 그리고 SEI 공인 선임심사원에 추가하여 심사를 받아들이는 조직의 구성원 또는 외부의 심사구성원에 의해 7~8명 정도(최소는 4명)의 심사팀을 형성한다. 심사팀은 통상 2개에서 3개의 「미니팀」으로 나뉘고, 미니팀은 각각 담당 프로세스 영역을 갖고 문서(document) 및 인터뷰에 의한 질

의응답을 통해서 CMMI 모델의 고유 및 공통 프랙티스별로 심사하고 목적에 대한 평점을 매긴다.

클래스 B는 프로세스 개선활동을 시작할 때에 모델과의 차이를 측정하거나 클래스 A 실시 전의 진척확인 등을 목적으로 하는 것으로 베이스라인 심사나 중간심사 등이 해당된다. 객관적 증거에 대해서는 클래스 A와 마찬가지로 문서와 인터뷰에서의 구술확인이 필요하지만, 요구되는 문서의 양은 클래스 A보다는 적다.

클래스 C는 CMMI의 모델과 대조한 자기심사 및 간이심사의 실시를 목적으로 하고, 비용이나 시간을 절약하여 간단하게 실시할 수 있도록 정의된 것이다. 이 때문에 클래스 A나 B에서는 문서와 인터뷰에 의한 양쪽의 구술확인이 객관적 증거로서 요구되는 것에 반해 클래스 C에서는 어느 쪽이든 있으면 괜찮다고 되어 있다.

계획의 예로서는 『그림 02-15 : CMMI 레벨 3으로의 로드맵(예제)』이 있지만, 이 그림에서 마일스톤으로서 정의된 심사는 각각 표 02-06과 같은 클래스에 해당한다.

표 02-06 심사와 클래스

심사	클래스
베이스라인 심사(외부)	클래스 B
내부 심사	클래스 C
중간 심사(외부)	클래스 B
공식 심사, SCAMPI-A(외부)	클래스 A

심사의 계획과 준비

CMMI의 심사는 어떤 규정이 있고, 어떻게 실시되는가?

심사에서는 많은 문서를 확인하고 인터뷰에 의한 구술 확인을 실시하지만, 한정된 시간 안에 적절한 심사와 판단을 하지 않으면 안 된다.이 때문에 세부심사계획서(logistics)에서는 심사구성원이나 인터뷰의 시간 확보와 조정 등은 물론 효율적으로 문서를 확인할 수 있도록 적절한 문서수집과 리포지터리(repository) 구축, 그리고 심사원이 되는 심사팀 구성원 선정도 매우 중요한 포인트가 된다.

그림 02-17은 심사까지의 일정을 나타낸 예다. 각각 심사팀이나 심사대상이 된 프로젝트 작업, 사무국의 준비사항을 서술하고 있다. 준비기간을 어느 정도로 예상하는가는 심사의 규모나 종류에 의해서도 다르지만, 클래스 A의 심사라면 문서의 수집시간을 포함하여 2~3개월 정도의 기간을 계획하는 것이 좋을 것이다.

그림 02-16 3개의 심사 클래스

	클래스 A	클래스 B	클래스 C
목적	• 벤치마킹 • 레벨 평정	• 초기 심사 : 개선활동을 위한 모델과의 차이 측정 • 클래스 A 실시 전 진척 확인	• 간이 심사 • 자체 심사
평정에 이용되는 객관적 증거	문서 및 인터뷰 (문서와 구술 확인)	문서 및 인터뷰 (문서와 구술 확인)	문서 및 인터뷰 (문서와 구술 확인)
조사량	대	중	소
성숙도 레벨 평점의 유무	있음(목적 평점이 필수)	없음	없음
성숙도 레벨 평점의 유무	통상 7, 8명 (규정은 최소 4명)	통상 4~8명 (규정은 최소 2명)	통상 1~3명 (규정은 최소 1명)
심사 기간의 예	통상 2~4주간 정도	통상 1~2주간 정도	통상 1~3일 정도
심사팀 리더의 조건	SEI 공인 선임심사원	SEI 공인 선임심사원	SEI 공인 선임심사원

출처 : 카네기 멜론 대학 소프트웨어 공학연구소의 공개정보를 바탕으로 액센츄어(accenture) 작성

그림 02-17 심사까지의 일정 예

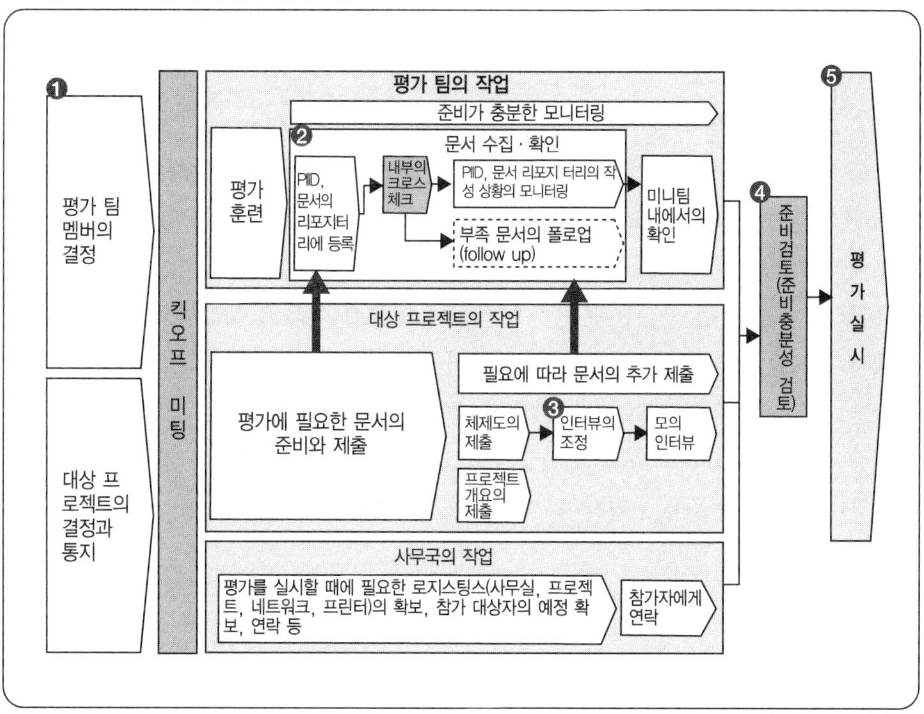

이하에서는 클래스 A의 심사를 실시한 경우의 각 공정에서 중요한 포인트에 대해 서술한다.

심사팀 구성원의 결정

심사팀의 구성원은 외부에서 초빙한 SEI 공인 선임심사원 외에 주로 대상조직에서 선정하게 된다(외부의 심사를 선정하는 경우도 있다) .

클래스 A의 심사팀을 구성하는 경우에는 이하의 조건을 만족할 필요가 있다.

- 전원이 SEI 공식 교육인 「Introduction to CMMI」를 수강할 것
- 엔지니어링 영역에 관해 팀 구성원의 평균은 적어도 6년 이상의 경험이 필요하고 심사에서 커버하는 각 분야별 심사팀 구성원의 경험은 총 25년 이상일 것
- 총계가 10년 이상이면서, 더욱이 구성원 중의 1인은 6년 이상의 관리 경험자일 것

이런 조건을 만족하는 팀 구성원은 상기에 추가하여 심사방법에 대한 교육을 수강하게 된다.

또한, 심사는 팀을 구성하여 하나의 프로젝트로서 실시하는 것이기 때문에 팀 내에서의 협력 작업, 의사소통 및 합의형성이 매우 중요한 포인트가 된다. 참가조건으로서 제시된 경험과 함께 심사팀 내에서 충분한 논의를 계속하여 최종적으로 조직에 의의가 있는 소견을 도출할 수 있도록 효과적인 팀을 형성하는 것이 중요하다.

문서 수집과 확인

심사를 할 때는 심사대상이 되는 프로젝트에서 제출된 문서를 수집하여 각 프랙티스로 도표화하며, PIID(Practice Implementation Indicator Description)라는 프랙티스의 현황에 대해 정리한 일람표을 작성한다.

이들 심사를 위해 수집한 문서는 「산출물(artifact)」이라고 불리며, 클래스 A의 심사에서 정의한 규칙은 그림 02-18에 나타낸 「직접 산출물」(Direct Artifacts)과 「간접 산출물」(Indirect Artifacts)로 나누어 모든 고유 프랙티스 및 공통 프랙티스에 대해 도표화한 결과이다. 그리고 부족한 산출물이 있으면, 대상 프로젝트에 대해 추가제출을 의뢰하며 다시 산출물을 수집하여 PIID를 완성시킨다.

그림 02-18 수집하는 산출물의 타입

문서의 타입	설명	산출물의 예
직접 산출물 (Direct Artifacts)	심사할 때에 사용하는 증거문서로 프랙티스를 실시한 결과 작성된 직접적인 작업 산출물. 직접적 산출물이 존재하지 않은 경우에는 해당 프랙티스는 충분히 실시하지 않았다고 판단하게 된다.	• 프랙티스에 정의된 전형적인 작업 산출물 • 산출물, 문서, 교육교재 등
간접 산출물 (Indirect Artifacts)	심사할 때에 사용하는 증거문서의 일종으로 프랙티스를 실시한 결과, 부산물로서 만들어진 작업 산출물. 간접적 산출물과 직접적 산출물이 함께 갖춰짐으로써 프랙티스가 완전하게 실시되었다고 간주된다.	• 회의록 • 검토 결과 • 상태 보고 • 실적 보고 등

표 02-07 PIID 예제

#	PII Description	Status	문서 명	Compliant/ Weakness	인터뷰에서의 확인	Direct Indirect	코멘트
RD SG 1	고객 요구사항을 개발한다.						
RD SP 1.1	산출물 라이프사이클의 모든 단계에 대해 이해관계자의 니즈, 기대, 제약 및 인터페이스를 도출	No	솔루션 풀 프린트	C	Y	Direct	
			비즈니스 사례	C	Y	Direct	
			고객 회의 회의록	W	Y	Indirect	비즈니스 사례에 관해 논의한 회의록 유무 확인
RD SP 1.2	이해관계자의 니즈, 기대, 제약 및 인터페이스를 고객 요구사항으로 교환한다.	Yes	범위 정의서	C	Y	Direct	
			요구사항 정의서	C	Y	Direct	
			요구사항 검토회의록	C	Y	Indirect	

또한, 직접적 산출물과 간접적 산출물을 모든 프랙티스에서 수집하게 되므로 문서 수는 엄청난 양이 된다. 이 때문에 모든 산출물을 준비하여 문서 리포지터리(repository)에 저장하여 심사팀 안에서 바로 확인할 수 있도록 정리하는 것이 필요하다. 심사를 실시하는 벤더(vendor)에 따라서는 문서 저장소와 함께 인터뷰의 결과나 심사의 소견 등을 관리할 수 있도록 데이터베이스 기능을 갖춘 도구를 제공하는 곳도 있지만,

우선 준비단계에서는 PIID를 완성시키는 것이 필수로 되어 있다.

심사가 원활하게 진행되는지의 여부는 산출물의 수집과 프랙티스에 대한 도표화의 품질에 달려 있기 때문에 심사에도 중대한 영향을 미친다. 심사를 무사히 수행하기 위해서는 준비단계에서 프랙티스에 요구되는 내용을 확실하게 이해한 후 데이터를 수집하여 도표화한다. 그리고 미니팀 안이나 심사팀 안에서 크로스 체크를 실시하여 PIID의 완성도를 높이는 것이 중요하다.

인터뷰의 선정과 조정

심사에서는 인터뷰를 실시하여 구술확인을 한다. 앞에서 서술한 것과 같이 클래스 C에서는 문서에 의한 산출물 또는 인터뷰에 의한 구술확인의 어느 쪽이라도 좋지만, 클래스 A에서는 직접적 및 간접적 산출물 양쪽의 문서와 인터뷰에 의한 구술확인이 증거문서로서 필요하게 된다. 인터뷰 실시를 위해 우선 어떻게 인터뷰를 진행할지 선임심사원 주도로 인터뷰의 진행계획을 세우고 나서 각 프로세스 영역의 실시상황에 대해 대답할 수 있도록 인터뷰의 참가를 조정한다.

인터뷰는 심사대상이 되는 모든 프로세스 영역에 대해 실시하는 것이 되지만, 예를 들면 프로젝트 계획수립이나 측정 및 분석이라면 프로젝트 관리자에 해당하고, 기술적 해결이나 산출물 통합이라면 프랙티셔너(practitioner)라고 불리는 설계담당자에 해당한다. 각각이 담당하는 영역에 따라 인터뷰를 실시하게 된다.

인터뷰 대상자 선정은 미리 조직도나 구성원 리스트를 선임심사원에게 제출하여 그 내용에 따라 선임심사원이 인터뷰에 적합한 구성원을 선정하게 된다.

준비검토(Readiness Review)

클래스 A의 심사에서는 준비검토(Readiness Review), 즉 심사를 실시해도 문제가 없는가, 충분히 준비가 정리되어 있는지 여부를 심사 전에 실시하는 것을 요구하고 있다.

준비검토의 목적은 이하의 항목을 확인하는 것이다.

- PIID의 작성 내용이 충분한가? 충분하지 않은 경우에는 심사까지 모든 산출물을 갖출 전망은 있는가?
- 심사세부계획서 준비에 문제는 없는가?(사무실이나 설비, 참가자의 참여 여부 확보 등)
- 심사팀 구성원의 필수인 훈련을 받고, 필요한 자격을 충족하고 있는가?
- 심사실시에서의 위험이 파악되어 관리되고 있는가?

이상의 것을 확인하여 일정대로 심사를 실시해도 문제가 없는지를 판단한다. 만일 여기에서 조건을 충족하지 않은 경우에는 일정을 조정하거나 심사 취소를 검토하게 된다.

심사실시

준비검토가 완료되면 드디어 심사를 실시하게 된다.

심사의 최초에는 참가자에 대해 심사의 목적이나 실시요령을 설명하고, 인터뷰와 문서의 산출물을 바탕으로 심사를 실시한다.

미니팀이 담당하는 프로세스 영역에 관한 질문항목을 작성하고 나서 인터뷰를 실시하고 구술확인을 한다. PIID에 등록된 문서에 대한 심사를 실시하고, 인터뷰에서 구술확인 결과와 합쳐 미니팀별로 의견(findings)을 정리한다. 그리고 미니팀별로 담당하는 프로세스 영역의 프레젠테이션을 실시하여 심사팀 내에서의 합의를 얻는다. 그리고 최종심사와 최종의견의 프레젠테이션을 작성하는 것이 심사에서의 절차의 개요이다.

또한, 클래스 A의 심사에 대해서는 심사결과의 최종발표 전에 심사의 참가자에 대해 심사팀의 소견을 예비 소견(Preliminary Findings)으로서 확인하는 기회가 만들어진다. 예비 소견의 목적은 사전에 참가자에 대해 심사 결과의 타당성을 확인하여 결과의 정확성을 확보하는 것이다.

심사의 방법에 대해서는 우선 프로세스 영역에서의 프랙티스를 심사하여 목적(Goal)의 심사, 최종적으로 성숙도 레벨의 심사를 실시하는 것이 된다. 프랙티스로서 약점이 있다고 심사된 것이 있어도 목적(Goal)별 심사가 충족되지 않은 경우에는 그 프로세스 영역을 포함한 성숙도 레벨을 달성할 수 없는 것이다. 이 레벨까지의 모든 프로세스 영역의 목적이 충족되어야 비로소 「성숙도 레벨을 달성했다」라고 심사하는 것이 된다.

Column 칼럼

심사의 유효기간

CMMI의 버전 업에 의해 SCAMPI의 심사하고 정하는 방법에서도 변경이 발생한다. 가장 크게 변경된 점은 1.2버전에서 심사결과에 대한 유효기간이 최장 3년간으로 된 것이다. 또한, 1.1버전에서의 심사결과는 2007년 8월 또는 심사가 실시된 날부터 3년 후로 양쪽에서 보다 늦은 시점에서 유효기간이 끝나는 것이 된다.

지금까지는 SCAMPI는 심사를 실시한 시점에서 조직의 상태를 측정하려 하였고, 심사 실시 후의 상태가 계속되고 있는지의 여부에 대한 심사는 실시하지 않았지만, 이번 변경에서는 유효기간이 최대 3년간이라고 명시되어 있다. 이 때문에 3년을 맞이하기 전에 다시 심사의 실시 등을 고려할 필요가 있는데, 조직으로서는 프로세스의 개선 및 유지관리를 계속해서 실시하는 것이 한층 더 요구된다.

참조

심사에 관한 요구사항 · 기준을 정리한 SEI의 공식문서를 참고로 정리한 것이며, 상세한 조건은 이하의 문서에 정의되어 있다.

- Appraisal Requirements for CMMI®, Version 1.2(ARC, V1.2) [CMU/SEI-2006-TR-011, ESC-TR-2006-011]
- The Standard CMMI® Appraisal Method for Process Improvement(SCAMPISM) [CMU/SEI-2006-HB-011]
- Handbook for Conducting Standard CMMI Appraisal Method for Process Improvement(SCAMP-ISM) B and C Appraisals, Version 1.1 [CMU/SEI-2006-HB-005]

2-6 프로세스 개선 추진활동의 실시

지금까지 프로세스 개선 추진을 위한 계획에 대해 서술했지만, 실제로 조직이나 프로젝트에서 이런 활동을 도입할 때에 어떤 일정과 어느 정도의 공수를 예상해야 할 것인가?

조직에서의 마스터 일정(master schedule)의 수립

체제구축과 동시에 고려해야 할 것은 개선활동 초기부터 심사(SCAMPI-A)까지의 일정 수립이다.

프로세스 개선의 실시 및 정착화는 시간이 걸리면서 계속성이 요구되는 활동이다. 이 때문에 마스터 계획(master plan)을 수립할 때에는 현장에서의 내재화도 포함하여 개선실시에서의 목표나 마일스톤을 결정하는 것이 중요하다. 프로세스 개선활동이 CMMI의 마일스톤(베이스라인 심사, 중간 심사, 공식 심사)과 관련되어 있으면 언제까지 무엇을 달성하여 무엇을 개선하면 좋은지 명확한 목표를 가질 수 있으므로 보다 큰 효과를 기대할 수 있을 것이다.

그림 02-19의 예는 앞에서 정의한 역할에 따라 CMMI의 공식 심사를 하나의 목표로 하는 경우의 마스터 계획에 대한 예이다.

일정을 수립할 때의 중요한 포인트는 마일스톤을 심사와 관련시키는 것과, 갑자기 전체에 전개하는 것이 아니라 파일럿 프로젝트를 결정하여 전개한 후에 전체에 보급해 나가는 것이다.

개선활동 초기 단계에서는 QA, EPG 들의 추진 조직 구성원에 따라 성숙도나 이해를 하는 정도에 차이가 있고, 조직 내의 프로세스나 절차도 전체 조직에 전개하기에는 아직 확실하지 않은 부분이 많으므로 추진 조직의 구성원도, 프로젝트 팀도 시행착오를 겪는 경우를 생각할 수 있다.

파일럿에서 실적을 만들어 점차 횡으로 전개함으로써 QA 등에서 추진 구성원의 능력향상도 기대할 수 있고, 파일럿에서 수행한 우수사례나 프로세스, 자산을 다음 프로젝트에 활용하여 지속적인 개선을 반복하는 것이 가능하게 되는 것이다.

그림 02-19 마스터 계획(예제)

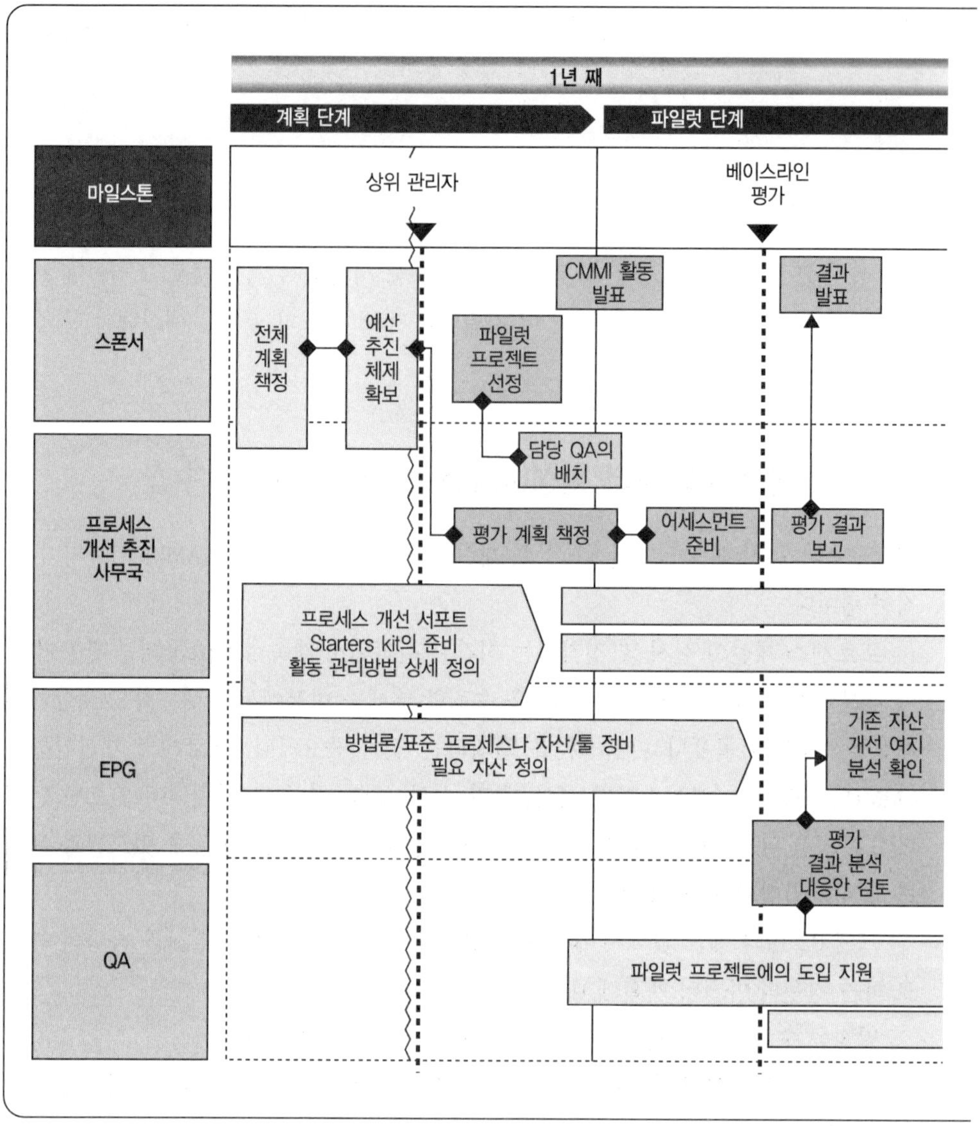

CMMI 추진 공수(工數 = 작업량)의 확보

프로세스 개선활동을 추진할 때에 정의한 작업계획에 대해 프로젝트 내에서의 개선 활동을 위한 작업공수와 프로젝트 외의 인력인 QA에 대한 공수는 어느 정도 필요한 것인가?

각 프로젝트의 상황이나 지원내용에 따라서도 다르지만, CMMI 레벨 3 이상의 달성을 위한 개선활동은 프로젝트 현장에서의 개선 및 관리를 위한 공수에 추가하여 내부에서의 추진활동을 위한 공수도 필요하게 된다. 이 때문에 프로젝트의 시작 시기에

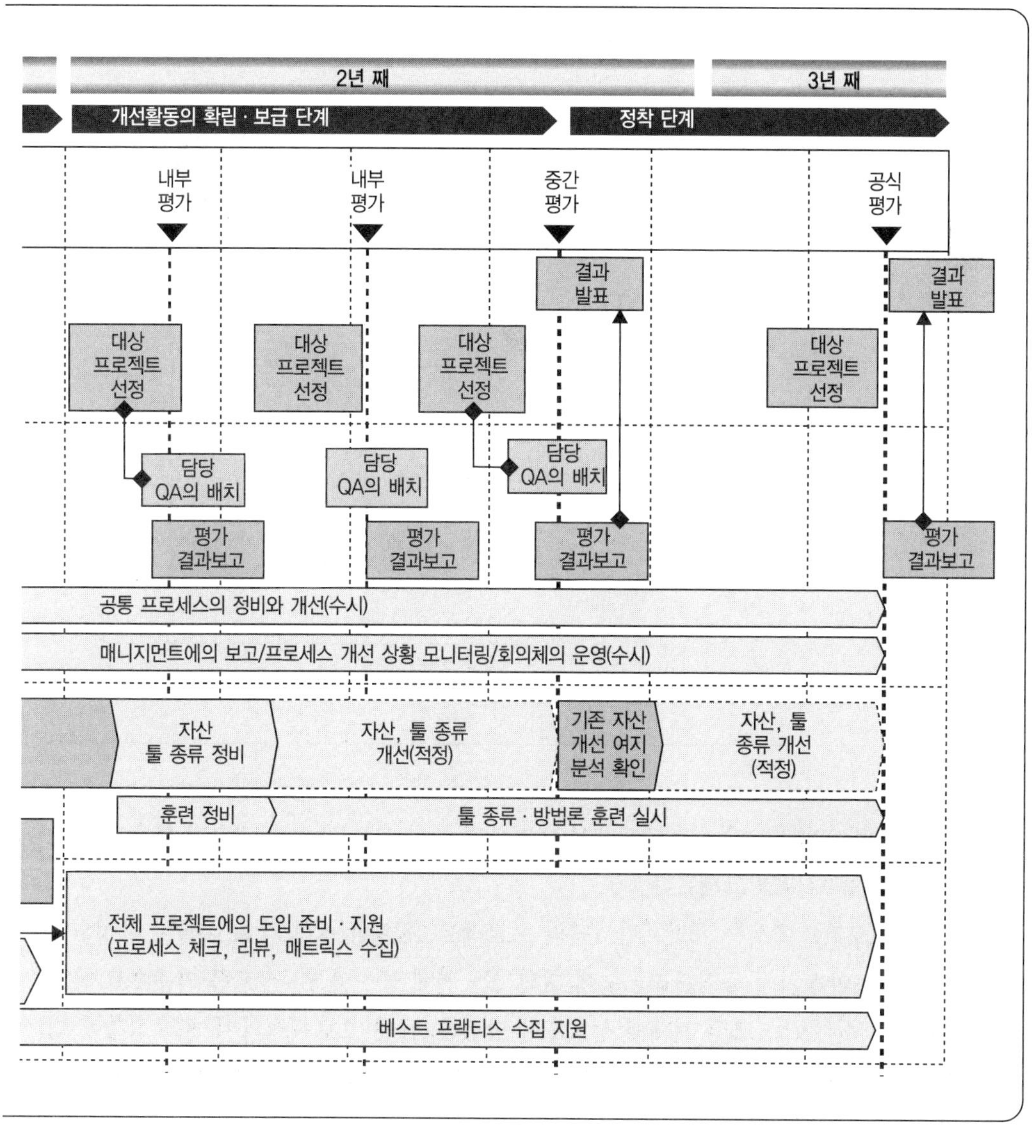

는 QA 및 프로젝트 모두 공수가 드는 것이 상정되지만, 계획단계에서 표준 프로세스를 도입하여 프로젝트 관리의 구조가 확립되어 있으면 실행단계에서 공수를 감소시킬 수 있다.

그리고, 표준 프로세스를 도입한 후의 2회 째 이후의 개발 프로젝트에 대해서는 시작단계의 공수가 높은 것은 초기와 동일하지만, 프로젝트 구성원이 표준 프로세스로서 실시해야 할 것을 이해하는 것이 전제가 되면, QA의 활동은 검토 주체로 대체된다. 즉 프로젝트 구성원이 성숙한 단계에서 QA는 월별 정기 프로세스 체크를 중심으로 추진해 나가게 될 것이다.

그림 02-20 프로젝트에 드는 품질관리 공수의 예

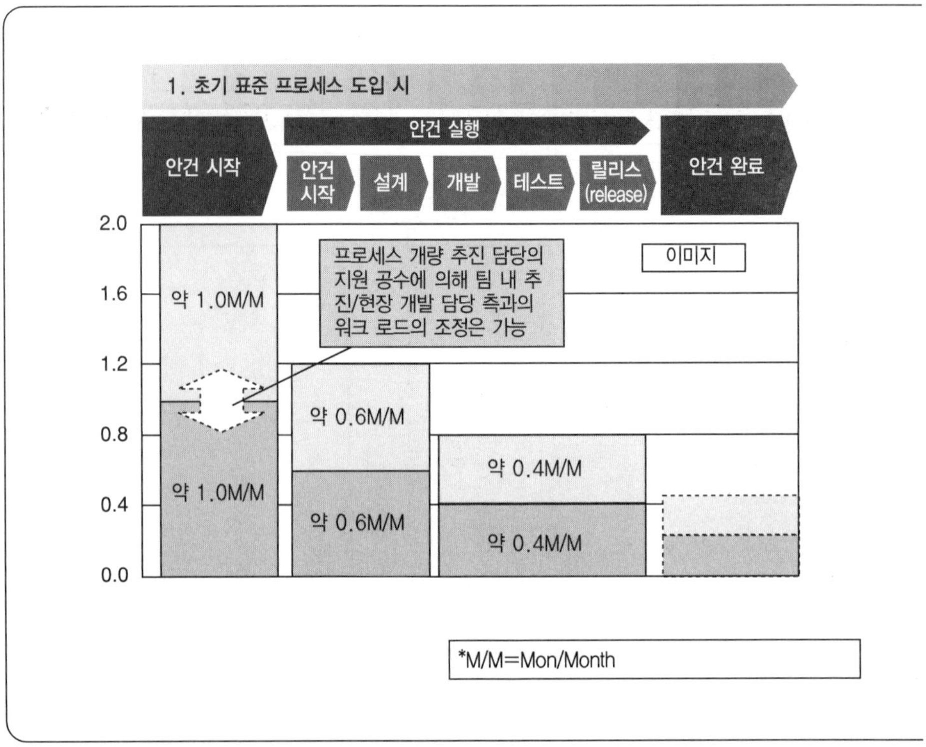

위 그림 02-20은 각 프로젝트에서 초기도입 시와 그 이후의 품질관리 공수의 사고방식의 예를 나타낸 그래프다.

이 프로젝트에서는 개발기간 1년의 프로젝트, 월평균 30명의 프로젝트 구성원을 배치하고, 안정기의 품질관리공수에 대해서는 전체 공수의 3% 정도를 기준으로 하고 있다. 단, 실제로는 조직 전체의 성숙도나 방법론, 표준 프로세스의 내재화 상황에 의해 QA나 프로젝트에서 필요한 공수는 변화하므로 대상의 조직에 적당한 공수를 충분히 검토할 필요가 있다.

또한, 지원레벨의 사고방식으로서 QA의 공수는 어느 조직에서도 확보하는 것이 용이한 것은 아니라는 것을 이해할 필요가 있다. 물론 이것은 품질관리에 드는 공수가 결코 윤택하지 않다는 것도 있지만, 보다 중요한 것은 QA의 능력 관점에서 프로젝트의 관리 및 활동에 대한 전반적인 검토를 할 수 있는 인력을 확보할 수 있는지의 여부이다.

최종적으로 지원레벨을 실시하는가는 프로젝트나 각 부서에서의 판단에 의하는 것이 크지만, QA에 요구되는 지원레벨의 정의, 방침을 정리하기 위해서는 프로젝트의 난이도, 규모, 위험 등에 따른 지침이 필요하게 된다. 프로젝트의 규모에 따른 정의는 기본 방침으로 되어 있지만, 반드시 규모가 작은 프로젝트가 지원레벨을 필요로 하지 않는 것은 아니다.

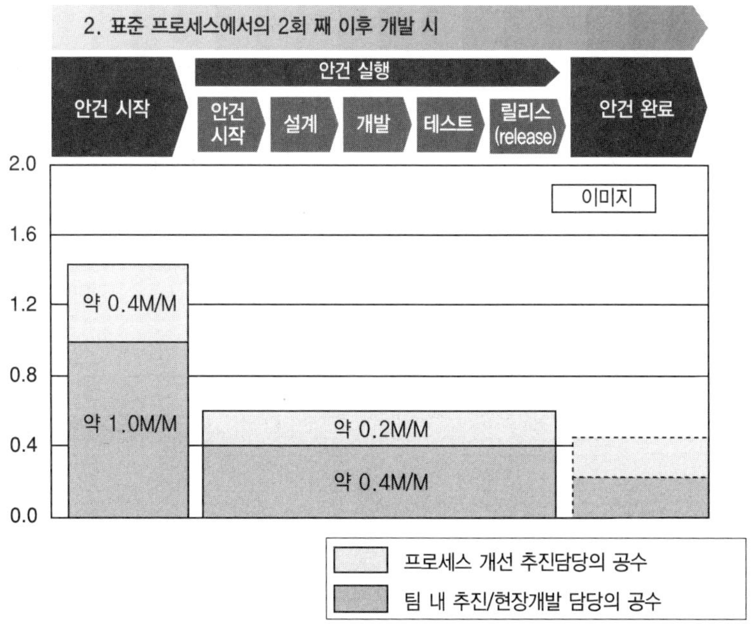

예를 들면, 규모가 큰 프로젝트에서는 프로젝트 관리의 지식이나 경험이 풍부한 관리자가 담당하며, 프로젝트 내의 많은 개선활동에 따른 공수도 확보할 수 있는 경우가 있다. 이 경우에 QA는 프로세스 체크만의 활동에 전념하고, 개선활동 자체는 프로젝트 팀에서 추진하는 것이 가능하기 때문에 지원레벨의 공수를 감소할 수 있을 것이다.

한편, 소규모를 담당하는 프로젝트는 프로젝트 관리자가 타 프로젝트와 겸무하고 있어서 프로젝트 내에서의 개선활동 공수가 충분하지 않은 경우가 있다. 이 경우에 지원레벨의 공수는 통상의 지침보다도 많은 공수를 확보할 필요가 있고, 프로젝트와 합의하고 나서 QA의 지원내용을 정의하게 된다.

프로젝트에서의 개선활동의 시작

개선 활동 추진팀 및 EPG 측에 있어서 프로젝트를 지원 할 때에 가장 주력해야 할 시기는 프로젝트를 시작할 때다. 이 시기에는 프로세스 정의에 따른 계획서의 종류를 확실하게 작성하여 도구나 프로젝트 관리의 기반을 준비함으로써, 프로젝트 실행단계에서의 활동이 매끄럽게 진행될지의 여부가 결정될 것이다.

프로젝트가 어느 정도 진행되고 나서 개선활동을 실시하는 것은 현재 실행하고 있는 프로세스의 변경을 동반하기 때문에 프로젝트 팀도 부담을 느끼는 경우가 많고, 개선활동 자체에 부정적인 인상을 줄지도 모른다. 이 때문에 새로운 프로젝트를 시작할 때는 초기 단계에서 프로세스 개선 추진활동을 시작하여 ToDo(해야 할 일)에 대처하는 것이 이상적이며, 특히 프로젝트 관리에서의 실패 프로젝트를 없앤다는 의미에서 매우 효과적이다.

물론 개선활동 자체가 조직 내의 활동으로서 정착할 때까지는 처음부터 표준 프로세스에 입각하여 지원을 하는 것 보다는 프로젝트 도중에 활동추진 지원을 실시하는 경우도 많을 것이다. 이 경우에는 프로젝트 지원항목이나 프로세스 체크항목 및 심사

그림 2-21 프로젝트를 시작할 때의 ToDo

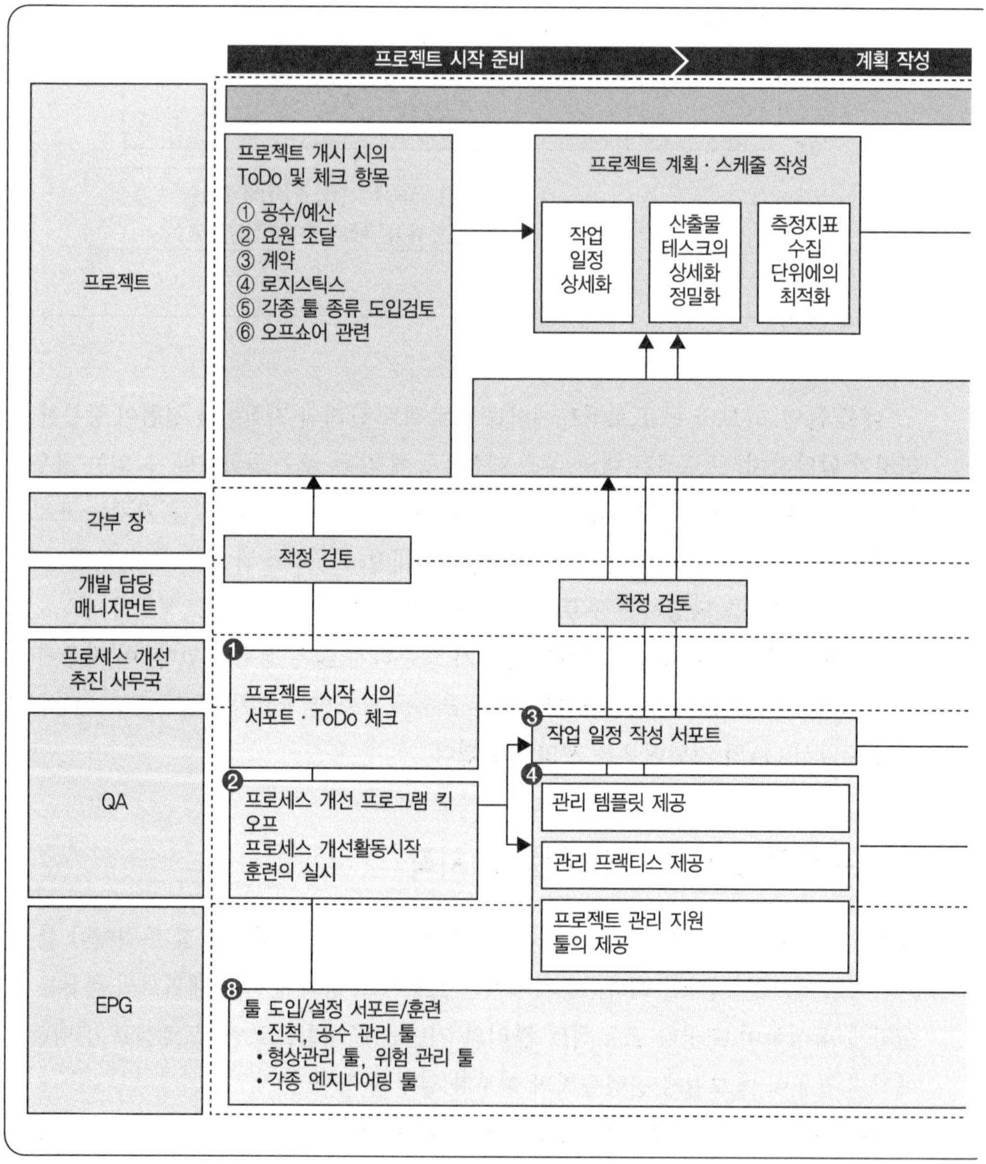

결과에 따라 약점이나 개선 항목을 나타내고 우선순위를 붙여 대처하는 접근방식을 취할 필요가 있다.

또한, 프로젝트의 심사를 바탕으로 약점이나 개선 항목을 발췌하여 프로젝트 내의 정책검토에 연결하는 접근방식에 대해서는 B 프로젝트의 케이스 스터디(case study)의 개선 추진 접근방식에 기재하고 있다(p.106 참조).

그림 02-21은 프로젝트를 시작할 때에 포함시켜야 할 프로세스 개선활동을 정리한 예이다. 프로젝트 내의 활동에 따라 프로세스 개선 추진 사무국, QA, EPG가 각각 필요한 지원을 실시한다.

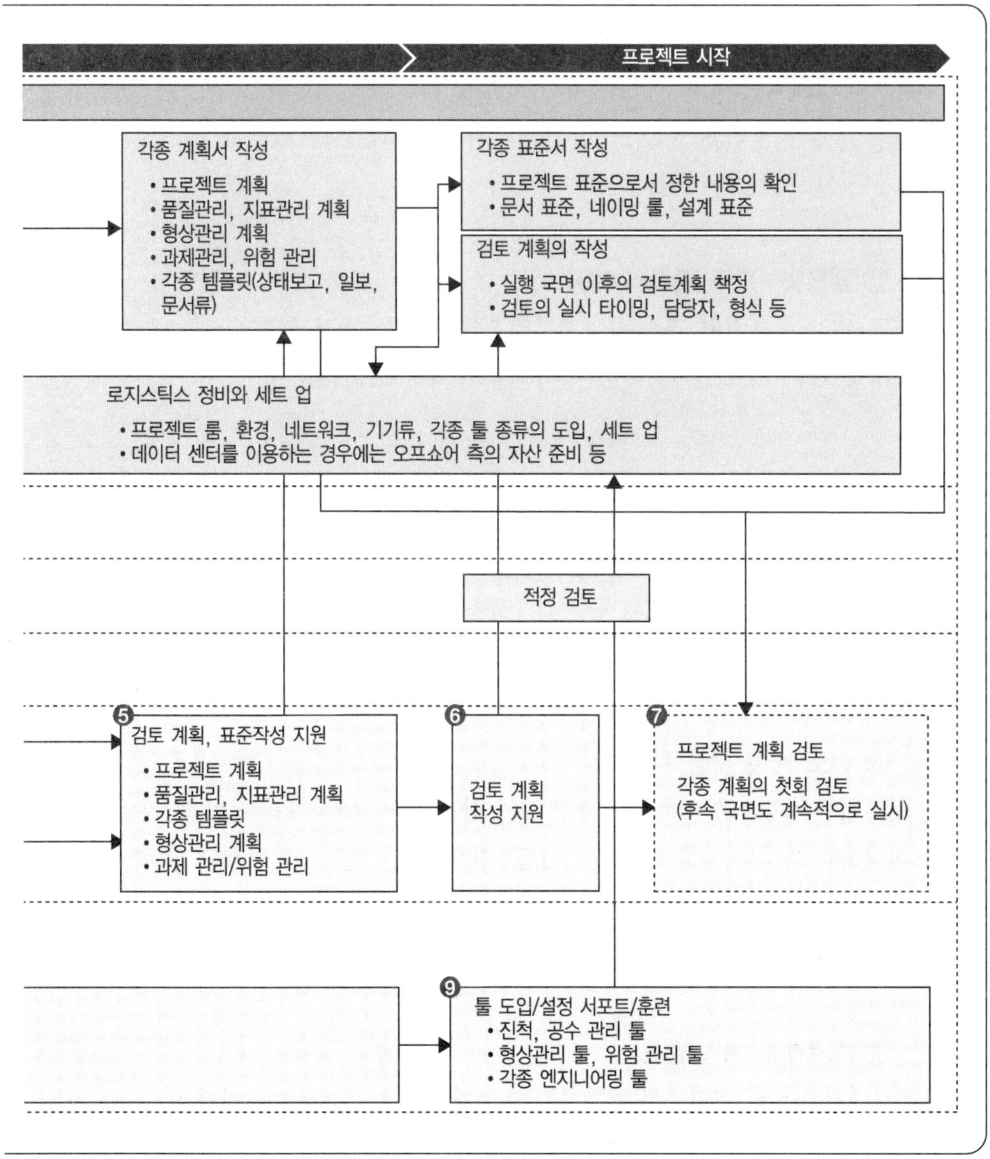

① 프로젝트를 시작할 때의 지원 · ToDo 체크

프로젝트를 시작할 때에 QA가 체크리스트를 이용하여 필요한 준비와 절차를 검토한다. 또한, 여기서는 QA 뿐만 아니라 품질관리 담당의 상위관리자도 포함시켜 「프로젝트 초기에 필요한 절차 및 준비가 갖춰졌는가?」, 「계획에 무리가 없는가?」 등의 체크를 하여 프로젝트를 시작한다.

② 프로세스 개선 프로그램의 개시(kickoff)

프로세스 개선 프로그램을 개시하여 프로그램에서 정의된 프로젝트 구성원을 위한 교육실시 등 개선활동을 시작한다.

③ 작업계획(work plan) 작성 지원

프로젝트 작업계획(일정)을 작성할 때의 조언 및 검토를 실시한다. 여기서는 MS 프로젝트 도구 등을 활용하여 WBS를 작성하고, 지표를 수집할 수 있는 관리 프로세스를 구축하는 것이 포인트가 된다.

④ 템플릿 · 도구 종류의 제공

프로젝트 관리에 관련된 템플릿(과제관리 · 위험관리 · 형상관리의 도구 종류/포맷(format) 등)이나 지표, 관리 대상 데이터를 수집하고 분류할 수 있는 기반을 제공한다.

⑤ 각종 계획 · 표준 작성 지원

각종 프로젝트 계획서 작성을 지원 한다. 템플릿의 단순한 활용뿐만 아니라 프로젝트에서 유용하게 활용될 수 있도록 프로젝트의 관리팀과 적용방법을 협의하여 계획 작성을 지원한다.

⑥ 검토 계획 작성 지원

프로젝트 내에서 검토를 실시할 필요가 있는 산출물이나 담당자의 정의 및 필요한 일정을 정의하는 등 검토 계획의 작성 지원을 실시한다. 검토 시에 필요한 각 단계에서의 검토 체크리스트 등의 템플릿이나 예제를 제공하여 각각의 프로젝트에 적합한 검토 계획 및 검토 체크리스트 작성을 지원한다.

⑦ 프로젝트 계획 검토

프로젝트에서 작성한 계획문서 종류에 대해 객관적인 관점에서 검토한다.

⑧ 도구 도입 검토 지원

프로젝트를 시작할 때에 프로젝트의 특성에 따라 프로젝트 관리에 관련된 도구(견적 도구, 진척 · 공수 관리 도구, 요구사항 관리, 이슈 위험 관리, 검토 관리 등) 및 각종 엔지니어링 도구(테스트 도구, 형상 관리 등)의 적용 방법에 대해 컨설팅이나 조언을 실시한다.

⑨ 도구 도입/설정지원/훈련

도구를 도입할 때의 도입 및 설정지원이나 프로젝트 구성원이 도구를 사용하여 실제 작업을 하기 위해 필요한 훈련을 실시한다.

Column 칼럼

두 개의 얼굴을 가진 QA

회사 전체적인 품질개선 활동의 추진과 CMMI의 성숙도 레벨 3 달성을 위한 활동이 시작된 것은 3년 전이다. 파일럿 프로젝트에 대한 개선활동이 적용된 후, 각 프로젝트에 대해 적어도 한 명의 QA가 배치되어 표준 프로세스의 준수 상태의 체크, 지표의 수집 등의 관리를 실시했다. 또한, 프로젝트를 시작할 때에도 QA의 배치를 상정하여 공수를 견적하지 않으면 과제자체가 승인되지 않았다.

엄격하게 관리되는 중에 프로젝트의 현장은 자신들의 개발 방법이 변하는 것에 저항감을 나타내고, 개선활동 자체에 불신감을 가진 구성원도 적지 않았다. 이 때문에 개선활동을 본격화할 때에 「자기 스타일」을 고집하는 프로젝트의 현장 구성원과 「회사 표준에 대한 준수」를 추진하는 QA와의 공방전이 전개되었다.

되돌려 보내진 QA

프로젝트에서 보면 커다란 문제가 나오지 않는 한 표준화에 따른 변경을 무리하게 강요하는 이유를 알지 못하고 활동의 효과를 실감할 수 없었다. 자신의 방법을 자부하는 베테랑 프로젝트 관리자가 보면 더욱 그렇다.

어느 날, 개선활동을 시작하기 위해 프로젝트를 방문한 QA는 여기서 20년의 베테랑 프로젝트 관리자의 「왜 개선활동이 필요한지 이해할 수 없다」, 「프로젝트 팀원의 시간을 빼앗지 말라」라는 말을 듣고 되돌아 왔다. 예정된 관리자 인터뷰뿐만 아니라 구성원 인터뷰도 가로막혀서 어찌할 바를 몰랐다.

QA는 이 사태를 상사나 다른 QA와 상담하여 해결책을 모색했다. QA가 이 프로젝트 관리자보다도 지위가 낮은 것이 원인의 하나라고 생각했기 때문에 최초의 활동 시에 이 관리자와 대등하게 대화할 수 있는 경험이나 실적이 풍부한 QA와 함께 프로젝트를 방문하여 이 활동의 의의를 설명하는 것부터 시작했다. 프로젝트의 부담을 고려하여 급격하게 변화시키는 것이 아니라 조금씩 적용할 계획이라고 하는 것이나 개선에 의한 효과를 설명하여 프로젝트 관리자의 이해를 얻어 개선활동에 착수할 수 있었다.

프로젝트의 실태를 펼쳐보면…

「정말로 프로젝트 관리자가 말하는 것처럼 문제가 없는 것일까?」. QA는 이런 의문을 갖고 있으면서 최초에는 프로젝트 구성원의 시간을 사용하지 않도록 연구하기 위해 진척회의에 참가하면서 서서히 상황을 파악해 나갔다. 그리고 팀 리더와의 인터뷰를 조금씩 실시하여 이 프로젝트에 뿌리 박혀 있는 문제를 찾아냈다.

이 프로젝트의 문제로서 우선 진척과 공수의 관리에 대해 개선의 여지가 있는 것이 판명되었다. 이 프로젝트에서는 공수를 관리하기 위해 표준도구를 도입하였지만, 사용방법이 복잡하기 때문에 각 팀 리더는 각각 자체 제작한 Excel 파일에서 관리하고 있었다. 이 때문에 작업(task) 완료율의 관리나 공수실적의 취득에 대한 사고방식도 팀에 따라 가지각색이었다.

QA는 우선 이 사태에 대처하기 위해 작업계획과 실적관리를 위한 간단한 도구를 준비하여 입력을 철저하게 시켰다. 도구에서 입력이 필요한 항목은「예정」,「예정에 연결된 공수」,「완료율과 실적 공수」의 3개이다. 이 입력을 매일 빠트리지 않고 하게 하는 것이 프로젝트 구성원에 대한 의뢰사항이었다.

또 하나의 문제는 산출물의 품질에 관련된 문제로서 검토에 관한 것이었다. 검토방법이나 실시내용은 담당자나 팀에 맡기고, 특별하게 프로젝트 전체의 방침이나 산출물의 검토정책 등은 정의되어 있지 않았다. 검토 데이터의 등록도 실시하지 않고, 팀 내에서의 검토는 매우 속인적(屬人 : 사람위주)으로 실시되고 있었다. 또한, 구성원의 인터뷰 결과, 불충분한 내부검토의 원인으로 개정하는 일이 자주 일어나는 회사도 있다는 것을 알게 되었다.

그래서 QA는 우선 사내표준을 이용하는 검토 데이터를 등록하여 일원적으로 관리하기 위한 포털사이트를 준비했다. 입력항목을 아주 압축하여「검토의 지적사항과 지적건수」,「대상의 산출물」,「검토에 걸린 시간」등 최소 필요한 데이터의 등록만을 철저히 했다.

그리고 팀별로 검토 데이터의 등록건수나 검토효율을 나타내는 보고를 주별로 작성하도록 의뢰하여 등록 상황이 좋지 않은 팀에는 등록을 촉진하기 위해 개별적으로 의사소통을 했다.

본래 팀 구성원에게는「상위관리자(supervisor)가 충분하게 검토해 주지 않는다」는 불만이 있고, 한편으로 상위관리자는 구성원의 성과나 산출물의 질에 대해 불만이 있었다. 이와 같이 서로가 납득하지 못하는 불편한 상태는 검토를 실시하여 적절한 시점에 의사소통을 도모함으로써 서서히 해소되었다.

이와 같이 지금까지「어떡하든」통과된 작업이나 과제에 대해 프로젝트 외부에서 온 QA에게 지적을 당함으로써, 팀 리더 또한, 스스로 돌이켜보고 문제의식을 가지게 되었다.

개선활동을 추진하는 중에 QA는 자신들 나름대로 담당 프로젝트나 구성원에 대해 다음의 사항을 고려하여 정책을 추진하였다.

QA의 연구

프로젝트의 개선활동을 추진할 때, QA는 거북하게 여기는 존재가 되기 쉽다. 특히, 피하려는 프로젝트 구성원을 쫓아가는 중에 어떡하든 강제적으로 관리하지 않으면 안 되는 단계도 있다. 완성되지 않은 부분은 용기를 갖고 지적하는 것이 필요하다.

그러나 프로젝트에 따라 QA의 존재는 단지 어려운 존재일 뿐만이 아니라 조직 프로세스나 표준에 문제가 있으면 조직에 대해 정보 발신을 하는 최고의 대변자도 될 수 있다는 것을 잊어서는 안 된다. 이 프로젝트의 QA도 관리를 할 뿐만 아니라 프로젝트에 대한 지원자라는 것을 유의해야 한다.

작은 개선을 꾸준히 : 퀵 히트(quick hit)로 가치를 어필

QA가 프로젝트의 지원자로서 유의할 것은 매일 진행상태 회의를 철저히 하는 것이다. 불과 10

분, 20분의 팀 회의를 실시할 뿐이라고 해도 팀의 상황파악, 과제나 문제의식의 공유가 가능하고, 또한, 근태상황의 파악이나 개개인의 상황, 작업의 재고조사 등도 가능하게 된다.

그 외에 검토 데이터의 분석도 실시했다. 단지 수집하는 것만으로는 부하가 증대할 뿐이지만, 팀별이나 담당자별로 검토 실시상황이나 효과의 분석 등 사소한 분석시점을 추가하여 회의에서 공유하는 것만으로도 그 후의 개선활동에 시사하는 것이 있다.

팀 구성원에 대한 인터뷰의 중요성

QA가 프로세스를 체크할 때에는 어떻게 하든 최초에는 관리자나 리더 클래스에게만 접근하려 하는 경향이 있다. 그러나 이것만으로는 개선활동이 충분하다고 볼 수 없다.

실제로 프로젝트 구성원에게 인터뷰를 하면 「현장에서 고생하여 수집된 지표가 실제로는 의미가 없다」(상황이 정확하게 반영되지 않았다), 「실제로는 정보를 거의 공유하지 않아서 이유도 모르고 하게 된다」고 하는 지금까지 볼 수 없었던 부분이 보이기 시작하는 경우가 생긴다. 또한, 담당자에 의한 인식이나 이해의 차이도 있다. 이런 불균형을 조금씩 개선하는 것도 중요하다.

프로젝트 관리자나 팀 리더에게는 직접 얘기할 수 없었던 문제나 고민도 QA가 인터뷰 할 때 나오는 경우가 있어서 문제가 발생하기 전에 대처할 수 있게 된다.

커다란 개선이 필요한 경우도 있지만, 이와 같이 사소한 연구를 하는 것만으로도 의사소통이 좋아져서 프로젝트의 전망이 변하는 경우도 있을 것이다. 프로젝트는 기존의 방법에 구애받고, 때에 따라 바쁜 상황 중에 당연한 것을 놓치기 쉽다. 이 때에 외부에서의 개선활동이 윤활유가 될 수 있도록 QA는 프로젝트를 쫓는 관리자로서의 얼굴과 지원자로서의 얼굴을 잘 연기하는 것이 중요하다.

제3장

프로젝트별 사례 스터디(case study)

Chapter 3

CMMI

전 장에서는 CMMI를 이용한 프로세스 개선을 실시할 때에 조직에서 정비하지 않으면 안 되는 체제나 준비 프로세스에 대해 서술했다. 이 장에서는 프로세스 개선활동을 프로젝트에 전개한 경우에 어떤 접근방식으로 실시할지 또는 어떤 개선 항목과 효과가 있는지를 나타낸다.

여기서는 프로젝트에서 실제로 발생하기 쉬운 개선 항목을 고려하여 이하에 나타낸 4개의 가상 프로젝트를 예제사례로 설정했다. 각 프로젝트가 안고 있는 개선 항목에 대해 CMMI의 프로세스 영역과 관련시켜 각 프로세스 영역의 프랙티스와 함께 어떤 개선활동이 실시되었는지에 대해 서술한다.

그림 03-01 사례 스터디 개요

	프로젝트 타입	개선 항목	관련된 프로세스 영역
A 프로젝트	• 대규모 시스템 개발 • 패키지 개발 • 오프쇼어 이용	• 변경관리 프로세스의 도입과 정의	REQM, CM
		• 요구사항 추적성의 도입과 정의	REQM
		• 프로젝트 상황의 가시화와 정량화	PP, PMC, MA, QPM
		• 검토 프로세스의 명문화와 내재화	SAM, VER
B 프로젝트	• 애플리케이션 • 아웃소싱 • 오프쇼어 이용	• 복수 사이트의 프로젝트 관리체제의 확립	IPM
		• 요구사항 정의 품질향상에의 대처	REQM, RD
		• 트랜지션 포인트에서의 프로세스의 확립	TS, VAL
C 프로젝트	• 소규모 아웃소싱 • 유지보수 · 운영	• 실제 장애발생 수의 감소	CM, PI, VER
		• 작업 견적의 정밀도 향상	PP, PMC
D 프로젝트	• 복수벤더 이용 • PMO의 역할 중심	• 적절한 벤더선정과 계약의 체결	SAM, DAR, RSKM
		• 벤더관리의 구조 확립과 운용	SAM, MA, RSKM

개선활동을 수행하는 프로젝트도, 프로세스 개선을 추진하는 담당자도 다양한 고생을 하게 될지도 모른다. 이 장에서 프로세스 개선을 추진하는 실제의 현장에서 시사하는 것이 무엇인가 하는 것에 연결될 수 있도록 구체적인 개선과제와 그 대책을 든다.

3-1 대규모 시스템 개발 프로젝트

프로젝트 프로파일(Project Profile)

프로젝트 개요

전자기업 가운데 가장 큰 기업인 A사의 생산관리 시스템은 수십년 간 계속된 시스템 보완에 의해 도입 초기의 20만 스텝(step)이었던 프로그램이 350만 스텝으로 증가하여 관련된 타 시스템과의 연계도 매년 복잡함을 더해갔었다.

이 업계에서는 최근 국내기업의 글로벌화가 진행되어 대부분의 경쟁회사는 글로벌 통합에 대한 시스템 구축이 완료되는 중에, A사에서는 비즈니스의 변화속도를 시스템 보완이 따라가지 못하는 등의 문제도 발생하고 있어서 경영을 지지하는 IT기반을 구축하는 것이 시급한 업무가 되었다.

A사의 시스템을 전면적으로 쇄신하는 것을 목적으로 대규모 시스템 개발 프로젝트가 시작되었다. 도입까지 1년 반, 업계표준이라는 패키지 소프트웨어를 이용하여 생산관리 업무의 극적인 효율화를 꾀하게 되었다.

회사 전체적인 프로세스 개선활동이 시작된 것은 이 프로젝트에서 요구사항 정의가 끝날 무렵이었지만, 실제 개선활동이 프로젝트 내에 수행된 것은 기본설계가 끝날 무렵이었다.

프로젝트 체제

A사의 정보 시스템 부문과 SIer(System Integration + er)가 중심으로 프로젝트를 구성하여 A사 내에 최대 50명 가까운 프로젝트 구성원을 배치함과 동시에 개발의 하위공정에서는 오프쇼어(offshore) 개발거점(중국)을 이용하여, 여기서도 100명 가까운 구성원이 상주하는 대규모 프로젝트가 되었다.

프로젝트의 초기단계에서 패키지 소프트웨어를 중심으로 한 시스템 개념도(업무 애플리케이션, 인터페이스, 인프라 구성 등, 구축할 시스템의 전체상)가 이미 작성되었기 때문에 이에 준한 형태로 요구사항 정의와 설계가 추진되었다. 프로젝트에는 패키지의 업무 애플리케이션 구성에 따라 설계 및 개발 팀이 구성되었다.

이 추진체계가 구축된 것은 패키지 소프트웨어의 표준기능을 실제로 움직여 보는 것으로 A사가 요구하는 요구사항과의 차이를 측정하는 CRP(Conference Room Pilot)라는 접근방식에 의해 추가 개발의 대상을 정해 설계에 들어가는 단계였다.

아키텍처를 담당하는 팀은 시스템의 개념설계에 따라 기술적인 구현(實裝 : 도구를 구성하는 부품을 실제로 부착하는 것)의 여부에 따라 시점의 요구사항 검토나 요구사항의 실현성을 고려하면서 시스템 구성의 상세화를 실시했다. 또한, 프로젝트 관리자를 지원 하는 PMO(Project Management Office)를 프로젝트에 배치했다.

PMO의 역할은 프로젝트 전체 및 각 팀의 진척 · 과제 · 위험의 정리나 CRP의 기획 · 형상 관리 등, 팀 사이를 연결하는 통로인 것이다.

또한, 프로젝트의 진행방법을 외부 제3자의 시각으로 감사하는 품질보증 담당이 계약내용과 조회를 하고 매월 1~2시간 정도 비즈니스상의 위험에 대해 프로젝트의 주요 구성원과 검토를 실시했다.

프로젝트 조직도를 아래에 나타내었다.

그림 03-02 프로젝트 조직도

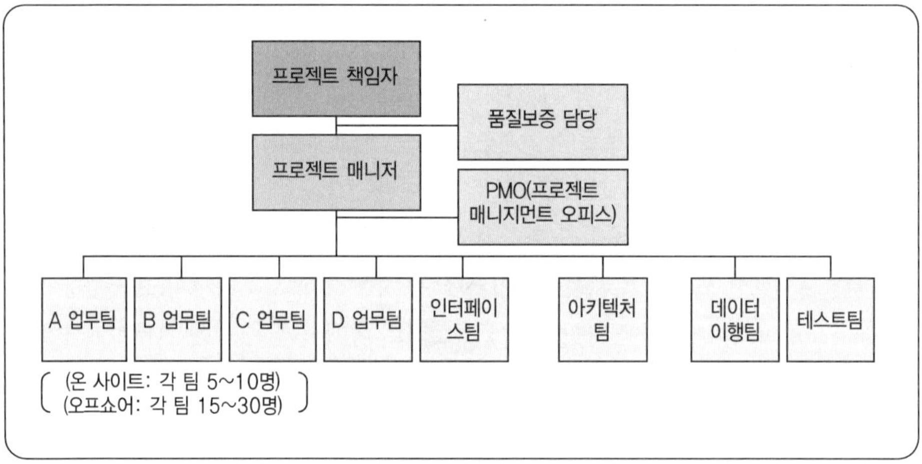

프로젝트의 상황

프로젝트 초기에 자원 계획대로 구성원을 배치하지 못하였고, 현행업무를 숙지하고 있는 고객의 핵심 담당(key person)과의 조정 시간이 걸렸기 때문에 프로젝트를 착수할 때에는 해야 할 각 관리 프로세스의 정비가 뜻대로 되지 않은 채 요구사항 정의단계를 끝내게 되었다.

개발 총괄자나 팀 리더는 프로세스가 정비되지 않은 것에 대해 막연한 문제의식을 갖고 있었지만, 일정이 급박한 것도 있어서 목전에 있는 당일 업무를 처리하는 것이 고작이었기 때문에 근본적인 처리를 하지 못했다.

프로세스 개선활동 실시 전의 프로세스 성숙도

CMMI의 프로세스 영역 카테고리별로 개선활동 실시 전에 프로젝트에서의 프로세스 성숙도를 정리한다.

프로젝트 관리영역

일정에는 팀별로 담당자 레벨까지 세분화된 태스크에 대해 시작 예정일과 종료 예정일이 명시되어 있고, 프로젝트의 전체 공수는 표준 견적 도구를 이용하여 태스크별로 필요한 공수 및 그 실적을 참조하여 프로젝트의 전체 공수를 견적했다. 또한, 시스템 개발관리팀 주체로 매주 팀 리더 회의를 개최하여 금주에 진행한 태스크 진척률에 대한 보고와 실적에 대한 일정을 공유했다.

그러나 전주의 자료와 비교하여 전혀 진척률이 상승하지 않은 사례도 간간히 발생하였다. 공수의 집계는 경리처리를 위한 시간 입력도구를 이용하여 실시했지만, 실태를 올바르게 나타내는지 여부를 알지 못하고, 또한, 집계보고는 작성되지 않았다. 즉 집계시점에서 견적을 실시했지만, 실행단계에서는 정확한 숫자가 집계되지 않는 상황이었다.

엔지니어링 영역

기본적으로는 자체 패키지 소프트웨어 도입을 위한 개발 방법론에 정의된 프로세스에 입각하여 작업이 진행되고 있었다. 설계문서는 방법론에서 정의한 형태로 작성되었지만, 작성하지 않으면 안 되는 문서의 양이 많아 일정을 더욱 어렵게 만드는 요인이 되었다.

지원 영역

소스코드나 데이터는 패키지 소프트웨어의 표준 버전 관리기능으로 관리되었다. 또한, 문서는 문서관리 도구를 사용하여 버전관리나 갱신이 중복되지 않도록 배타제어를 실시했다.

모든 산출물 관리는 PMO팀이 담당하여 단계가 종료될 때마다 산출물 목록의 갱신 등의 유지보수도 실시했다.

프로세스 개선활동

추진 체제

회사 전체적으로 CMMI를 도입하는 초기에 프로젝트 외부에서 QA가 배치되었다.

QA는 회사 전체에서 지켜야 할 개발 방법론이나 표준 프로세스, 공통 자산 등을 제공하여 어떻게 적용할지를 컨설팅 하는 것과 동시에 프로젝트가 적절한 프로세스를 따르고 있는지 감사하는 역할을 맡고 있다.

또한, QA는 프로젝트 외부에 위치하고 있기 때문에 체제상으로는 프로젝트의 지휘 아래로 들어가지 않는다. 프로젝트 관리자의 지휘 아래에 두는 경우에는 프로젝트의 사정이 우선이 되기 때문에 프로세스가 이행하지 못한 것이나 불충분한 것을 보고해도 채택되지 않는 사태도 발생할 수 있기 때문이다. QA에는 객관적인 시점에서 프로세스가 준수되는지에 따른 감사 역할이 요구되기 때문에 프로젝트의 사정에 좌우되지 않도록 프로젝트 관리자가 아닌 상위 관리자에게 직접 보고하는 보고라인을 정의했다.

그림 03-03 프로세스 개선활동 추진 체제

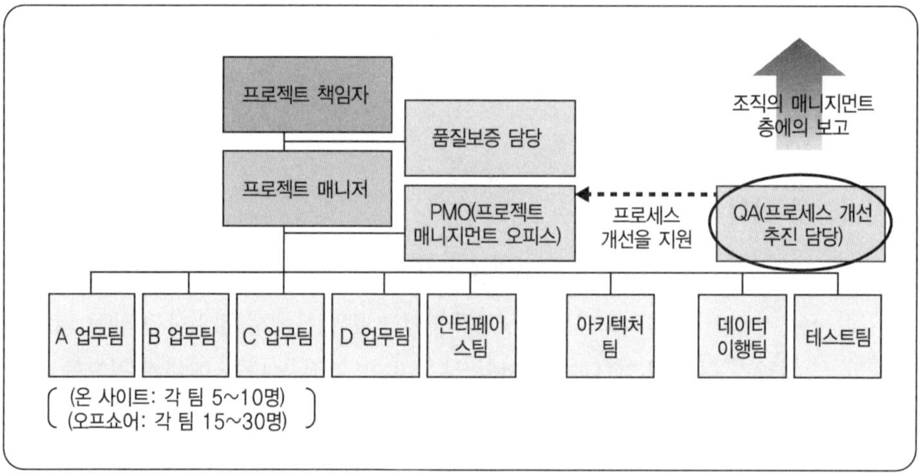

추진 접근방식

일반적인 개선활동의 진행방법을 따른다면 프로젝트의 창구 담당을 설정하여「프로젝트나 조직이 정의한 프로세스가 준수되고 있는지를 체크한다」,「개선해야 할 내용을 서로 얘기하면서 개선정책을 제시한다」고 하는 외부에서 감사하는 방법이 본래의 방식이다.

그러나 이 프로젝트에서는 프로젝트 관리자도, 타 구성원도 시간의 여유가 전혀 없고, 매일 처리해야 할 작업량은 방대하여 프로젝트 창구 담당의 설정조차 여의치 않은 상태에 있었다.

프로젝트가 이와 같은 상황에 있었기 때문에 무엇보다 먼저 2주간 개선 담당자가 프로젝트 현장에 상주하여 공수의 진행 상황이나 작업의 실태를 파악하는 것부터 활동을 시작하는 것으로 했다. 개선이 어느 정도 진행된 시점, 즉 프로젝트 상태가 가시화 되어 추진상의 과제에 대한 대책이 보이기 시작한 시점에서 본래의 외부 감사 체제로 이행하는 접근방식을 적용했다.

프로세스 개선 항목과 정책

프로세스 개선 담당자에 의한 현장 관찰 및 조사를 진행하는 중에 이 프로젝트에는 다음의 개선 항목이 도출되었다.

개선 항목 1 : 변경 관리 프로세스의 도입과 정착화
개선 항목 2 : 요구사항에 대한 추적성(traceability) 도입과 정착화
개선 항목 3 : 프로젝트 상황의 가시화와 정량화
개선 항목 4 : 검토 프로세스의 명문화와 내재화

이하에 이들 프로세스 개선 항목에 관한 분석과 대응책 및 효과에 대해 설명한다.

개선 항목 1 : 변경 관리 프로세스의 도입과 정착화

시스템 구축의 기반이 되는 요구사항은 요구사항 정의서에 수행할 업무를 분류하여 일람할 수 있도록 정리된 것이라 할 수 있다. 즉 이 문서는 시스템에 구현되어야 할 것으로서 관계자가 합의하는 것이다.

그러나 이 요구사항 정의서의 내용에 변경이나 추가가 있을 때에 어떤 프로세스에서 받아들여야 하는지가 정의되지 않았기 때문에 고객으로부터의 변경이나 추가 요구사항 그리고 시스템화 구현 대상 범위에 대해 어느 회의에서 논의할지가 명확하지 않은 상황이었다.

창구가 통일되지 않았으므로 프로젝트의 담당자가 그 장소에서 경솔하게 떠맡아 버리면 합의한 사실이 개발 총괄자나 다른 팀까지 전달되지 않고, 변경 내용이 문서로서 남아있지 않는 등의 문제가 나타나고 최신 상태를 반영해야 할 요구사항 정의서가 유명무실하게 되고 있었다.

개선활동과 효과

요구사항에 대해서는 「여러 회의에서 논의된 정보가 철저하게 보고되지 못하여 관계자들이 변경된 사실을 알지 못한다」고 하는 문제를 해결하지 않으면 안 된다. 우선은 변경 관리 프로세스의 도입을 제안하여 프로젝트 구성원과 고객에게 주지시켰다.

변경 관리 프로세스에서의 포인트를 아래와 같이 정의했다.

- 접수창구의 일원화

- 변경 및 추가 요구사항을 받아들인 경우의 영향도 분석
- 변경 요구사항 수용에 대한 판단을 할 때 이해관계자의 포함
- 변경 요구 상태(status) 관리
- 수용된 변경을 산출물에 확실하게 반영

우선 요구사항이나 시스템화의 범위를 변경한 경우에 변경관리대장을 의무로 하였다. 「변경관리대장에 등록되지 않은 것에 대해서는 정식 변경의뢰로 취급하지 않는다」는 규칙을 정의하여 변경요구 자체를 가시화 시키고, 다음으로 받아들일지 여부를 판단하기 위한 회의체를 정의했다. 회의에서는 고객의 이해관계자(업무를 담당하는 부문이나 사용자의 대표자 등) 또는 각 애플리케이션 영역이나 인프라 영역에 대한 책임자의 참가를 의무로 하여 이 변경을 받아들이는 것에 따른 영향도를 확정할 수 있도록 했다. 또한, 확정된 영향도와 비교하여 「과연 시스템 구축의 목적에 비춰보았을 때에 변경을 해야 하는가?」라는 논의를 질서정연하게 실시할 수 있도록 환경을 구축했다.

이런 일련의 프로세스를 운영하기 위해 변경 관리 책임자를 두고(실제로는 애플리케이션 팀 리더가 겸임) 변경관리대장을 일람표로 하여 정리했다. 변경관리대장에서는 받아들일지 여부나 산출물에 대한 반영의 상태를 관리하고, 받아들인 변경의 내용이 착실하게 요구사항 정의서에 반영될 수 있는 구조로 만들었다.

이와 같은 상태를 조속히 정착시키기 위해서는 현장 구성원이 프로세스의 필요성을 이해할 필요가 있다. 특히 팀 리더는 자신의 팀 구성원에게 프로세스를 주지시키고 전개해 나가는 역할을 담당한다. 이 때문에 우선 팀 리더가 프로세스에 대해 이해해야 하므로 주간 리더회의 등을 활용하여 몇 회의 설명회를 실시하고 프로세스 이행을 추구했다.

이 프로세스를 도입하여 요구사항 변경을 논의하는 과정에서 고객의 인식과 요구사항 정의서의 차이가 명확하게 되고, 최종적으로 모든 업무 시나리오 내용의 정합성을 갖게 됨으로써 이후에는 혼란 없이 합의 내용을 정리할 수 있었다.

관련된 프로세스 영역 .... REQM, CM

개선 항목 2 : 요구사항에 대한 추적성(traceability)의 도입과 정착화

「요구사항과 설계와의 정합성이 없다」는 「추적성을 확보할 수 있는 구조로 되어 있지 않다」는 말로 바꿀 수도 있다. 또한, 여기서 말하는 추적성이란 시스템에서 실현

그림 03-04 변경 관리의 흐름 예

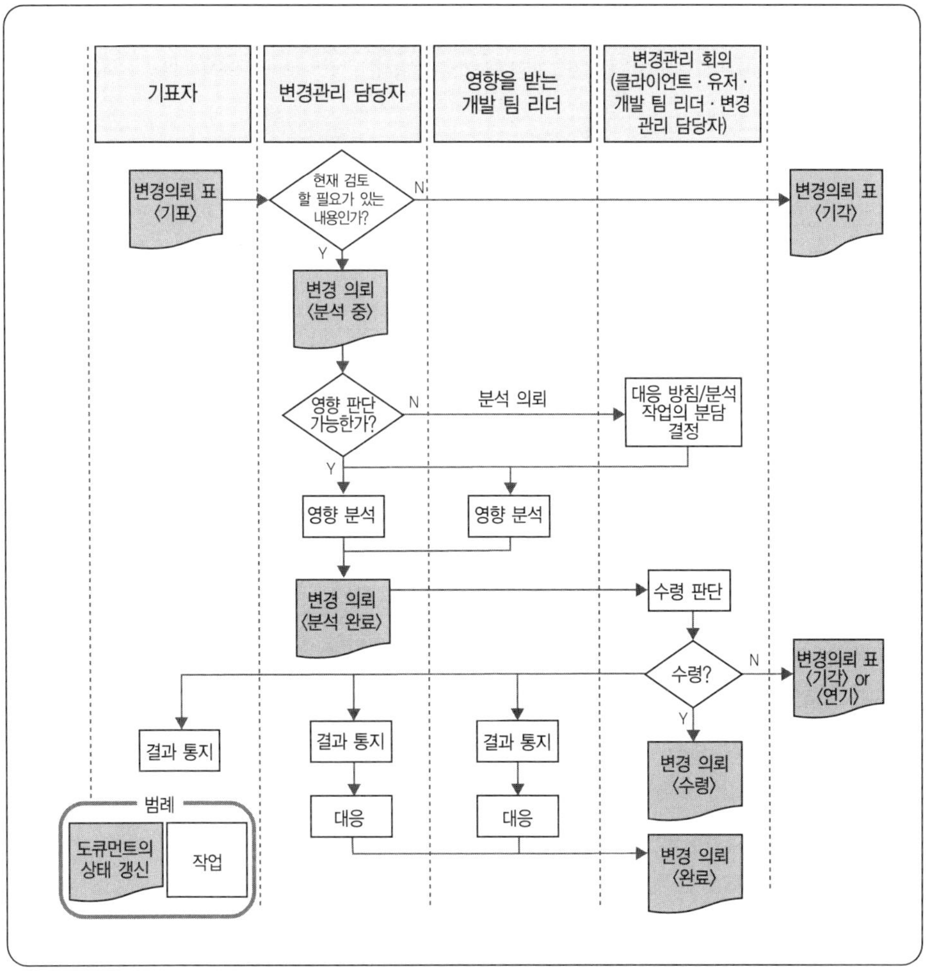

해야 할 하나의 요구사항을 핵심 포인트로 하여 그 요구사항을 실현하는 설계서나 설계를 실현하는 소스 코드, 설계 내용 또는 요구사항을 확인하는 테스트 시나리오나 테스트 사양서 등과 같이 관련된 일련의 산출물과 연결될 수 있는 상태를 말하는 것이다.

그리고 요구사항에 변경이 발생한 경우에는 어느 산출물이 영향을 받는지를 명확하게 할 필요가 있다. 패키지 개발에서 구현될 업무와 패키지 소프트웨어의 차이를 측정하여 어떤 추가 설계가 필요한가를 정리하는 것이 된다. 여기서 찾아낸 추가 설계를 리스트하여 각 개발이 어느 업무 시나리오를 실현하기 위해 필요한가를 명시해두지 않으면 안 된다.

우선 업무 시나리오와 추가 설계의 추적성을 확보하기 위해 ID에 의한 산출물 간의 연결을 실시했다. 다행이도 아직 기본설계 단계이기 때문에 후속의 설계서나 코드

그림 03-05 ID에 의한 추적성 확보의 예

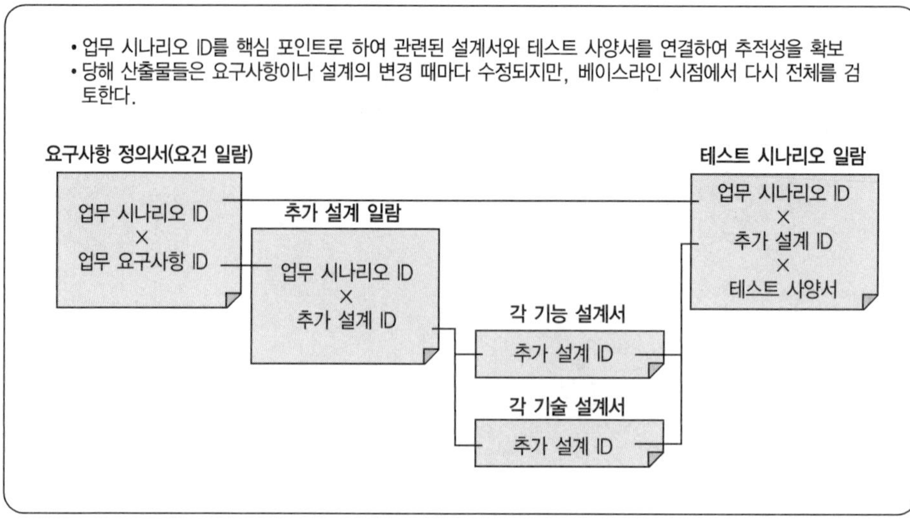

자체는 아직 작성되지 않았다. 이 때문에 개선활동을 시작한 시점에서는 연결해야 할 산출물의 종류는 많지 않았으므로 요구사항의 변경이나 시스템화의 범위를 확인하는 작업과 동시에 ID를 부여하는 것에 성공했다. 이로 인해서 변경하고 싶은 업무 시나리오나 요구사항에 연관되어 추가된 설계를 곧바로 찾을 수 있게 되었기 때문에 변경에 의해 수정이 필요한 설계 문서나 영향을 받는 타 요구사항에 대한 범위의 확정 등을 정확하고 신속하게 할 수 있게 되었다.

실제 이 프로젝트의 경우 변경요구에 대한 문의에서 답변까지 시간이나 이해관계자가 판단하고 승인할 때까지 기간이 단축되어 영향분석의 정확도가 향상됐다. 여기서 유지보수 대상의 변경관리를 철저히 하는 것이 유의해야 할 포인트다.

이와 같이 산출물 사이의 추적성을 관리하는 것은 소프트웨어 구축 프로젝트를 추진하는데도 중요하지만, 실제로 시스템이 도입되어 운용 및 유지보수 단계에 들어갈 때에 더욱 효과를 실감할 수 있다. 운용 및 유지보수 대상 시스템 설계서나 코드 등의 사이에 추적성을 확보하는 구조가 확립되어 있으면 기존 시스템을 보완할 때에 수정 대상 문서나 소스코드 영향 분석을 신속하게 할 수 있게 된다. 한편, 이와 같이 산출물의 추적성이 확보되지 않은 경우에는 정확하게 영향 분석을 실시하기 위해서 기능을 추가하여 복잡하게 된 코드 자체에서 파악하거나 또는 오랫동안 이 시스템의 운영을 담당한 구성원에게서 듣지 않으면 알 수 없게 된다. 그러나 이와 같은 방법으로는 시간이 오래 걸리고 정확성이 부족하기 때문에 위험도 크다.

개발 프로젝트가 한창일 때는 일정에 쫓겨 이와 같은 추적성에 대한 정리 작업을 경시하는 일도 많다. 그러나 대규모 시스템일수록 추적성의 확보는 도입 후의 유지보수를 쉽게 할 수 있는 효과가 있어 결과적으로 운영과제의 품질을 높이게 됨에 따라

그림 03-06 요구사항 정의서와 추가 설계의 추적성

업무 요구사항의 ID를 핵심 포인트로 하여 요구사항 정의서와 추가 설계일람의 연결이 가능하다.

■ 요구사항 정의서(요구사항 일람)

• 업무 시나리오 ID

업무 요구사항 ID/요구사항 명칭

연번	시나리오 ID	시나리오 명칭	예상 주문 대응 ABC55_xxx_B01	제번 부품표 Excel 연계 대응 ABC55_xxx_B02	선행 부재 준비 표 대응 ABC55_xxx_B03	바코드 리더 입출고 대응 ABC55_xxx_B04	납품서 FAX 자동 납품 대응 ABC55_xxx_B05	출하 지시 · 재고 번호 바코드 더블 체크 대응 ABC55_xxx_B06	부재 결품 시 상태 관리 대응 ABC55_xxx_B07
1	A-1-001	수주생산 시나리오	■						
2	A-1-002	직판 시나리오		■			■		
3	A-1-003	오더 변경 시나리오			■			■	
4	A-1-004	외판 시나리오				■			
5	A-1-005	생산계획 시나리오							■

키 항목 업무요구사항 ID

■ 추가 설계 일람

• 추가 설계 ID

키 항목 업무 요구 사항 ID

	ID	ID	상태	카테고리	상세	업무 요구 사항 ID
A0	545	201	승인 완료	주문 일람	예상 오더의 카테고리 추가 및 확정 상태의 추가	ABC55_xxx_B01
A0	545	202	승인 완료	제번 부품 일람	Excel 출력용 ID 추가	ABC55_xxx_B02
A0	545	203	승인 완료	부재 일람	납기가 긴(3개월 초과) 부재에의 ID 부여	ABC55_xxx_B03
A0	545	204	승인 완료	입출고 바코드 에러 리스트	수주 리스트와 조회하여 에러가 난 입출고 리스트	ABC55_xxx_B04
A0	545	205	승인 완료	납품 에러 리스트	자동 송신 에러가 된 납품서의 리스트(수작업 분)	ABC55_xxx_B05
A0	545	206	승인 완료	출하 승인 일람	데이터 전송으로 발생한 에러 리스트	ABC55_xxx_B06

장애가 발생하지 않는다면 유지보수 및 운용비용 절감으로 연결된다. 즉 장기간에 걸친 효과를 기대할 수 있다는 것이다.

관련된 프로세스 영역 .... REQM

개선 항목 3 : 프로젝트 상황의 가시화와 정량화

이 프로젝트에서는 프로젝트 초기부터 실적 공수가 수집되지 않고, 누가 어떤 태스크를 어느 정도의 시간동안 실시했는지 파악할 수 없었다. 이 때문에 요구사항에 대한 정의단계의 견적부터 어느 정도 초과되는지 그리고 진척과 투입공수의 실적부터 프로젝트 종료까지 앞으로 어느 정도의 공수가 예상되는지를 예측할 수 없는 상태였다.

또한, 진척 관리면에서는 매주 각 팀에서 보고한 진척보고는 정성적인 수치에서의 진척률 만으로 기술되어 있었다. 대략적인 진척률을 측정하기 위한 정의도 없고, 개발 총괄자를 포함한 관리층에 보고하는 것은 「1주일 정도 지연되었지만, 따라잡을 수 있다」고 하는 정성적인 보고뿐이었다. 공수나 진척이 가시화되지 않은 상황에서는 수개월 후에 종료예정인 기본계획이 언제 종료될지 여부를 알지 못하고, 종료하는 데 있어서 필요한 추가 공수에 대한 판단도 할 수 없었다. 결과적으로 기본설계의 종료가 예상기한에서 1개월 이상 지연되고 말았다. 기본설계 작업의 일정이 지연됨으로써 상세설계의 일정도 지연되는 악순환에 빠져 있었다.

개선활동과 효과

유사 프로젝트와의 공수실적의 비교

앞으로의 투입예정 공수를 측정하려면 지금까지 투입된 공수 실적이 필요하다. 그러나 이 프로젝트에서는 구성원이 공수 실적을 기록하는 구조가 확립되지 않았기 때문에 과거에 투입한 공수를 정확하게 아는 것은 어려운 상황이었다.

그림 03-07 태스크별 프로젝트의 공수 실적

(A) 추가 설계의 3월의 공수 실적은 142.6M/M, 계획은 116.0M/M이기 때문에 현재는 26.6M/M, 계획을 초과한 상황이다.

작업 분류별 공수예정 실적(누계)

작업 분류	예실	1월	2월	3월
프로젝트 관리	예정	29.7	50.1	70.5
	실적	19.1	32.1	53.1
애플리케이션 개발	예정	47.1	141.9	258.4
	실적	71.1	144.8	256.1
테스트	예정	15.5	26.0	30.8
	실적	11.2	13.9	16.3
데이터 이행	예정	12.3	19.5	26.1
	실적	14.0	20.7	27.8
사용자 훈련 준비	예정	10.5	12.9	17.7
	실적	11.1	15.3	20.8
기술기반	예정	29.7	50.1	83.7
	실적	27.2	50.8	83.0
합계	예정	144.8	300.5	487.2
	실적	153.7	277.6	457.1

* 수치는 모두 예제

태스크별 공수(애플리케이션 개발 상세)예정 실적(누계)

태스크	예실	1월	2월	3월	
추가 설계	예정	22.4	70.4	116.0	(A)
	실적	39.4	81.3	142.6	
인터페이스 기본 설계	예정	17.6	53.6	83.4	
	실적	24.1	53.3	88.4	
개발(국내)	예정	2.0	4.4	29.6	
	실적	2.0	2.0	2.0	
개발(오프쇼어)	예정	5.1	13.5	29.4	
	실적	5.7	8.2	23.1	
합계	예정	47.1	141.9	258.4	
	실적	71.2	144.8	256.1	

* 수치는 모두 예제

이 때문에 신속히 앞으로의 공수를 어떡하든 유추하여 계획 시에 견적된 공수와 비교를 하지 않으면 안 되는 상태였다. 그래서 이번에는 동일한 패키지를 사용한 거의 동일한 규모의 실적공수를 바탕으로 벤치마크(bench mark)를 실시하는 것으로 했다.

우선 엑셀(Excel)의 간단한 공수실적 입력표에 일차로 실적을 입력하도록 구성원에게 지시하여 앞으로의 실적수집을 위한 기반을 구축했다. 덧붙여 과거 분에 대해서는 경리용 시스템을 사용하여 프로젝트 구성원이 입력한 근무시간의 정보를 수집했다. 경리상의 근무시간과 프로젝트의 작업에 필요한 실제 공수의 시간은 엄밀하게 말하면 일치하지 않지만, 이번에는 대략적인 실태를 파악할 수 있도록 경리용의 데이터를 이용하여 단순하게 처리했다.

이들 데이터를 이용하여 대략의 공수실적을 산출하여 견적 데이터와의 차이와 과거의 유사 프로젝트의 실적을 비교하여 앞으로의 필요한 공수의 예측을 실시했다. 지원 초기부터 몇 주 후, 프로젝트의 리더가 모이는 회의에서 공수실적의 수집과 분석결과를 보고했다.

그림 03-08 과거 유사 프로젝트와 비교(요구사항 정의 및 기본설계 공수)

현재 상황에서 요구사항이 확정된 것을 고려하면 프로젝트 Z와 동일한 정도의 공수규모로 예상된다.
이 때문에 최종적인 공수는 현재의 계획보다 205.5 M/M 정도 초과하는 것으로 예상된다.

프로젝트	요구사항 정의			소계	기본 설계			소계	소계
Z(과거 프로젝트)	2006/7	2006/8	2006/9	-	2006/10	2006/11	2006/12	-	-
	79.4	94	117.4	290.8	132.9	172.5	218.8	524.2	815
A(이번 회)	2007/1	2007/2	2007/3	-	2007/4	2007/5	2007/6	-	-
	23.4	68.5	87.8	179.7	107.4	133.3	189.1	429.8	609.5
차이 분	-56	-25.5	-29.6	-111.1	-25.5	-39.2	-29.7	-94.4	-205.5

* 수치는 모두 예제

이로 인해 프로젝트의 현재 상태(초과 공수)나 앞으로 초과할 것 같은 공수가 수치로 나타나기 때문에 프로젝트의 주요 구성원들이 동일하게 프로젝트 상태를 파악할 수 있었다.

단, 이 시점에서는 정식 프로세스를 거치지 않은 QA가 현장에 들어와서 정리한 것으로 어디까지나 일시적인 것이며 본격적으로 프로젝트팀에서 지표관리(일상적으로 공수 등의 수치를 수집하여 실적 치에 입각한 정량적인 관리)하는 구조에는 도달하지 못했다.

그러나 이 결과를 눈으로 확인한 팀 리더가 정량적인 관리의 중요성을 인식하였으므로 일일보고를 사용한 공수 · 진척의 관리를 도입할 때에 현장 구성원의 협력을 얻기 위한 교육을 솔선해서 실시하게 되었다. 현장의 각 구성원이 매일 공수실적 입력을 하여야 비로소 정밀한 지표관리가 가능하게 된다. 따라서 각 구성원 개인의 의식향상은 이 활동에 필요한 것이다.

실제 현장 구성원을 교육할 때는 각 팀 리더가 주최하는 형태로 팀별 스터디를 실시하며 그 후의 공수실적 수집은 팀 리더가 책임지게 되었다. 이에 기존 지휘명령 체계에 따라 프로세스를 정착시킬 수 있어서 100명 이상의 구성원 전원에 대한 효율적인 관리도 가능하게 되었다.

정량적인 지표관리의 구조 도입

또한, 이 프로젝트에서는 개선활동 초기시점에서 진척의 보고가 정성적인 것으로 되어 있어서 정량적인 관리를 실현할 수 없는 상황이었다. 이 때문에 프로젝트의 진척은 구성원의 정성적인 보고에 의한 상황파악 밖에는 할 수 없어서 프로젝트의 상황을 정량적으로 파악하여 가시화하는 것이 요구되었다.

다행스럽게도 일정은 팀별로 작성되고, 태스크도 담당자에게 할당되는 레벨까지 상세화 되었다. 또한, 이 태스크를 기초로 한 프로젝트 초기 공수견적은 정확하게 실시되어 있어서, 이것을 전제로 진척관리와 공수관리의 구조로서 EVM(Earned Value Management)을 도입하게 되었다(EVM에 대해서는 p.93의 칼럼을 참조).

앞에서 서술한 것과 같이 이 프로젝트에서 WBS가 작성 되어 있어서 프로젝트 초기시점의 계획은 정확하게 작성되어 있었다. 프로젝트 초기시점의 작업견적이 정밀하게 되어 있었기 때문에 매주 예정성과 및 공수(PV)는 간단하게 산출할 수 있는 상황이었다. 또한, 공수실적(AC)을 수집하는 구조는 엑셀(Excel)에 의한 실적 입력표를 준비했다. 이후에는 현시점에서 실제로 달성한 성과(EV)를 수집하기만 하면 되는 상황이 되었다.

주간 단위로 성과를 확인하기 위해서는 그 주에 완료한 태스크나 작업하는 도중에 태스크의 진척을 파악할 필요가 있었다. 구체적으로는 각 작업자의 일일보고에 종료한 태스크와 작업하는 도중에 태스크의 진척률을 기입하는 란을 설치하는 것으로 했다.

이것을 주간 단위로 집계함으로써 매주의 성과(EV)를 산출했다. 또한, 이 때 진척률이 정성적이어서는 전혀 의미가 없으므로 이번에는 아래와 같은 판단기준을 설정하여 사람에 따라 차이가 발생하는 진척률이 되지 않도록 했다. 또한, 검토를 조기에 실시할 수 있도록 하기 위해 담당자가 산출물을 완료한 것만으로는 50% 밖에 진척이 되지 않은 것처럼 설정했다.

표 03-01 진척률의 판단 기준

상태	진척률
미착수	0%
착수	5%
담당자 완료(검토 전)	50%
검토 완료	75%
검토 지적사항 반영	90%
고객 승인 완료	100%

이에 따라 현시점에 대한 일정의 효율성, 공수의 효율성이 누가 보아도 명확한 형태로 나타낼 수 있었다.

관련된 프로세스 영역 ········· PP, PMC, MA, QPM

Column 칼럼 **EVM(Earned Value Management)**

EVM을 도입할 경우에 우선 기초 수치로서 아래 3종류의 수치를 측정할 필요가 있다.

표 03-02 기초 수치

기초 수치	개요
PV(Planned Value)	현시점까지 달성할 예정의 성과 및 공수
EV(Earned Value)	현시점까지 달성한 성과(에 대한 예정공수)
AC(Actual Cost)	현시점까지 실제로 투입한 공수

EVM에서의 "성과"란 「작업에 할당된 공수」라고 파악한다. 예를 들면 1M/M로 산정된 태스크가 완료된 경우에는 「1M/M의 성과를 달성했다」고 파악한다. 아무리 이 태스크를 완료하는 데 2M/M이 걸려도 달성한 성과는 어디까지나 당초 견적에 따라 「1M/M」의 성과가 된다.

Earned Value Management의 예

3개월에 20M/M로 견적된 작업이었지만 실제로는 3개월에 30M/M이 걸려 당초 예정의 3/4만 완료했다. 이 경우의 3개월째의 시점에서의 각 수치는 다음과 같이 된다.

표 03-03 기초 수치 예

기초 수치	내용
PV(Planned Value)	20M/M(20M/M로 달성해야 할 업무를 끝낼 예정이었다)
EV(Earned Value)	15M/M(실제로는 20M/M로 끝낼 예정인 업무 중 3/4의 성과를 달성했다)
AC(Actual Cost)	30M/M(30M/M 사용했다)

이 3개의 수치를 사용하여 진척관리와 공수관리를 실시할 수 있다.

그림 03-09 EVM에 의한 관리의 예

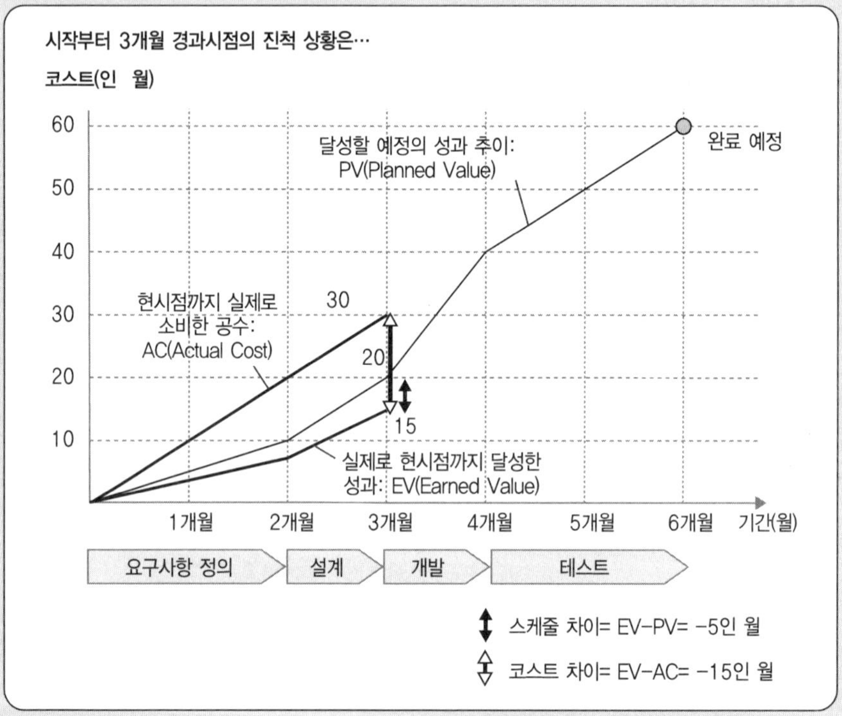

일정관리

현시점까지 달성하려고 예정된 성과(PV = 20M/M)와 실제의 성과(EV = 15M/M)를 비교하여 예정에 비해 어느 정도 효율적으로 진척이 되었는지를 판단한다. 이 경우에 본래 20M/M분의 성과를 끝내지 않으면 안 되었지만, 15M/M분의 성과로 되었다. 즉 진척의 효율은 3/4(일정 효율 = 0.75)에서 단순화하여 생각하면 3일에 끝낼 예정의 작업이 4일 걸린 것이 된다. 이 때문에 계획보다 일정이 지연되어 효율이 나쁘다고 판단할 수 있다.

공수관리

현시점까지 달성한 성과에 대한 공수(EV = 15M/M)와 실제로 투입한 공수(AC = 30M/M)를 비교하여 예정에 비해 얼마나 효율적으로 작업 공수를 투입했는지를 판단한다. 이 경우에 15M/M분의 작업이 끝난 단계에서 실제로 투입한 공수는 30M/M이 되었다. 즉 공수의 효율은 1/2(비용 효율 = 0.5)로 1일에 끝낼 예정의 작업이 2일 걸린 것이 된다.

위와 같이 EVM이란 「비용이라는 단위를 이용하여 일정관리와 공수관리 양쪽을 실현하는 구조」인 것이다.

개선 항목 4 : 검토 프로세스(review process)의 문서화와 내재화

개발 프로젝트에서는 일정이 지연되면 진도율을 높이기 위해 예정했던 작업을 생략하기 쉽다. 검토는 품질을 높이기 위해 필요한 작업이지만, 검토를 프로젝트 진도율에 포함시키지 않은 경우 검토를 충분히 실시하지 않아도 프로젝트 진행에는 직접적인 관련이 없으므로 검토를 하지 않는 사례를 볼 수 있다.

이 프로젝트에서도 현장에서의 검토는 일상적으로 실시되었지만, 검토에 대한 계획이 존재하지 않아 동료검토 리더가 시간이 있을 때만 실시하였다. 결국 구성원이 검토의 의뢰를 할 때에만 간혹 실시되고 있었다. 또한, 검토를 하는 리더의 기술적 · 업무적 능력에 의존한 검토이기 때문에 품질 측면의 위험을 내포하고 있었다.

그리고 개발자가 오프쇼어(offshore) 구성원이라는 것은 의사소통 부족에 의해 좋지 않은 상태가 발생할 수 있는 위험이 있었지만, 특별한 대책을 세우지 않은 채 오프쇼어에서의 상세 설계 · 개발이 시작되었다.

개선활동과 효과

진척이나 공수 관리를 순조롭게 진행해 나가면서 예산 및 일정에 맞게 도입할 수 있었지만, 실제로 업무에서 사용해보면 입력에 대해 상상 외의 반응을 하거나 내부처리에서 논리적 모순을 일으켜 시스템 자체가 움직이지 않게 되는 경우가 있다.

너무나 그 건수가 많아서 업무를 다 처리하지 못하고, 본래는 구 시스템에서 새로운 시스템으로 교체할 계획이 결국 구 시스템으로 돌아가지 않으면 업무를 할 수 없는 최악의 사태를 초래하는 경우도 있다.

시스템의 품질을 높이는 방법으로 테스트가 있지만 테스트는 개발이 끝나지 않으면 수행할 수 없다. 즉 테스트란 대개 프로젝트 후반 외에는 실시할 수 없는 작업이다. 이 때문에 테스트 단계에서만 결함의 대부분을 검출하려고 하면 결함을 조치하는 비용이 높아 비효율적이다.

이것을 보충하는 것이 요구사항 정의나 설계 등의 상위단계에서 실시하는 검토인 것이다. 특히 대규모 프로젝트라면 프로젝트 리더가 모든 산출물을 보는 것은 비현실적이고, 특히 오프쇼어를 이용한 개발이라면 전달한 설계서를 이해하는 과정에서 일본인끼리라면 이해할 수도 있는 「문장」이 잘 전달되지 못하여 잘못된 코드를 생성하게 되는 경우도 많다.

이 프로젝트에서는 우선 정형화 되지 않은 검토 프로세스를 문서화하는 것부터 실시했다. 산출물의 종류별로 어떤 검토를 실시할지를 정의하고, 더욱이 검토의 표준 프로세스를 흐름(flow)으로 판단하여 어떤 입장의 구성원이 어떤 역할을 맡는지를 명시했다. 또한, 검토의 정밀도를 유지하기 위해 체크리스트(Check List)를 준비하여 보다 일정한 품질을 유지하도록 했다.

그림 03-10 검토 프로세스(상세 설계)

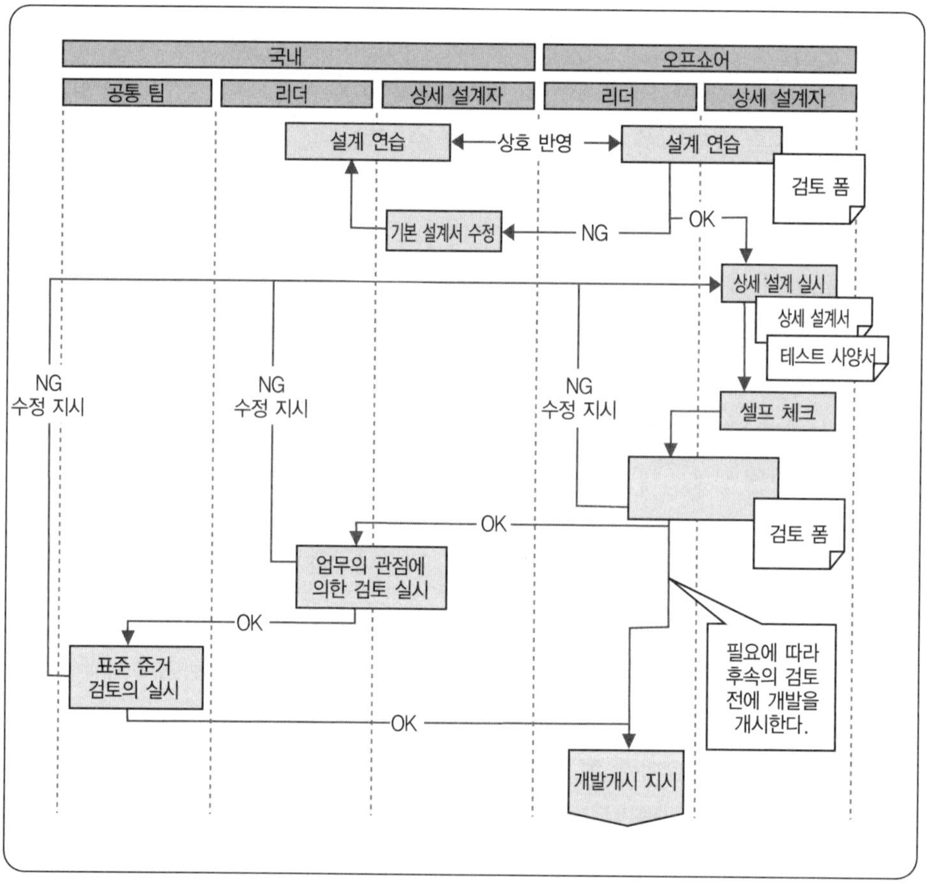

위 프로세스 맵으로 프로세스를 정의할 수 있지만, 앞에서 언급한 것과 같이 프로세스 개선에서 가장 어려운 것은 구성원이 프로세스를 이해하고 올바르게 수행하는

것이다.

이미 프로젝트는 설계단계에 들어서고 있으므로 일정이나 공수 상 검토를 어느 정도 포함시킬지는 리더 나름대로 결정하도록 되어 있다. 또한, 기본 설계의 종료시기가 가까워지고 있어서 검토 프로세스를 정식 프로젝트 프로세스로서 적용하는 것은 기본 설계 종료 후에 시작하는 것으로 했다. 그때까지의 기간에는「검토회의」라는 이름으로 기본설계를 진행하는 것과 병행하여 기본설계와 요구사항에 잘못된 것이 없는지 팀 리더나 기본설계 담당자에 의한 워크스루(walk through)를 실시하는 것으로 했다.

주말인 토, 일요일 이틀 전부를 들여 리더 클래스 및 이번에 사용하는 패키지 소프트웨어의 전문가(expert)에 의해 문제점을 찾아내서 바로 해결해야 할지 여부와 지금 바로 해결하지 않아도 될지의 여부를 판단하여 우선순위를 매겼다. 이에 의해 리더 클래스가 검토의 유효성을 인식함으로써 리더를 통한 프로세스의 설명 및 이를 철저하

그림 03-11 검토 프로세스(개념도)

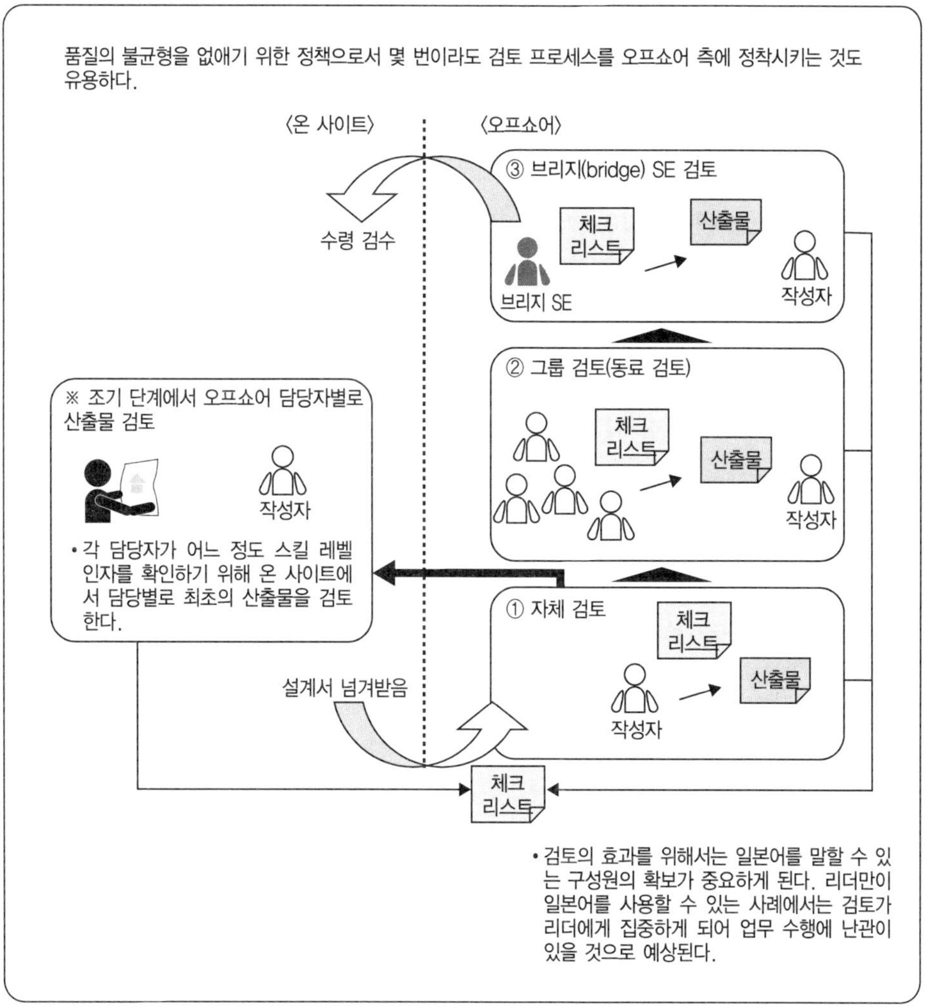

게 실시할 수 있게 되어 후속단계에서의 검토 프로세스를 현장에 정착시키는 것을 가속화할 수 있었다.

검토에 의해 품질을 높이는 활동을 하는 중에 더욱 우려되는 점은 오프쇼어에 있었다. 앞에서 기술한 것과 같이 오프쇼어와의 업무관계에 있어서 일본의 검토 프로세스와 동일한 것을 정착시키기 위해 신경써야만 했다.

이 프로젝트에서는 오프쇼어(offshore)의 작업품질을 확보하기 위해 우선 오프쇼어 구성원의 일본어를 포함한 능력레벨을 확인하는 것에 중점을 두었다. 설계서를 넘기고부터 최초의 산출물을 완성한 시점에서 개별적으로 온 사이트에서 검토를 실시하여 어느 영역의 개발에서 품질위험이 존재할지를 확인했다. 이에 의해, 그 후의 검토에 걸리는 공수나 시간의 배분을 정하여 많은 경우에는 「자체검토」, 「그룹검토」, 「브리지(bridge) SE 검토」, 「일본에서의 인수검토」 등 총 4회에 걸쳐 검토를 실시하여 품질을 확보했다.

단, 이런 활동를 실시하는 경우에는 오프쇼어에서 작성된 상세설계서 등을 일본어로 쓰는 일도 있어서 오프쇼어에 일본어 숙련자가 계획 이상으로 필요하게 된다. 실제로는 요구사항이나 기본설계를 오프쇼어 구성원에게 설명할 때에 의사소통의 중심이 되는 구성원만 일본어에 통달하고, 그 외의 구성원은 그다지 일본어가 능숙하지 않은 사례도 많다. 이 경우에 그다지 일본어에 능숙하지 않은 구성원이 쓴 일본어를 검토하는 것은 모든 구성원 중 일본어가 능숙한 소수의 구성원이 모두 하게 되는 것이다.

그림 03-12 오프쇼어 측의 체계 : 검토 시의 부하가 걸리는 부분

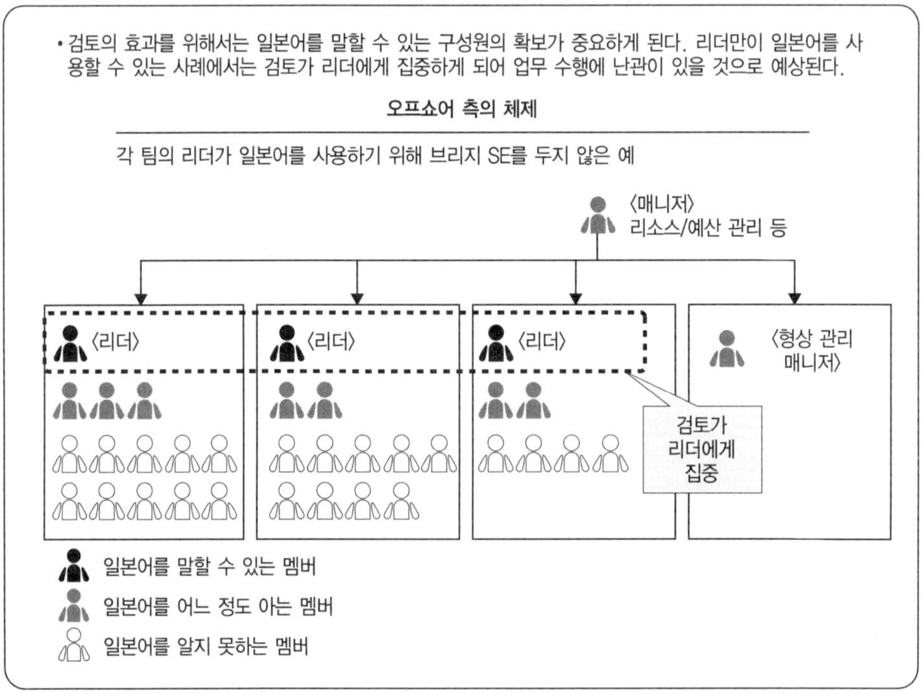

이 때문에 일본어가 능숙한 구성원의 확보도 중요하지만, 가교의 역할을 하는 시스템 엔지니어의 육성이나 통역의 능력향상 등도 오프쇼어를 포함한 검토 프로세스를 생각할 때는 중요한 요소다.

관련된 프로세스 영역 .... SAM, VER

개선활동의 과정

이 프로젝트에서의 프로세스 개선의 활동경위를 아래에 나타냈다.

표 03-04 프로세스 개선의 활동경위

프로세스 개선활동 시기	17개월(당초 예정은 6개월)
투입 공수(프로젝트 내부)	10M/M(연장)
투입 공수(프로젝트 외부)	10M/M(상주에 의한 개선 시작 시기) 약 5M/M(그 외의 시기)

효과

프로세스 개선활동의 효과로는 우선 프로젝트 참여자의 인식을 통일시킬 수 있었던 점을 들 수 있다. 나침반 없이, 또한, 연료의 소비 상태를 확인하지 않은 채 항해를 계속할 수 없듯이 현시점의 프로젝트 위치나 최종 목적지(비용이나 날짜)를 확인했을 때에 프로젝트가 향하고 있는 방향이나 비용의 지출을 공통이해로서 구축한 것은 큰 성과이다. 이에 의해 최종 목적지를 확인하여「지금」무엇을 해야 할지를 논의할 수 있는 상태가 마련된 것이다.

실제로는 EVM을 도입하고 나서 몇 주 후에 몇 개월의 일정지연이 발생했지만, 프로젝트의 초기였던 점이 그 영향을 감소시킬 수 있었다. 만일 가시화가 늦어지고 기본설계의 후속단계에서 시간이 맞지 않은 것이 판명된 경우, 일정지연에 의한 개정이나 사용자 업무에 대한 영향도 커질 가능성이 있었다. 즉 CoPQ(Cost of Poor Quality)의 위험 증대를 대폭으로 감소할 수 있었던 것이다.

또한, 요구사항 관리(변경 관리나 추적성)를 수행함으로써 변경요구에 대한 추가 설계의 영향을 고객과 논의할 수 있게 되었다. 반드시 필요한 변경인지(예를 들면 변경안에는 담당자 레벨에서 사용하기 쉽도록 하기 위해 영향이 큰 변경을 의뢰하는 사례도 있다.)를 확실하게 판단하여 프로젝트의 진행에 크게 영향을 주지 않는 형태에서 운영이 가능하게 되었다.

이 요구사항 관리와 확인된 요구사항이 설계대로 반영되어 있는지를 확실하게 검

그림 03-13 전체 추진 일정

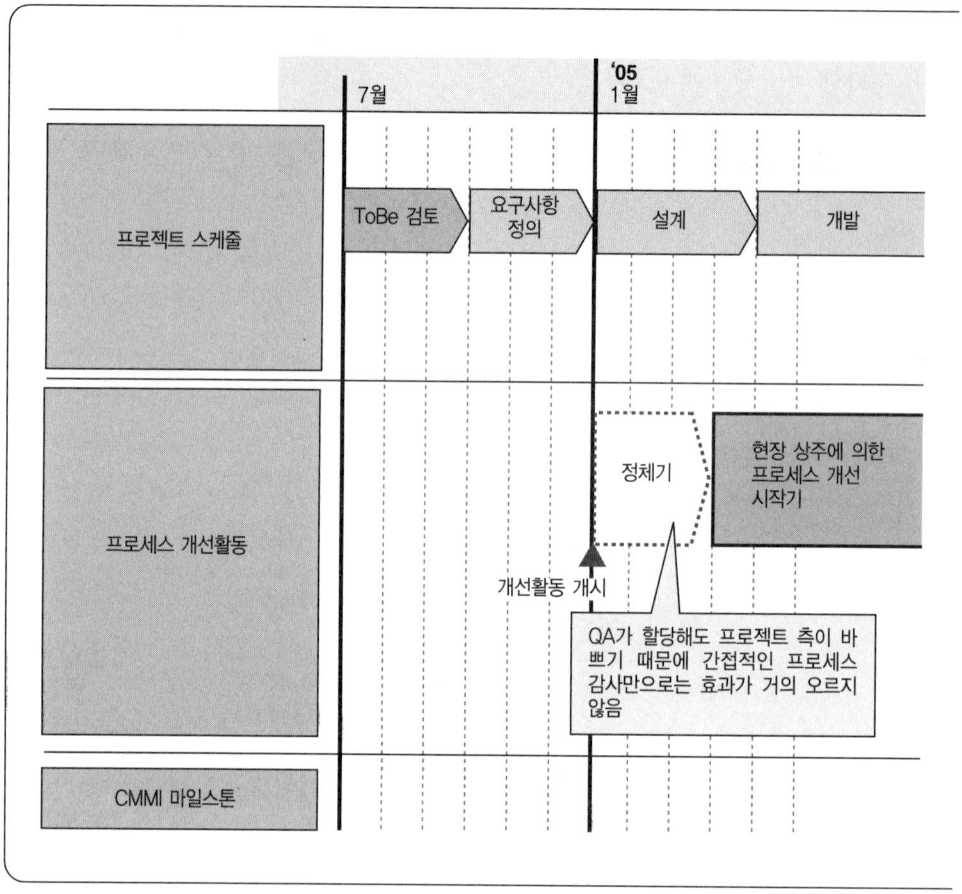

토한 덕분에 실전에 돌입하여 후반부를 초과하는 시점의 장애건수도 예상을 크게 밑도는 수치로 나타났다.

이 사례의 교훈(lessons learned)

프로젝트에 대한 프로세스 개선활동에서 무엇보다 중요한 것은 프로젝트가 착수하기 전(프로젝트의 계획 시)부터 표준 프로세스나 필요한 규칙을 확인하고, 그 프로세스나 규칙을 준수하는 데 필요한 작업공수를 견적이나 일정에 포함시키는 것이다. 이것이 가능하면 도중에 프로세스를 변경할 필요도 없고, 또한, 프로세스를 실행하는 것이 공수의 압박이 되지 않는다(견적에 포함되어 있으면 압박이 되지 않는다).

그러나 실제로는 비즈니스 판단에 의해 견적공수가 생략되거나, 프로세스에 대한 인식이 엄격하지 않아 계획 시부터 관리공수를 포함시키지 않는 사례가 많았다. 이 프로젝트의 경우에도 기본설계 단계부터 프로세스 개선활동을 시작했지만, 프로세스에

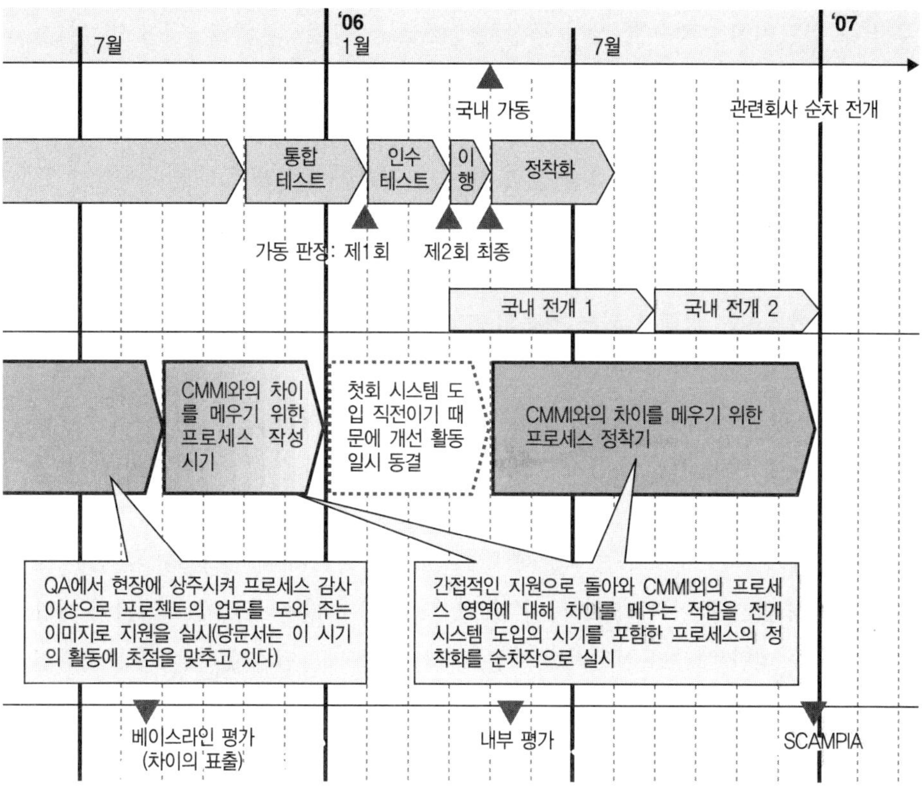

관련 전문가(expert)가 어느 정도의 공수를 할애하여 계획단계에 참가시키면 보다 효율적인 프로젝트 운영을 할 수 있다고 생각했다. 프로젝트를 추진하기 시작하면 매일 할당되는 작업에 쫓겨 결국 프로세스를 정비하는 것까지 돌아볼 여유가 없게 된다. 프로세스란 프로젝트를 운영하기 위한 인프라스트럭처(infrastructure)라고도 불린다. 인프라가 결정되지 않으면 그 위에서 움직이는 애플리케이션 소프트웨어를 제어할 수 없는 것과 동일하며, 「작업 프로세스 · 규칙」이라는 프로젝트 활동의 인프라가 정비되지 않으면 그 위에서 움직이는 엔지니어링 작업을 제어하는 것은 불가능하다.

다음으로 대규모 프로젝트에서의 프로세스 정착화에 관해 이번 프로젝트에서는 프로젝트 관리자를 주축으로 그들을 협력자로 만들어 통상의 지휘명령 계통에 따라 프로세스 준수에 대한 지시를 내릴 수 있었다. 프로젝트의 프로세스 개선에서 가장 중요한 것은 「프로세스를 실행하고 정착시키는」 것에 있다. 이상적으로 프로세스를 정의하고 자료로 정리하여 구성원에게 주지시키기 위한 설명회를 몇 번이나 개최하였지만, 아무것도 변하지 않는 경우가 대부분이다.

개발의 현장에서는 지금까지 익숙한 방법으로 개발을 추진하기 때문에 프로세스를 기술한 자료는 거의 참조하지 않는 경우가 많다. 프로세스 개선의 실질적인 효과를 향유할 수 있는지의 여부는 현장의 구성원이 프로세스대로 작업하는 것이 열쇠이며 현장의 협력 없이는 성과를 올릴 수 없다.

대규모라는 것은 현장의 개발 구성원수가 많고, 지휘계통도 여러 곳에 걸친 것을 의미한다. 적은 수의 프로젝트(예를 들면 십여 명 정도의 프로젝트)라면 전원에게 프로세스의 내용과 프로세스를 따르는 것의 의의를 하는 것도 가능하지만, 100명 이상이 되면 그렇게 할 수 없다. 프로세스를 정착시킨다는 것은, 즉 구성원이 당연하게 프로세스를 받아들이는 상태가 되어 개선의 효과를 높일 때까지 도달하려면 연구가 필요하다.

이 때문에 현장을 실질적으로 관리하는 구성원이나(통상의 조직이라면) 과장급을 아군으로 만들지 않고 개선 추진자만으로 프로세스의 정착을 추진한다면 반발이 생기는 것은 당연하다. 효과적이고 효율적으로 프로세스의 정착을 추진하기 위해서도 현장의 리더에게 우선 개선의 효과를 이해시키고 프로젝트 내에서 적용할 수 있는 체제를 구축하지 않으면 안 된다. 그렇지 않으면 전개되지 않는 프로세스 정의에 대한 자료를 만드는 데만 매달려 실질적인 개선효과는 아무것도 얻지 못하는 사태에 빠질 가능성이 매우 높을 것이다.

그림 03-14 개선활동의 이해관계자와 역할

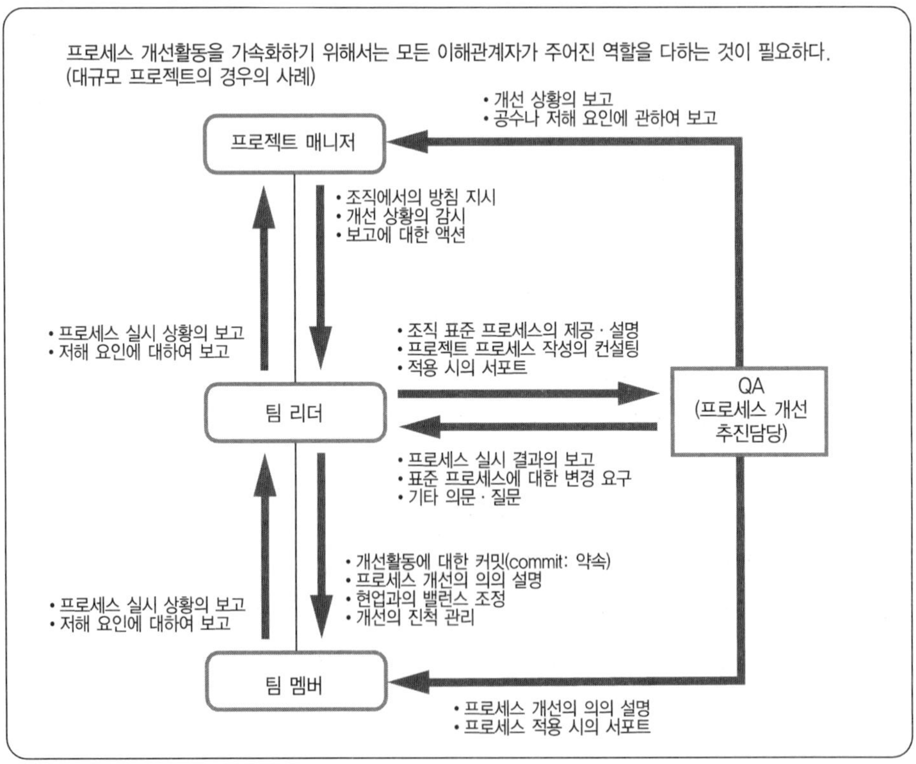

3-2 애플리케이션 아웃소싱 프로젝트

프로젝트 소개

프로젝트 개요

B사는 외국계 중견 기업이다. 전신인 국내자본 기업의 오래된 체질과 관행이 일부분에 남아있고, 경영진은 해외 본사의 의향에 따라 혁신적인 경영개혁을 추진해 왔다. 이런 흐름을 받아들여 현재 남아있는 대규모의 레거시 시스템을 포함한 방대한 유지보수 비용의 삭감이 가장 중요한 과제로 남아있었기 때문에 회사전체의 정보 시스템의 운용 및 보수에 관한 아웃소싱 프로젝트를 수행하게 되었다.

이 프로젝트의 작업범위는 애플리케이션 영역에 대한 서비스 요청(사양변경과 작업 요청) 관리 및 대응, 장애 대응, 애플리케이션의 유지보수 및 기능 확장 대응이다. 현재는 서비스 제공 후 1년이 지나 안정화 단계에 들어섰다. 지금까지 아웃소싱 프로젝트에 대한 시작부터 고객의 서비스 인계, 애플리케이션 보수개발의 서비스 제공 초기, 안정화 단계까지의 과정에서 오프쇼어를 활용할 수 있는 체제나 의사소통 확립에 따른 문제를 해결하여 프로세스의 표준화를 위한 개선 및 검토가 여러 단계에서 실시되어왔다.

프로젝트 구성 체계

프로젝트의 구성원은 약 200명으로서 온 사이트(On-site)가 30명, 오프쇼어가 170명으로, 시스템 솔루션별(메인 프레임, 오픈 시스템, 데이터 웨어하우스(data warehouse))로 팀을 구성했다. 고객측의 체계는 B사의 정보 시스템 부문 및 요구사항 조정을 위해 각 업무 사용자가 애플리케이션 시스템 영역별 담당자로 정의되어 있다. 프로젝트의 특징이나 개선활동 수행 전의 상황을 고려하여 선택한 프로세스 개선 추진 체계는 그림 03-15와 같다.

그림 03-15 구성 체계

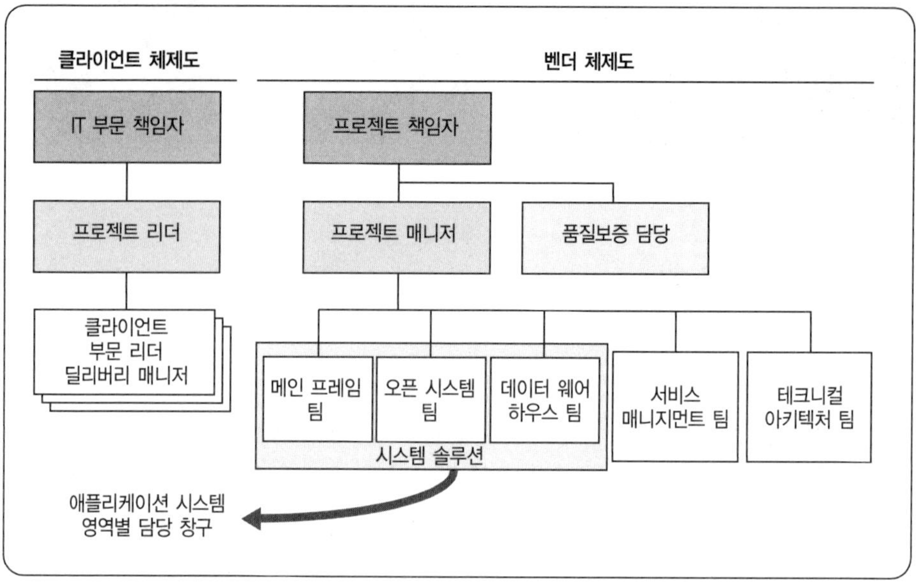

프로젝트 상황

이 프로젝트에서는 충분한 인력을 확보하기 위해 시스템 솔루션에 따라 중국과 마닐라에 2개의 딜리버리 센터(delivery center)를 이용하여 아웃소싱을 실현하게 되었다. 아웃소싱의 프로젝트를 성공시키기 위해서는 해외의 시스템 개발거점을 활용하는 데 따르는 위험을 어떻게 회피할지 또는 고객을 포함한 거버넌스(governance) 상의 문제를 어떻게 해결하여 다양한 출신 및 문화를 가진 여러 팀(회사)을 하나의 조직으로 통합할지가 과제가 된다. 일본 · 중국 · 마닐라 3개국 현장의 개발이나 오프쇼어와의 의사소통을 고려하여 각 거점 사이의 프로세스, 작업 범위, 일정, 품질, 비용, 위험을 관리하기 위한 틀의 확립이 매우 중요했다.

관리는 이와 같은 관리의 틀을 계약에서 어떻게 「도구」로 집어넣어 고객파트 및 딜리버리 센터, 기존 벤더와 합의를 얻을까라는 점에 대해 최대한 주력해왔다. 그러나 이런 「통합 프로젝트」, 「통합 팀」과 같은 복잡한 조직에 대한 특유의 문제가 여러 영역에서 발생했다.

이 프로젝트에서는 조직자산으로서 미리 준비된 오프쇼어 개발 및 아웃소싱용의 방법론을 활용했다. 프로젝트 계획으로서 고려할 점이나 필요한 산출물, 프로세스 등 작업의 초기 부분을 찾기 위해 필요한 요소는 방법론에서 정의된 것을 참고로 하여 프로젝트를 추진해왔다. 그러나 아무리 자산이 정비되어 있어도 각각의 프로젝트의 사정이나 고객과의 관계에 따라 표준 프로세스나 방법론을 적용하는 연구는 빠트릴 수 없다. 이 프로젝트도 결코 교과서대로 진행되지 않고, 오프쇼어 활용 프로젝트만의 전형적인 과제가 발생하여 다양한 개선 항목이 실시되었다.

프로세스 개선활동 실시 전의 프로세스 성숙도

프로젝트 초기 시점(아웃소싱 서비스 초기 전)의 상황에서 CMMI의 베이스라인 심사를 실시했다. 이 시점에서는 프로젝트의 기반을 견고하게 하는 단계로서 고객이 지금까지 실시한 서비스를 오프쇼어에서 인계하는 단계였다. 프로세스 정의를 막 시작했기 때문에 베이스라인 심사의 결과는 아직 대부분의 영역에 대해 개선이 필요한 상태였다.

그래서 베이스라인 심사의 결과를 바탕으로 프로젝트 관리영역을 중심으로 프로세스의 정의 및 내재화가 필요한 항목을 찾아내어 반년동안 개선활동을 실시한 후에 내부심사를 하는 것으로 하였다.

이 프로젝트 초기단계에서 CMMI의 프레임워크에 따른 개선활동을 추진할 수 있었던 점은 효과가 있어서, 두 번째 내부심사에는 약점으로서 보완해야 할 프로세스 영역도 발견할 수 있었다.

이 후의 사례 스터디에서 드러난 개선 항목은 베이스라인 심사를 할 때에 드러난 것에 대해 서술하고 있다.

프로세스 개선활동

추진 체제

이 프로젝트는 동경 · 중국 · 마닐라의 3곳의 거점에서 수행되었다. 그래서 프로젝트에서 정의한 프로세스의 전개 및 내재화를 철저히 하기 위해 QA로 불리는 프로세스 개선 추진담당을 중국 · 마닐라의 오프쇼어 사이트에 각각 1명씩을 전임으로 배치했다. 동경은 프로세스 계획 · 검토 · 전개 단계의 초기 반년에 대해서는 전임으로 1명이 담당하고, 안정화에 따라 50% 정도로 공수를 줄이는 방안을 선택했다.

각 사이트의 담당자가 검토나 인터뷰를 통해 현 프로세스에서의 문제분석과 새로운 프로세스의 정의, 구성원에 대한 훈련, 새로운 프로세스 실시 후의 피드백 수집과 지속적인 개선을 일관하여 실시했다. 실제의 프로젝트 구성원에 대한 전개활동에 대해서는 각 팀 리더의 협력을 얻어 실시했다. 또한, 이들 활동의 조정역할로서 PMO 구성원을 선출하여 프로세스 개선작업 전체의 진척관리, 과제관리 등을 실시하는 등 체제를 정비하였다.

그림 03-16 프로세스 개선 추진체계

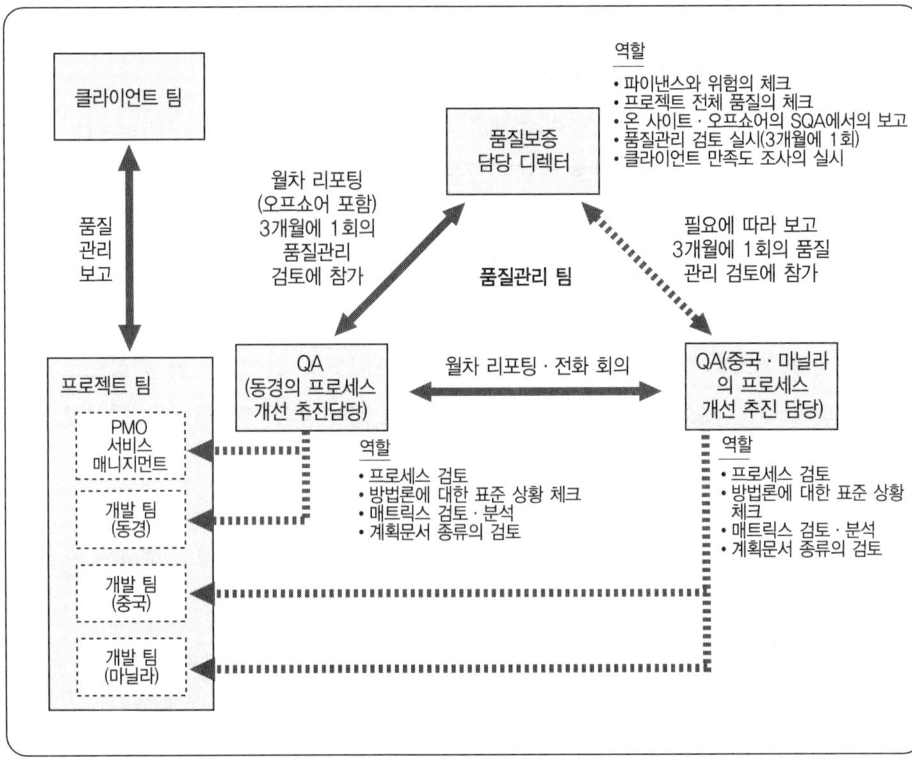

추진 접근방식

이 프로젝트는 대규모이며 복수 사이트에서 실시하므로 구성원이 프로세스를 전개하고 내재화하기 위해서는 장기적이고 계속적으로 대처할 필요가 있었다. 이 때문에 전체계획으로서 반년마다 한 번의 내부 심사와 QA가 품질관리 프로세스의 수행상황을 매월 모니터링 하는 방식을 실시했다.

그림 03-17과 같은 접근방식에서 CMMI 모델의 프로세스 영역별로 프로젝트 내의 프로세스를 심사하는 것과 같은 내부의 셀프심사를 반복하여 실시하고, 프로세스 개선점을 찾아내어 개선활동을 실시했다. 그리고 품질관리의 프로그램에 준하여 QA에 의한 「우수사례 검토」를 월별로 실시하여 자체심사의 지적사항(개선 항목 리스트)에 대한 수행상황을 모니터링 했다.

월별로 실시하는 검토에 추가하여 반년마다 한 번의 빈도로 실시하는 내부심사에서는 CMMI 모델의 각 프로세스 영역 및 실천사항을 검토 약점을 찾는 것을 목적으로 했다. 이들 심사는 QA가 심사자가 되어 실시했지만, 심사 후의 실제의 개선활동은 프로젝트 구성원이 QA의 지원을 받으면서 실시했다.

그리고 내부심사에서 드러난 개선점에 대한 대응 상황을 모니터링 하여 우수사례 검토 심사와 연계함으로써 개선상황이나 문제의식에 대한 관리상의 공유를 꾀했다.

그림 03-17 내부 심사 프로세스

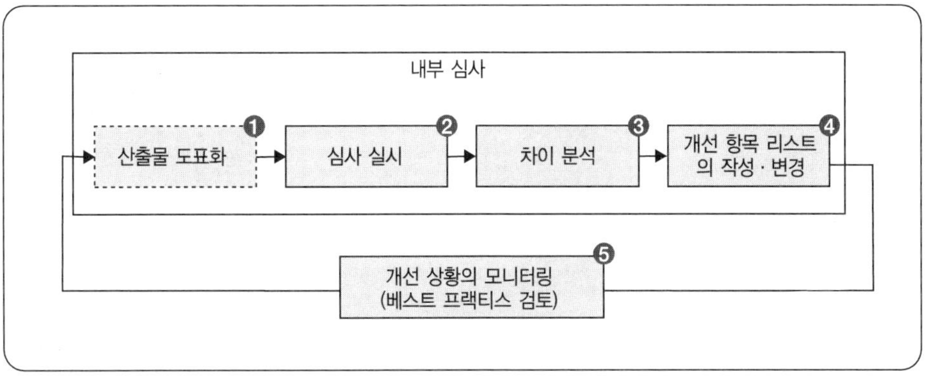

식별된 개선 항목 수는 10~100 항목에 걸친 것이었지만 각 활동 아이템에 대해 개선 항목의 중요성이나 난이도, 정착화의 기간이나 개선에 필요한 공수라는 측면에서 우선순위를 판단한 다음 대응시기 또는 관련된 산출물의 작성이나 수정 등에 대한 대응내용을 정리하여 개선계획을 세웠다.

표 03-05는 개선활동에서 이 프로젝트가 사용한 개선 항목 목록의 실례이다. 프로젝트 내의 산출물을 관련된 프로세스 영역에 도표화하여 산출물의 신규 및 변경구분과 수정내용을 기재하여 개선상황의 모니터링을 실시하고 각 개선 항목에 대응하였다.

프로세스 개선 항목과 정책

베스트라인 심사의 결과, 이 프로젝트에서는 주요한 개선 항목으로서 다음의 3 항목이 드러났다. 또한, 관련된 이해관계자가 많기 때문에 오프쇼어 활용이나 다수의 벤더와의 문화차이에 의한 문제가 프로젝트 초기부터 발생했다. 이 때문에 고객 및 오프쇼어라는 이해관계자 사이의 역할이나 프로세스 · 절차의 명확화 및 강화에 관련된 과제의 해결이 급선무가 되었다.

- 개선 항목 1 : 복수 사이트의 프로젝트 관리체제의 확립
- 개선 항목 2 : 요구사항 정의의 품질향상에 대한 대처
- 개선 항목 3 : 전환 시점(transition point)에서의 프로세스 확립

이하에 이들 프로세스 개선 항목에 관한 분석과 대응책 및 효과에 대해 설명한다.

표 03-05 개선항목 목록

작성 산출물									요구사항 개발									
									SG1		SG2			SG3				
									SP1.1	SP1.2	SP2.1	SP2.2	SP2.3	SP3.1	SP3.2	SP3.3	SP3.4	SP3.5
산출물 명칭	설명(현상)	산출물 작성기준 ○: 필수 ▲: 임의 -: 불요			레벨 3 적용에 동반된 산출물의 변경/신규 작성 자료 변경 구분			변경 내용	니즈를 인출	고객요구사항을 개발	성과물 요구사항과 성과물 구성요소의 요구사항을 확립	성과물 구성요소의 요구사항을 할당	인터페이스 요구사항을 특정	운용의 사고방식과 운용시나리오를 확립	필수인 기능성의 정의를 확립	요구사항을 분석	균형을 이루기 위해 요구사항을 분석	요구사항의 타당성을 확인
요구사항 정의서	대응과제의 요구사항을 정의한 자료. 기재내용은 규정되지 않았고 자유 양식으로 요구사항 정의부터 기본설계 단계까지의 내용으로 필요한 것을 기재한 자료	○	○	○		○		요구사항 정의에 관한 작성기준을 설정하여 해당 문서도 예제 템플릿의 사용을 의무화. 아래 항목을 포함	○	○	○	○	○	○	○	○		○
요구사항 정의 체크리스트	요구사항 정의를 실시하는 데 필요한 노하우를 체크리스트로 정리한 것	○	○	▲	○			-	○	○	○	○	○	○	○	○	○	○
처리방식 선정 심사 보고서	시스템을 실현하기 위한 솔루션, 처리방식의 선정 심사결과	▲	▲	▲		○		대체 안이나 선정 대상을 명기하지 않고 결과만 기재된 문서가 있지만, 반드시 선정 경위와 심사결과를 명기하도록 템플릿화						○				

개선 항목 1 : 복수 사이트의 프로젝트 관리체제의 확립

이 프로젝트는 아웃소싱 프로젝트로서 시작된 이후, 유지 보수대상이 된 기존 시스템의 조사, 고객 측에서의 작업이행, 온 사이트에서 오프쇼어로의 작업이행 기간을 거쳤으며, 서비스 제공 초기에서 안정가동에 이를 때까지 상황에 따라 체제를 변경했다.

이 때문에 아웃소싱 프로젝트로서 조직에서 요구되는 거버넌스의 변경에 대한 대응방법이나 아웃소싱을 도입시 위험회피 방법을 프로젝트 성공을 위한 대응책으로서 고려할 필요가 있었다. 자신들의 방법이나 표준에서 추진할 수 있는 단독조직이 아니라, 이해관계자가 다양하고 몇 개의 로케이션(location)에 걸쳐 있어서 구성원 및 문화의 다양성을 의식한 관리에 따른 실천이 요구되었다.

의사결정 프로세스의 혼란

아웃소싱 프로젝트에서는 오프쇼어 활용을 위한 프로세스나 절차의 정의, 표준화를 추진하기 위해 종래의 거버넌스 · 의사결정 프로세스의 변경이나 체제의 재검토가 발생하는 일이 많았다. 그러나 새로운 절차나 규칙을 정착화 시키기 위해서는 현장레벨에서 조정하는 것만으로는 매우 곤란하여 프로젝트를 실시하는 데 위험이 뒤따랐다. 이 때문에 상위관리자의 합의를 얻어 현장레벨에서 의식을 변화시키는 것이 필요하게 되었고 이 프로젝트 관리자는 이러한 점에 대해 최대한 고려하는 것이 필요했다.

실제로 업무 인계를 하는 단계에서도 아웃소싱에 적합한 의사결정 프로세스나 절차를 철저히 하기 위해 기존 벤더나 IT 부문 고객의 의식개혁이 필요한데, 현장레벨에서 종래의 방법을 쓰려는 고객이나 기존 벤더의 저항이 생기면서 인계가 곤란한 상황이 되었다.

그리고 유지보수 과제의 실시여부에 대한 판단, 의사결정의 곤란이라는 과제를 해결하기 위해 고객의 의사결정 프로세스나 의사소통 계획의 조정을 포함한 팀 편성 및 체제의 최적화가 필요하게 되었다.

다른 문화를 가진 구성원 간의 연계

이 프로젝트에서의 등장인물은 고객, 기존 벤더, 프로젝트의 온 사이트 구성원 및 오프쇼어 구성원이다. 또한, 온 사이트 구성원에 대해서는 본래의 소속이 컨설팅이 능숙한 분야의 구성원이나 시스템 개발이 능숙한 분야의 구성원, 그리고 유지보수 · 아웃소싱이 능숙한 분야의 구성원 등, 다른 능력을 가진 각각의 구성원들이 모였다. 게다가 중도에 입사한 구성원도 절반 가까이 차지하고 있기 때문에 기존 벤더에 대해서는 같은 팀으로서 작업을 할 때에 서로에 대한 위화감에 의해 친숙하지 않는 문제 등이 발생하기 쉽다.

예를 들면「기본 설계」나「외부 설계」 등의 시스템 개발단계의 호칭이나 작업범위가 사람에 따라 다르거나 테스트 범위에 대한 해석이 차이가 나는 것도 있어서 다른 배경을 가진 구성원이 함께 작업을 하기 위한 교육이나 관리의 틀 정비가 요구되었다.

개선활동과 효과

프로젝트 체제의 수립 · 거버넌스 모델의 최적화

아웃소싱 초기 전에는 각 시스템의 담당 벤더와 고객의 담당자 사이에, 그리고 조직 · 부서라는 틀을 넘어 정의해야 할 사항이 팀 내 → 부문 내 → 부문 간에 여러 번의 회의를 거쳐 결정되기 때문에 의사결정에 아주 많은 시간이 걸렸다.

이 때문에 이번 프로젝트에서 아웃소싱의 도구를 도입할 때 지금까지와는 다르게 부문을 연결하는 의사결정 프로세스의 정착화 및 거버넌스 모델의 정비가 중요한 대응책이 되었다. 그러나 초기에는 순조롭게 진행한다고 말할 수 있는 상황은 아니었다. 도대체 누가 과제의 범위를 정하고, 누가 공수를 조정하고, 최종적으로 누가 승인하면 괜찮은지 그리고 어디까지가 프로젝트고 어디부터가 고객의 작업인지, 기본적인 역할이나 책임에 관해 고객 측의 담당자와 논의하는 일도 있었다. 이와 같은 혼란의 원인은 누가 언제 어느 회의에서 무엇을 결정했는지가 불분명한 것에 기인했다.

우선은 하나의 과제에 관련된 상류부터 하류(예를 들면 기간 계부터 프런트, 정보계)의 시스템 보완까지 종합하여 일정을 조정하는 총괄팀의 확립과 조직 내의 프로세스나 절차, 부문을 연결하여 논의할 수 있는 체제의 정비가 급선무였다.

그래서 관리팀의 구성원은 의사소통이나 의사결정 프로세스를 정의하여 거버넌스 모델의 구축이나 의사소통 계획을 검토했다. 그리고 프로젝트 내부에서는 분할한 팀의 구성에 대해 의사결정 프로세스(업무나 고객 측의 체제가 어떻게 관련되어 있는지 등)를 고려하여 효율적인 체제를 구축할 필요가 있었다. 프로젝트 체제를 구축하여 의사소통 계획을 검토하는 데 유의할 부분은 다음 두 가지가 있다.

- 의사결정 항목에 관여해야 할 이해관계자를 명확하게 한다(누구에게 의사확인을 해야 하는지, 최종적으로 누구에게 결정권이 있는지).
- 의사결정 항목의 전략적 레벨과 운영 타입에 따라 회의체를 나누어 정의한다.

우선 첫 번째의 이해관계자의 명확화에 대해서는 다음의 3단계 의사결정 레벨에 따라 이해관계자를 계층화하여 정의했다.

1. 상위 관리자 레벨

2. 사업 본부장 레벨
3. 현장 리더 레벨

또한, 두 번째의 운영 타입에 대해서는 아래의 4개의 관점에서 회의체를 정의했다.

1. 시스템 개발(과제별)
2. 사용자 측과의 조정(요구사항 정의 및 수렴)
3. 품질과 프로젝트 관리(비용/일정)
4. 기술 · 아키텍처

이 프로젝트에서 정의한 거버넌스 모델은 아래의 그림과 같이 된다.

그림 03-18 거버넌스 조직도

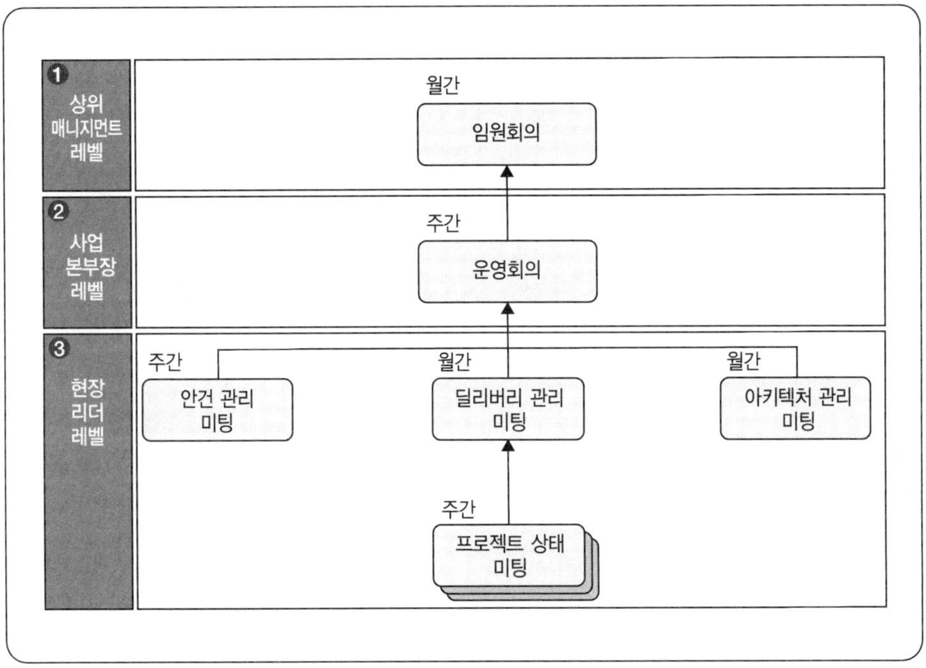

각 그룹의 리더와 관리자의 참가가 필요한 시스템화 과제나 유지보수 과제를 어느 곳에 할당할지를 결정하는 과제관리 회의, 각 시스템이나 서브시스템에 걸쳐 조정하지 않으면 안 되는 과제가 발생한 경우에 각 시스템에 걸쳐 시스템 가동의 일정을 조정하기 위한 딜리버리 관리 회의를 실시하는 등, 논의의 내용과 결정 사항의 레벨에 따라 회의체를 나누는 것으로 했다.

각 회의체에서 논의해야 할 사항은 표 03-06과 같이 된다.

표 03-06 회의체에서 논의해야 할 사항

레벨	회의체	논의의 내용	참가 구성원	
상위 관리 레벨	임원회의 (필요에 따라)	솔루션 전체 예산 요원 배치 계약 면에서의 조정 등, 상위 관리자의 승인을 요하는 과제를 논의하여 결정한다.	고객	• CIO • IT 부문 리더
			프로젝트	• 프로젝트 관리자 • 프로젝트 리더 • PMO
사업 본부장 레벨	프로젝트 전체 운영회의 (월간)	각 요구사항에 사용하는 틀의 예산 조정이나 의사결정 기구의 설치가 필요하기 때문에 어느 과제에 공수를 어느 정도 사용할지, 과제의 실시나 공수에 관해 각 부문 간의 조정을 실시한다. 또한, 임원 레벨에서 나타난 의제에 관해서도 이 회의에서 논의한다.	고객	• CIO • IT 부문 리더 • 딜리버리 관리자
			프로젝트	• 프로젝트 관리자 • 프로젝트 리더 • PMO • 서비스 관리자
현장 리더 레벨	딜리버리 관리 회의 (월간)	각 시스템 개발영역에 따라 연결적으로 조정이 필요한 사항에 대한 논의나 전체의 진척·공수의 예정 실적을 관리하는 회의이다. 부문 간의 시스템 대응 일정의 조정, 과제에 대해서는 여기서 논의한다.	고객	• IT 부문 딜리버리 담당자 • PMO • 서비스 관리자
			프로젝트	• 프로젝트 관리자 • 프로젝트 리더 • 온 사이트 딜리버리 리더
	과제 관리 회의 (주간)	사용자 부문과의 조정을 필요로 하는 요구사항의 수령이나 개별 과제의 요구사항에 의한 공수의 조정, 각 영역에서의 신규 과제에 대해 논의한다.	고객	• 사용자 부문 담당자 • IT 부문 딜리버리 담당자 • PMO • 서비스 관리자 • 애플리케이션 담당
			프로젝트	• 프로젝트 관리자 • 프로젝트 리더 • 온 사이트 딜리버리 리더 • 애플리케이션 팀 리더
	프로젝트 상태 회의 (주간)	각 프로젝트(시스템) 내의 대응과제에 대한 진척·공수·과제나 위험에 대해 논의한다.	고객	• IT 부문 딜리버리 담당자 • PMO • 서비스 관리자
			프로젝트	• 프로젝트 관리자 • 프로젝트 리더 • 온 사이트 딜리버리 리더
	아키텍처 회의 (내부, 주간)	고객과 프로젝트 모두 주로 기술팀의 구성원이 참가하여 각 부문이나 시스템에 걸친 기술영역의 과제, 위험, 대응 사항에 대해 논의한다.	고객	• IT 부문 딜리버리 담당자 • 아키텍처 팀
			프로젝트	• 프로젝트 관리자 • 프로젝트 리더 • 온 사이트 딜리버리 리더

또한, 각 회의체에서의 의사결정 항목과 에스컬레이션 레벨의 관계는 다음과 같이 된다.

이와 같이 의사소통 계획을 관련된 구성원에게 명시하여 의사결정 항목과 회의체, 이해관계자에 대한 관련, 각 회의체에서의 책임범위를 명확히 함으로써 어디서, 누가, 무엇을, 언제, 결정했는지가 명확하게 되었다. 이에 의해 각 부문이나 벤더 간, 사용자 등과의 조정이나 의사결정의 장소 및 오너가 명확하게 구분되어 의사결정이나 조정의 스피드를 앞당기게 되었고 불필요한 논의의 감소가 가능하게 되었다.

이 프로젝트와 같이 단일 시스템의 개발이 아니고 회사 전체의 애플리케이션을 관리하는 역할을 담당할 경우에 각 계층을 연결하여 논의할 수 있는 체제를 항상 확립시켜둘 필요가 있다. 그렇지 않으면 전체 공수의 틀에서 결정된 안건에 대해 취급하는 과제의 분량 조정이 곤란하게 되어 추가요원의 조정과 이와 반대로 남는 공수의 관리가 매우 어렵게 된다.

그리고 기간계 시스템에서 프런트계 시스템에 걸친 제도개정이나 상품대응 과제 등의 경우에는 각 시스템 간의 일정이나 인터페이스의 교환조정에서 명확하게 구분하고 리드하는 담당자가 필수이다.

또한, 프로젝트나 고객의 이해관계자의 변경, 조직 변경, 체제의 변경이 발생했을 때에는 프로젝트 내에서 전개하는 프로세스의 연속성을 고려하여 신속하게 의사결정 모델을 재고하는 것이 중요하다.

통합 프로젝트 관리의 정착화

또 하나의 개선 포인트로서 들 수 있는 것은 다른 배경을 가진 다양한 구성원을 관리하기 위한 구조와 그 전개다. 이 프로젝트가 주로 대처하는 활동의 중점사항은 아래와 같다.

1. 적재적소의 요원 배치와 권한 위임
2. 표준화와 프로젝트 내의 용어정비
3. 팀 · 관리와 의사소통
4. 프로젝트 특유의 훈련계획의 수립

1. 적재적소의 요원 배치와 권한 위임

적재적소의 요원 배치라는 관점에서는 프로젝트의 상황에 따라 역할 및 체제에도 변화가 있다. 이 때문에 요원의 소속이나 배경을 잘 이해하고 파악하여 각 단계에 적절한 인력 배치를 검토할 필요가 있다.

이 프로젝트 초기에 프로세스 개선개획 수립 및 정착화를 위해 아웃소싱을 처음

표 03-07 의사결정 · 보고 체계

오퍼레이팅 타입	의사결정 항목	
시스템 딜리버리 (과제별)	예산 계획 · 자원 계획	예산계획 · 운영관리
		과제별 공수배분 조정
		신규과제 계획
	진척 · 과제 관리	진척상황 확인
		일상 업무에 대한 과제 확인
사용자 측과의 조정 (요구사항 정의와 수령)	요구사항 관리	대응과제의 관리
		사용자 요구사항의 수령 · 확인
품질 · 프로젝트 관리	품질관리	품질관리 · 감사 프로세스의 전개와 운영
	서비스 레벨 · 성과관리	SLA(Service Level Agreement)의 지표설정 · 모니터링 심사
		견적의 모니터링
	프로젝트 관리	프로젝트 전체 과제의 관리
		계약관리
아키텍처	기술관리	시스템 실행 · 개발 · 운용 환경에서의 과제, 환경관리
	아키텍처	아키텍처 표준의 전개와 운용 기술과제의 대응 검토

시작했을 때의 컨설팅 경험이 있는 구성원을 투입했다. 프로젝트 착수를 원활하게 할 필요가 있으므로 정착화 기간은 일부 컨설팅 경험이 있는 구성원이 남아 자신이 세운 계획을 실행에 옮겼다.

그리고 서비스 초기 후, 안정화 단계로 이행할 때에 서서히 개발 · 유지보수 · 운용이 능숙한 분야의 구성원으로 대체했다. 구성원의 변경이나 지식 인계에 따른 오버헤드(overhead : 간접적인 대처)에 대응하는 인계 기간도 필요하고, 이 점을 해결하기 위한 하나의 수단으로서 신규 과제나 보다 비즈니스에 가까운 과제, 고객 측의 프로세스 개선을 위한 컨설팅 등의 과제와 병행하면서 능력에 따른 적절한 배치를 통한 구성원 간의 인계를 실시했다.

팀 사이의 이동에 대해서도 적절하게 장기간 배속이 된 구성원을 중심으로 본인의 희망을 고려하여 실시했다. 그런 후 새로운 구성원을 투입하여 경험이 있는 구성원 곁에서 연구를 지속하게 하는 등 조직 내의 활성화에도 배려했다. 또한, 새로운 리더를

○ : 논의 · 결정, ● : 승인, △ : 보고

거버넌스 정의					
프로젝트 상태 회의	아키텍처 회의	과제 관리 회의	딜리버리 관리 회의	프로젝트 전체 운영회의	임원회의
				○	
		○		●	
		○	○	●	
○			○	△	
○	○		○	△	
		○		●	
○		○		●	
			○	●	
○			○	●	△
○			○	●	△
				△	●
				△	●
	○				
	○			●	

육성하기 위한 계획도 중요하므로 조금씩 위임하는 과제나 팀의 규모를 크게 하거나 회의에서 서로 대치하는 고객 계층을 조금씩 진급시키는 것 등을 통해 서서히 권한을 위임하도록 고려했다.

2. 표준화와 프로젝트 내의 용어 정비

다양한 문화가 공존하는 멀티컬처(multi culture)의 프로젝트인 경우 작업할 때의 공통 언어에 대한 정비나 프로세스 및 방법론 등의 활용이 필수가 된다. 이 프로젝트에서도 자사에서 정의한 방법론의 사용을 의무화하여 활용하게 되어 있다.

그러나 설계 및 개발 단계에 관한 말하는 솜씨나 범위 등에서 고객 용어와의 차이가 발생하여 인식의 차이에 의한 사고가 발생하지 않도록 프로젝트의 방법론에서 정의된 산출물을 고객과 함께 참조(reference)하는 것으로 했다.

이 프로젝트에서는 이와 같은 프로젝트 내의 용어나 약어를 정비하고, 프로젝트의 웹 사이트를 활용하여 프로젝트 구성원에게 주지시켰다. 또한, 표준 프로세스에 대해 조정이 필요한 부분이 있으면 구성원에게 주지시키기 위해 설명회를 실시하거나 오프쇼어 구성원과의 합의를 바탕으로 각 사이트에 전개했다.

3. 팀 · 관리와 의사소통

기본적으로 매일 이어지는 작업은 팀별작업이 중심이 된다. 초기에는 중간에 투입된 구성원이 많았던 것도 있어서 어느 역할이 어디까지의 책임을 담당해야 하는지에 대한 공통 인식으로서 팀 내에 내재화하지 못했다. 이런 점을 개선하여 공통된 인식을 얻기 위해서도 보통 당연하다고 생각되는 것을 다시 문서화하는 것이 중요했다.

이 프로젝트 내에서는 이에 대한 방안으로 프로젝트 체제(팀 구성)에 맞춰 각 팀에서의 역할분담 및 운영규칙 등을 팀 강령(charter)으로 정의하여 구성원에게 주지시켰다.

팀 강령의 작성은 그 팀의 리더가 어떻게 팀을 관리하고 싶은지를 나타내므로 구체적으로 자신의 역할을 파악하는 데 좋은 지표가 되었다. 암묵적 이해와 같이 실시되고 있는 사항도 많이 포함되어 있지만, 구체적인 문장으로 나타냄으로써 앞에서 기술한 권한 위임이나 리더로서의 의식을 자각하여, 팀으로서 전개해야 할 프로세스에 대해 구성원에게 전달 할 수 있었다고 볼 수 있는 것이다.

또한, 「프로젝트의 일원, 팀의 일원」이라는 의식을 갖게 하는 이벤트의 활성화도 아웃소싱과 같이 장기간의 프로젝트에 있어서는 중요한 활동이다. 구체적으로 의사소통 담당 등을 임명하여 프로젝트 전체의 회의나 이벤트를 실시하거나 의사소통 레터를 월 1회 발송하는 등 지속적인 활동으로 실시하고 있다.

4. 프로젝트 특유의 교육훈련 계획의 수립

회사의 조직훈련은 미리 정의된 것이 있지만, 구체적으로 프로젝트 작업을 실시하려면 개별훈련을 검토할 필요가 있다.

예를 들면, 프로젝트 특유의 프로세스를 전개하여 프로젝트가 계획한 문서나 용어집을 설명하고 이를 공유하기 위해서 설명회를 실시하거나 프로젝트의 고유 능력(언어, 기술, 업무 지식)에 대한 훈련을 실시했다.

또한, 훈련이나 설명회에 대해 클래스별로 필요한 것과 선택적으로 필요한 것을 정의하고 조직훈련과 함께 수강상황을 체크했다.

관련된 프로세스 영역 .... IPM

개선 항목 2 : 요구사항 정의에 따른 품질향상을 위한 활동

이 프로젝트에서는 애플리케이션 아웃소싱의 프로젝트로서 한 명의 온 사이트 담당자가 몇 개의 소규모 유지보수 과제를 병행하여 처리하는 일이 많다. 이 때문에 고객이 품질이 좋은 요구사항 정의서를 제시할 수 있도록 요구사항 수령 시 어떻게 인수 체크를 실시할지, 온 사이트에서 외부 설계로 바뀌었을 때는 얼마나 효율이 좋게 문서화 할 수 있을지가 일정 및 예산대로 작업을 실시하기 위해서도 매우 중요하다.

또한, 요구사항 정의는 단계의 전반에 영향을 미치므로 여기서 발생한 에러가 후반에 전체 작업의 수정으로 연결되는 경우, 비용이나 일정에 영향이 크다는 것은 말할 필요도 없다.

이 프로젝트에서도 요구사항 정의서를 접수 할 때에 각 영역에서의 설계 · 담당자가 필요한 항목을 확인하지 않은 뒤에 바로 일정지연이나 비용초과가 발생하는 것과 같은 문제가 드문드문 보였다.

요구사항 정의서의 품질 및 레벨 감각의 어긋남

당초 고객으로부터 서비스를 인계한 단계에서의 요구사항 정의서는 명확한 양식도 없이 고객이 각 애플리케이션 영역에서 사용하던 기존 시스템의 양식으로 제출되었다.

그 결과, 요구사항으로서 정의해야 할 항목의 누락이나 작성 내용의 레벨이 통일되어 정의되지 않았기 때문에 온 사이트의 작업자가 정확하게 파악할 수 없는 사례가 드문드문 보였다.

요구사항 정의에 대한 접근방식이 애매(요구사항을 접수하는 시점이 명확하지 않음)

이 프로젝트에서는 요구사항 정의나 변경과제 관리의 프로세스에 대해서는 프로세스 흐름이 작성되어 그 틀을 준수하여 실시하게 되어 있다. 그러나 각 시스템의 고객 담당자가 종래의 방법을 변경하지 않았기 때문에 이 프로젝트에서 정의한 프로세스가 좀처럼 내부에 정착하지 않는다는 것이 과제로 되었다.

요구사항 정의 단계에서의 메일이나 문서의 교환에 따른 절차, 변경 요구사항과 추가 요구사항에 대응할 때의 접근방식에 대해서는 큰 틀에서 정의되어 있었다. 그러나 알게 모르게 담당자 레벨에서 변경 요구사항을 실시하는 것이 결정되어 버리고, 일정이나 비용 면에서의 임팩트(Impact)가 정확하게 반영되지 않았다. 그리고 요구사항의 세밀한 부분에서 인식 차이가 발생하고 메일을 주고받는 데에 필요한 이해관계자에 대한 변경이나 추가 경위에 대한 연락이 철저하게 이루어지지 않는 문제가 빈발하였다. 이 때문에 요구사항 정의의 접근방식에 대해 재정리나 정착화가 다시 필요한 상황이었다.

개선활동과 효과

요구사항 정의서의 양식 · 작성 레벨의 통일을 꾀한다.

이 프로젝트에서는 정의해야 할 요구사항의 작성 레벨을 기록한 요구사항 정의서의 예제 템플릿(template)을 작성하고, 고객에게 기재 내용이나 프로세스에 관한 설명회를 개최하여 모든 애플리케이션 영역에서 통일된 양식을 사용하도록 의무화했다. 그리고 프로젝트 구성원은 요구사항 정의 체크리스트를 작성하여 고객으로부터의 요구사항에 대해 필요한 정보가 갖춰져 있는지를 확인하거나 충분하게 작성되어 있는지의 검토를 실시했다.

요구사항 정의의 체크리스트는 최초부터 완벽하게 작성하는 것은 어렵기 때문에 초판은 일반적인 내용이 중심이었다. 그리고 시스템 · 애플리케이션 영역별로 담당 사용자 측이 중시하는 부분이나 유지보수를 실시할 때에 영향 분석 등에서 고려해야 할 부분을 추가하고 강화하는 개선된 접근방식을 실시했다.

표 03-08은 일반적인 요구사항 정의서의 체크리스트 예제의 일부다. 이와 같은 내용에 덧붙여 각 애플리케이션 특성을 고려한 독자적인 체크 항목을 추가했다.

이 개선활동의 결과, 고객과 프로젝트의 구성원 양자가 요구사항 정의를 실시할 때에 체크해야 할 부분에 대해 이해를 할 수 있게 되었다. 더욱이 요구사항 제시 측인 고객이 IT 부문에서 사용자에게 사전에 양해를 얻어야 할 부분이 명확하게 되었기 때문에 요구사항 정의에 포함해야 할 내용에 대한 공통 인식을 얻을 수 있었고 IT 분야 고객의 능력 향상에도 도움이 되었다고 할 수 있다.

과제 관리의 철저와 요구사항 정의에 대한 접근방식의 정비

이 프로젝트에서는 의뢰를 받은 과제를 확실하게 관리하는 것이 필수이며 1개월간에 대응할 수 있는 공수 틀이 정의되어 있으므로 추가 발생에 대해서는 3개월 전에 제시하는 것을 계약상 정의하고 있다.

그러나 프로젝트 초기에는 메일을 기반으로 과제의 승인이나 요구사항 정의를 실시하였기 때문에 현재에 대한 과제의 상태를 알지 못하고, 무엇이 결정되어 있는지, 누가 처리하고 있는지를 매우 알기 어려운 상황이었다. 기본적으로는 결정된 5M/M 이상의 과제에 대해서는 과제 관리 회의에서 승인을 얻는 것이 의무화되어 있지만, 몇 개의 의사소통의 실수도 발생하였다

표 03-08 요구사항 정의 체크리스트

분류			체크 내용
요구사항 정의서	현행 기능과의 비교	현행 기능의 고려	새로운 요구사항은 현행 기능을 기초로서 정의되어 있는가?
		현행 과제의 고려	새로운 요구사항은 현행 기능의 과제를 해결하는 것으로 되어 있는가?
		현행 시스템의 제약	새로운 시스템을 설계할 때 현행 시스템의 제약 조건에 대해 고려했는가?
	업무 요구사항	새로운 시스템 가동 후의 이미지	새로운 시스템 가동 후의 업무 이미지에 대해 사용자와 일치하고 있는가?
		유스케이스 (use case)	각각의 유스케이스가 사용자 내지 외부 시스템이나 타 유스케이스와 어떻게 상호작용하고 있는지를 이해할 수 있도록 기재되어 있는가?
		업무 흐름도	업무 흐름도가 작성되어 있는가?
		외부 요인에의 대응	외부 요인(법 · 제도개정 대응 등)에 큰 영향을 받는 시스템 개발에 대해 개정시기 및 규모가 고객으로부터 제시되어 있는가? 또는 언제 명확하게 될지 제시되어 있는가?
	시스템 요구사항	시스템화의 목적	시스템화의 목적이 명확하게 되어 있는가?
		시스템 기능	시스템 기능이 명확하게 되어 있는가?
		시스템 구성도	시스템 구성도가 명확하게 되어 있는가?
		성능 요구사항	성능 요구사항에 대한 기재가 있는가?
		하드웨어 요구사항	구입할 하드웨어의 기종, 대수, 금액, 선정 이유가 명확하게 되어 있는가?
		보안 요구사항	요구된 보안의 레벨 및 내용이 명확하게 되어 있는가? 또한, 미 제시된 경우에는 언제 명확하게 되는지 파악하고 있는가?
		인터페이스 요구사항	새로운 시스템이 접속하는 타 시스템이 모두 도출되었는가?
		개발 환경	개발 환경에 대해 장소, 개발 기, 필요한 것(소모품 포함)의 검토를 실시했는가?
	운용 요구사항	이행 계획	이행 계획에 대해 방침 · 방법 · 시기 등이 결정되어 있는가?
		서비스 레벨	서비스 레벨이 기재되어 있는가, 또한, 사용자를 확인했는가?
		운용 체제	운용 체제에 대해 상위 수준의 요구사항이 정의되어 있는가?

이와 같은 사태를 해결하기 위해서도 과제관리나 요구사항 정의에 대한 철저한 관리와 시스템 보완 작업을 실시할 때에 필요한 기본정보를 일괄하여 관리하는 것이 필요하게 되었다.

그래서 발생한 과제에 대해서는 과제번호를 붙여 프로젝트가 준비한 과제관리의 사이트에 반드시 등록하여 승인을 받도록 작업 흐름을 정의했기 때문에, 공수가 발생하는 작업은 모두 이들 과제번호에 연결되어 관리가 가능하게 되었다. 그리고 각 대응과제 내에서 발생하는 변경 요구사항에 대해서는 변경 요구사항의 관리 사이트를 설치하여 변경 요구사항을 기표하는 것으로 하고, 요구사항의 우선순위나 대응희망 시기, 공수, 실시여부 등을 관리할 수 있도록 대응했다.

또한, 요구사항 정의서 등의 확인 프로세스에 대해서도 규칙을 정하여 아래와 같이 버전을 이용해 단계적으로 정의했다.

- Ver 0.2 : 업무 요구사항 정의
- Ver 0.5 : 시스템 요구사항 정의
- Ver 1.0 : 벤더 내용 확인 후, 지적사항 반영, 최종판

문서의 버전을 보면 대응 상황이 일목요연하게 알 수 있도록 정의하여 공유 사이

그림 03-19 요구사항 정의 접근방식

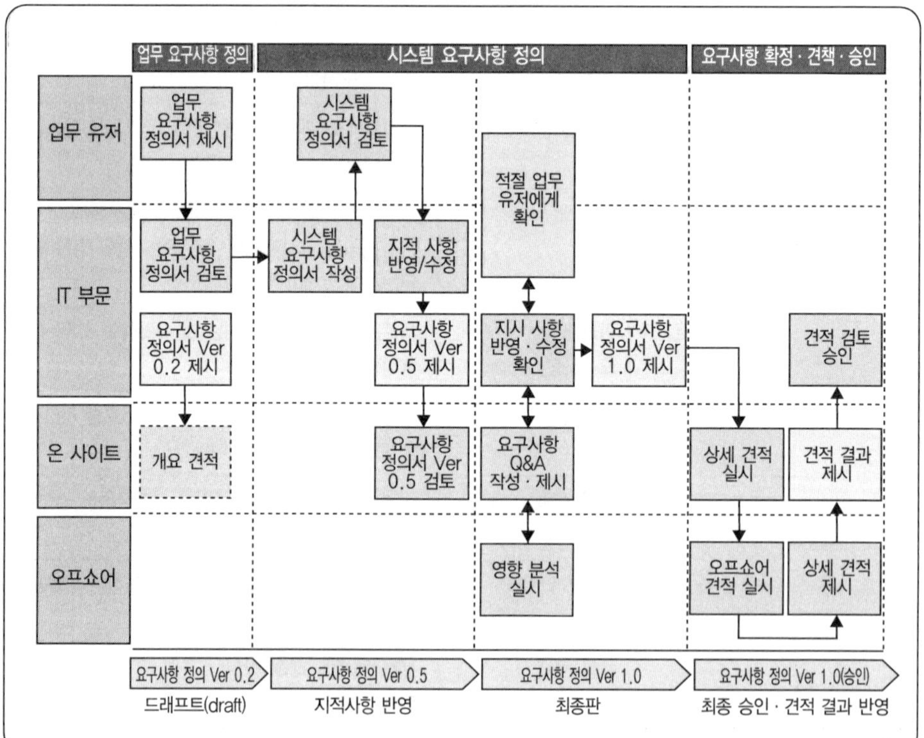

트에서 문서를 관리하도록 의무화했다. 또한, 그 사이에 발생한 문의사항에 대해서도 반드시 공유 사이트를 통해 실시하도록 프로세스를 정하여 경위를 명확하게 남기도록 정의했다. 상세한 프로세스는 그림 03-19와 같이 된다.

이들 개선 항목은 어떤 SI 프로젝트에서도 당연히 가능하지만, 관리가 두루 미치지 않는 문제가 발생하기 쉽다.

요구사항 정의단계에서는 체크해야 할 내용을 미리 파악해두고, 요구사항 정의의 내용상의 애매한 점을 없애기 위해 정의 내용의 각 단계별로 관련된 이해관계자와 점검을 한 후, 최종적인 합의 및 승인을 얻지 않으면 안 된다. 프로세스나 체크 시트 등의 활용을 추진한다면 효과가 있을 것이다. 또한, 요구사항 정의의 품질이 향상됨으로써 외부설계의 초기단계부터 오프쇼어에 인계할 수 있어서 오프쇼어 활용 비율이 더욱 상승하는 것을 기대할 수 있다.

이 프로젝트에서는 이들 성숙도 레벨이 높은 팀부터 순차적으로 온 사이트와 오프쇼어 사이의 인계 비율을 높임으로써 오프쇼어의 작업범위를 증대하고, 비용 삭감을 실현했다.

관련된 프로세스 영역 .... REQM, RD

개선 항목 3 : 전환 시점(transition point)에서의 프로세스 확립

아웃소싱의 프로젝트를 실시하는 경우에는 원격 작업과 오프쇼어 측에서 합의된 프로세스 · 절차가 요구되므로 애매한 의뢰 사항이나 프로세스는 허용되지 않는다.

고객, 온 사이트, 오프쇼어 사이의 전환 시점(산출물의 인수 · 인계의 포인트)의 정의와 각 포인트에서의 인도 산출물에 대한 인수 프로세스, 명확한 서비스 레벨 및 운영 레벨에 관한 합의가 필요하다. 이 프로젝트도 이런 전환 시점에서의 과제를 안고 있으므로 프로세스의 정비를 개선활동으로서 실시할 필요가 있었다.

전환 시점의 시점이나 프로세스가 불명확

기존 벤더와 고객과의 인수에 관해 고객 사이트에서 함께 활동하는 벤더라면, 고객이 어떤 질문이나 의뢰 사항이 있어도 바로 의뢰할 수 있다. 그러나 이 경우 벤더를 감싸안기 위한 비용이 증대하거나, 이 벤더가 없는 경우에 업무에 지장을 주는 등의 벤더 의존의 현상이 발생할 우려도 있다.

이 프로젝트에서도 아웃소싱 도입 전에 이와 같은 문제가 발생했다.

산출물의 정의 및 체계의 미정비

아웃소싱 도입 전에는 각 시스템을 담당한 벤더에 의해 다양한 종류의 문서가 작성되어 있어서 통일된 형식도 없고, 체계도 정리되지 않았다. 거기에다 산출물의 체계나 구성관리의 방법에 대해서도 각 시스템별 독자적인 방법으로 되어 있기 때문에 오프쇼어와 어느 시점에서 어떤 산출물을 주고받을지 합의하기 위한 산출물 체계의 정비와 무엇이 있으면 오프쇼어에서의 작업이 가능한지에 대한 인식을 맞추는 것이 필요했다.

개선활동과 효과

전환 시점 및 시점의 명확화

이 프로젝트에서는 전환 시점으로서 다음의 두 가지를 기반으로 하여 계약을 체결했다.

- 고객과 SIer(System Integration+er)의 이행 시점 : 외부 설계 ~ 시스템 테스트
- 오프쇼어와의 이행 시점 : 상세 설계 이후 ~ 통합 테스트

고객과의 사이에는 요구사항 정의나 사용자 인수 테스트를 일부 프로젝트가 수행하는 경우도 있지만, 이 경우에는 범위 외의 작업으로 취급하여 비용지급도 별도로 하는 것으로 합의했다. 오프쇼어와 MOU(Memorandum of Understanding :양해각서)를 체결하여 각 전환 시점에서의 작업 의뢰 프로세스, 양자의 인수조건을 착수/완료 기

그림 03-20 개발 흐름

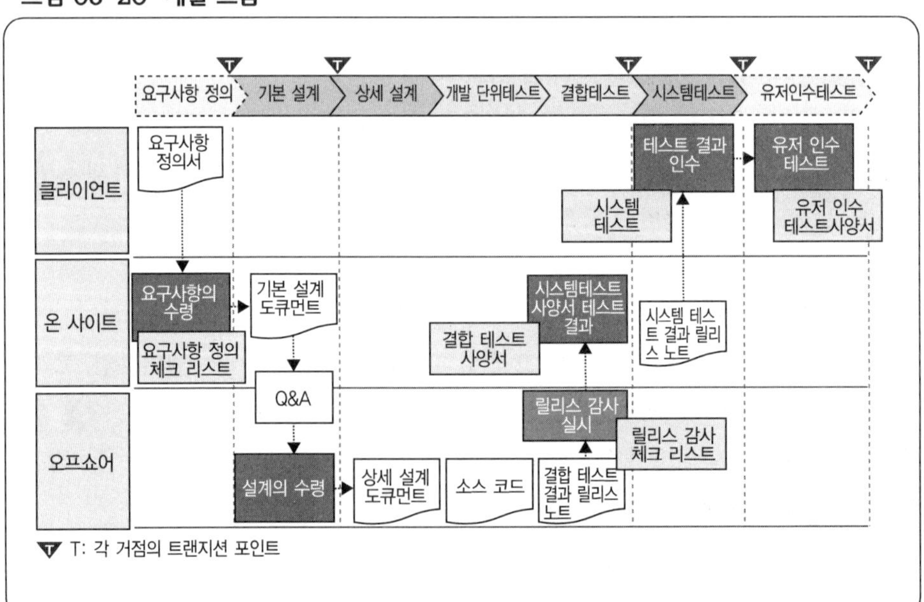

준으로서 명확하게 정의했다.

또한, MOU에는 이하에 나타낸 것과 같은 문서 리스트나 체크리스트를 활용하는 의무에 관해서도 정의되어 있다. 또한, 진척보고나 품질에 관한 인수기준도 정해져 있어서 딜리버리 센터에서 필수라고 정의된 내용과 함께 프로젝트 특유의 결정사항도 포함되어 있다.

산출물 체계의 정의(인도된 산출물의 명확화)

각 시스템에서 기존 벤더가 신규 구축하여 작성한 문서를 확인했지만, 모두가 유지 보수 · 운용 단계까지 확실하게 정비된 문서가 아니기 때문에 필요한 설계문서를 파악했다. 필요한 문서에 대해서는 산출물 체계를 정리하여, 설계지침에 따라 설계문서에 기재해야 할 내용이나 문서 간의 연관성을 「산출물 아키텍처」로써 정의했다.

그리고 마스터가 되는 형상관리 항목 일람표를 작성하여 각 단계 완료시 전환 시점에서 넘겨받은 산출물을 정의하여 저장소(repository)나 문서의 통제 수준도 함께 정의했다.

설계에서 개발로 이행하는 단계에서 이들 리스트가 「기술 데이터 패키지」로 정립되어 오프쇼어와의 전환 시점으로서도 활용되었다. 또한, 당연한 일이지만 각각의 대응 과제별로 작성하는 설계문서와 마스터 문서로서 취급되는 시스템의 표준문서(네이밍표준 · 개발표준 · 설계표준 · 데이터표준 및 테스트표준 등), 시스템의 도입 · 설정 문서도 포함되기 때문에 시스템 전체에서 필요한 문서의 형상 관리를 염두한 관리를 할 수 있게 되었다.

이와 같이 MOU에 따른 작업이 오프쇼어 활용 시 기본이 되었다. 고객과 오프쇼어와의 합의사항에 대해 관리자가 프로젝트 구성원의 이해를 촉진시키고, 철저히 하도록 지도하고, 또한, QA에 의한 품질 체크를 정기적으로 실시하여 프로세스를 준수했다는 증거를 제시하도록 요구하게 되었다. 프로세스를 준수하지 않으면 작업이 진행될 수 없도록 작업 흐름을 정의했기 때문에 프로젝트 구성원이 철저하게 업무를 할 수 있게 되었다.

또한, 넘겨받을 때에 필요한 산출물에 대해서는 정비한 마스터의 형상관리 항목 일람표를 바탕으로 트랜지션 대상 산출물 일람표를 작성하여, 인계 받은 날짜도 명확하게 기록하도록 의무화함으로써 어이없는 실수나 형상관리 항목의 누락 및 체크 상의 누락을 방지하게 하였다. 그럼으로써 문제가 발생했을 경우 원인조사가 용이하게 되었다.

관련된 프로세스 영역 .... TS, VAL

개선활동의 과정

이 프로젝트는 아웃소싱 프로젝트로서, 정확하게 프로젝트를 시작한 시점에 베이스라인 심사를 실시했다. 그 결과를 바탕으로 한 프로젝트 관리영역을 중심으로 프로세스의 계획수립 · 정착화가 필요한 항목을 찾아내어 개선활동을 실시한 반년 만에 내부심사를 실시하게 되었다.

우선 개선활동으로서 베이스라인 심사를 할 때에 드러난 개선 항목에 대해 대응책을 검토하여 우선순위가 높은 항목부터 대응하는 것으로 했다. 프로세스 개선은 베이스라인 심사에서 약점으로 도출된 항목에 대해 각각 개선점을 나타내어 크게 A~C의 우선순위를 매겨 3단계로 개선책을 나누어 실시했다.

표 03-09는 그 개선 항목의 예이나, 우선순위 및 정리가 필요한 산출물을 나타낸 것을 알 수 있다.

우선순위에 대한 평가기준은 고객이나 딜리버리 센터에 관련된 프로세스에서 신속하게 정비 · 전개할 필요한 것을 「A」, 문서 작성을 동반한 구현이며 전개에 시간이

표 03-09 개선 항목 리스트

프로세스 영역		개선점		우선순위	산출물
엔지니어링	TS	솔루션 · 구현 방식의 선정 심사	DAR 지침의 책정과 솔루션 심사방식의 체계화 · 정리 심사자료의 작성과 관리	A	□ 솔루션 심사 방침 □ 솔루션 · 구현 방식 심사 자료
		산출물 아키텍처의 확립	각 팀 각 애플리케이션에서의 산출물 체계 아키텍처의 정리 ToBe(미래)의 산출물 아키텍처의 책정과 차이를 줄이기 위한 계획 수립 및 실시	A	□ 산출물 아키텍처 (각 애플리케이션)
		인터페이스 관련의 문서 정리	외부 인터페이스 일람 등 관련된 시스템의 일람이 커버되어 관리되는 문서가 일부 시스템에 존재하지 않음.	B	□ 인터페이스 목록
		컴포넌트 재사용 방안의 정의	컴포넌트나 솔루션의 재이용에 관해 검토한 경우의 기준 · 실시 방침 · 프로세스 정의 DAR 지침 등의 책정과 함께 실시	C	□ 솔루션 심사 방침 (DAR 지침의 일부) □ 솔루션 · 구현 방식 심사 자료
	RD	인터페이스 관련의 요구사항 정의	타 시스템과의 인터페이스가 발생할 때의 요구사항 정의에 관한 프로세스의 통일 · 명확화	B	□ 인터페이스 일람 (With 승인 란)

프로세스 영역		개선점		우선순위	산출물
		고객의 요구사항 정의서 · 양식의 검토 · 심사	고객이 제시한 요구사항 정의 문서로서 무엇이 갖춰지면 좋은지 등에 관해 검토 및 승인 · 심사한 기록을 남김	A	□ 요구사항 정의서 검토 결과(란)
		프로토타입 등 요구사항 확인 실시 시에 대한 기록	요구사항을 확인할 때에 프로토타입(prototype) 등 실시한 경우의 확인 항목 등의 기록	A	□ 프로토타입 심사 보고서
	REQM	요구사항 관리 · 영향 분석 추적성의 확보	요구사항~설계, 설계~테스트 등 단계를 통해 추적성을 확보하기 위한 RTM 작성 · 유지 관리 변경관리와의 연계 오프쇼어에서 작성한 추적성 지표와의 연계	A	□ RTM(Requirement Traceability Matrix)

걸리지만 반드시 필요가 있는 것을 「B」, 지속적인 개선으로 장기간에 대처할 필요가 있는 것을 「C」로 정의했다.

이들 개선 항목에 대해서는 반년 마다 실시한 내부심사나 중간심사에서 순차적으로 진척상황을 확인하거나 재검토를 실시하여 구체적인 개선활동으로 이어나갔다.

개선상황의 확인은 QA가 실시하여 관리자에게 보고하고 연계하면서 진행했지만, 일상 업무의 습득과 전개로 인해 바쁜 상황이었던 초기 아웃소싱 서비스 시점 등과 같이 좀처럼 프로세스가 내재화되지 않는 시기도 있었다. 그러나 매일 활동 중에 필요성을 인식하도록 노력하면서, 내부심사나 중간심사 등의 이벤트를 통하여 프로세스의 준수 상황을 항상 가시화하였다. 그리고 프로젝트 홍보활동을 통해 구성원에게 계속적으로 주지시킨 것이 프로젝트 내에서의 개선활동을 촉진시키는 결과가 되었다.

QA의 활동을 포함하여 이 프로젝트의 현 시점에서의 프로세스 개선활동은 다음과 같다.

표 03-10 프로세스 개선의 활동 경위

프로세스 개선활동 기간	18개월
투입 공수(프로젝트 내부)	36M/M(오프쇼어 포함)
투입 공수(프로젝트 외부)	27M/M(오프쇼어 포함)

이 사례에서의 교훈

프로세스 개선 · 정착은 신속히 추진할 것

이 프로젝트는 착수 시기가 베이스라인 심사와 중첩되었다. 이 때문에 심사를 축으로 개선활동을 반복하여 지속적인 개선활동을 실시할 수 있었던 것이 성공요인이라고 할 수 있다. 흐름으로는 아래와 같이 전개되었다.

1. 관리에서 고려할 점이나 개선 대상항목의 도출
2. 개선 항목에 대한 대응안의 수립, 개선활동 실시
3. 서비스 제공 초기 후에 내부심사의 실시
4. 중간심사 실시
5. 안정기에서 SCAMPI-A의 실시

프로젝트의 생명주기에 따라 개선 프로세스를 도입할 수 있었기 때문에, 프로젝트 착수 시기부터 CMMI의 프레임워크를 이용하여 프로세스 개선활동을 할 수 있었다. 또한, 구성원에게 교육 및 의식 변화를 유도한 것이 조기 정착화를 위한 주요한 포인트가 되었다.

온 사이트와 오프쇼어 – 오프쇼어의 경험을 활용할 것

이 프로젝트에서는 딜리버리 센터가 이미 CMMI의 레벨 5를 달성했기 때문에 온 사이트의 프로세스 정비가 추진되지 않으면 오프쇼어와의 작업이 어려워지는 부분이 있었다. 이 때문에 오프쇼어가 자신들의 노하우를 활용하여 오프쇼어 주도로 개선을 진행하는 영역도 있었다.

이러한 상황에서 특히 엔지니어링 영역의 표준화시, 오프쇼어와 고객 사이에 끼어 조정에 곤란한 단계가 있던 것도 사실이다. 기본적으로 낙하산 형이라고 불리는 아웃소싱의 경우에는 기존 벤더가 작성한 문서를 그대로 넘겨받는 일이 많아서 「표준화」 작업에서 오프쇼어와 어떻게 합의를 얻을까 하는 것이 품질 면에서도 매우 중요한 포인트가 되었다.

이 프로젝트에서는 이들 개선 항목에 대해 「지속적인 개선활동」을 단계적으로 추진했다. 그러나 대응에 속도가 요구되는 경우에는 프로세스 정비가 부족한 것이 원인이 되어, 결함이 많았던 것도 사실이다. 관리는 서비스 초기까지 표준화가 필요한 것과 기존 문서에서 개선이 요구되는 부분을 파악하였으며, 표준화하는 작업에 필요한 비용을 최대한 확보하여 조정할 수 있도록 하였다.

3-3 소규모 유지보수 프로젝트

프로젝트 소개

프로젝트 개요

중견 메이커인 C사는 창립 10년 만에 사원수가 약 300명, 지난 5년간 두 자리 성장을 달성한 우량 기업이다. 생산에서 판매까지의 업무 운영은 자사에서 일관되게 실시하고 있지만, 정보 시스템의 운용, 유지 보수에 관해서는 외부 벤더에 아웃소싱하고 있다.

여기서 소개하는 프로젝트의 작업범위는 애플리케이션 영역에 대한 정상 유지보수 작업과 서비스 요청(문의 · 작업 의뢰 · 장애 · 사양 변경)의 관리와 대응으로서, IT 인프라에 관계된 보수나 IT 기획, 전략 수립 등은 작업 범위 밖이다.

애플리케이션은 수주 · 출하 시스템, 판매 계획 · 생산계획 수립 시스템, 경영정보 관리 시스템의 3개의 시스템으로 구성된다. 수주 · 출하 시스템은 ERP 패키지를, 경영 정보 관리 시스템은 시판하는 비즈니스 인텔리전스(Business Intelligence) 도구를 이용하여 개발했다. 또한, 판매 계획 · 생산계획 수립 시스템은 커스터마이징(custom-made)하였다.

프로젝트 체제

이 프로젝트의 구성원은 약 20명으로서 애플리케이션의 운용을 관리 및 유지하는 운영관리 팀 외에 애플리케이션 영역별로 팀을 구성하고 있다. 각각의 영역별로 C사의 정보 시스템 부문 및 사용자 대표가 담당 업무로서 정의되어 있다.

프로젝트의 상황

이 프로젝트는 착수 후 1년을 경과하여 애플리케이션의 초기 문제는 거의 수습되었다. 또한, 업무 사용자도 새로운 시스템을 활용한 업무에 익숙해져서 문의 횟수도 가동 직후에 비해 현격하게 감소하였다.

단 고객의 비즈니스 영역에 대한 확대에 의해 사양변경이 수시로 발생하고 요구 일정도 짧기 때문에, 관리층을 포함한 프로젝트 구성원은 그 대응에 쫓기고 있었다. 프로세스 개선의 필요성은 장기적인 과제로서 언급은 되고 있지만 직접적인 작업을

그림 03-21 구성 체계도

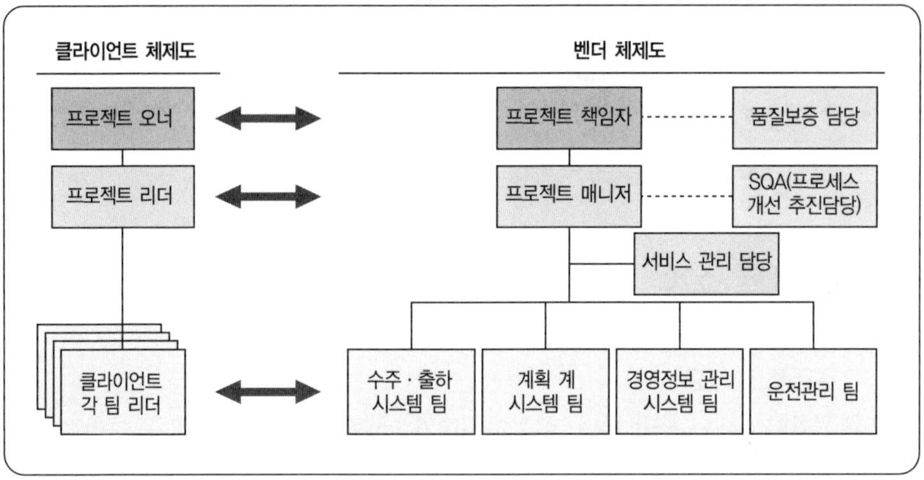

처리하는 것이 고작이므로 구체화된 활동으로는 연결되지 않은 상황이었다.

프로세스 개선활동 실시 전의 프로세스 성숙도

프로세스 개선활동은 시스템의 실전 가동이 끝나고 운용을 시작한 후 약 1년 경과했을 때 착수했다. 프로세스 개선활동의 착수 회의에서 명확하게 규명된 문제점은 형상관리가 정비되지 않는 것 이었다.

최소한 애플리케이션의 운용에 필요한 설계서가 최신화 되었는지조차 누구 한명 자신 있게 대답하지 못했다. 또한, 몇 개의 사양변경 과제가 동시에 병행적으로 실시되는 과정이므로 어떤 환경에 어떤 상황의 자원이 유지되는 것도 작업의 기록(Log)을 찾아가지 않으면 알지 못하는 상황이었다.

엔지니어링 영역 전반은 개발단계에서 정의한 표준 작업 프로세스를 대개 따르고 있지만, 테스트에 대해서는 과제별로 실시 레벨에 따라 불균형이 있었다. 그 결과, 몇 개의 과제에 걸쳐있는 영향분석의 누락이나 테스트 누락에 의한 장애가 발생했다. 또한, 사용자 인수 테스트에서도 사양의 차이가 지적되었다.

표 03-11 프로세스 개선활동 실시 전 상황

분류	내용
프로젝트 관리영역	진척관리 등의 기본적인 프로젝트 관리의 구조는 정립되어 있었다.
엔지니어링 영역	프로세스 표준화는 어느 정도 되어있지만, 실전에서의 장애나 요구사항 등 품질 상의 문제가 있어서 결과로 연결되지 않았다.
지원 영역	형상 관리의 수준이 낮았다. 설계서도 부족하고 최신화되지 않았다. 자원 관리도 계획적이지 않다.

프로젝트 관리 영역에는 애플리케이션 아웃소싱 프로젝트를 위한 조직표준의 작업 견적 도구가 없는 경우가 있어서 견적방법이 표준화 되지 않았지만, 이 이외의 영역에 대해서는 큰 문제없이 작업관리가 되어 있었다.

프로세스 개선활동

추진 체계

이 프로젝트는 20명 정도의 프로젝트로서 각 인원이 개별 영역을 담당하기 때문에 프로세스 개선을 추진하는 전임구성원을 두는 것이 어려웠다. 따라서 각 팀에 프로세스 개선의 과제를 배정하여 「문제 분석과 새로운 프로세스의 정의」, 「구성원에 대한 훈련」, 「새로운 프로세스 시행 후의 피드백 수집과 지속적인 개선」을 일괄하여 팀 작업

그림 03-22 프로세스 개선활동 추진 체계

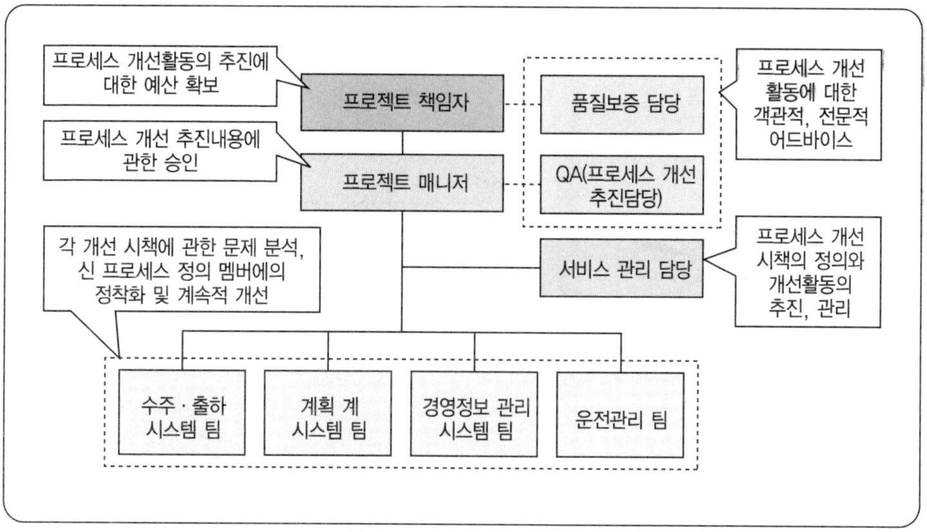

표 03-12 대표적인 개선 정책

팀	정책 내용
수주 · 출하 시스템 팀	• 브랜치(branch) 관리를 위한 형상관리 도구의 도입 • 동료 검토의 추진
계획 계 시스템 팀	• 회귀 테스트(regression test)의 편입 • 요구사항 정의 프로세스의 재검토
경영정보 관리 시스템 팀	• 작업 견적에 대한 표준의 수립 • 계획수립 정밀도 향상에 의한 일정(scheduling)의 안정화
운영관리 팀	• 애플리케이션 릴리스 규칙의 재검토 • 품질 목표, 품질 지표의 재검토

으로 실시하도록 했다.

결과적으로 거의 모든 인원에게 프로세스 개선의 역할을 주어 자신의 개선 과제를 추진하게 함으로써 구성원의 의식 변화를 조기에 실현할 수 있었다.

이들 활동의 조정 역할로서 서비스 관리의 구성원을 할당하여 개선활동의 윤활유로서 역할을 하도록 했다. 또한, 객관적인 입장에서 프로젝트를 검토하는 역할의 QA 디렉터와 QA에서 개선활동의 진행방법이나 모니터링 방법에 대해 서비스 관리의 구성원이 조언(advice)을 받을 수 있는 체제를 정비했다.

추진 접근방식

프로젝트의 특징을 고려하여 이 프로젝트에서는 독자적인 접근방식을 적용했다. 적용한 접근방식의 요점은 아래와 같이 정리할 수 있다.

그림 03-23 프로세스 개선활동 추진 접근방식

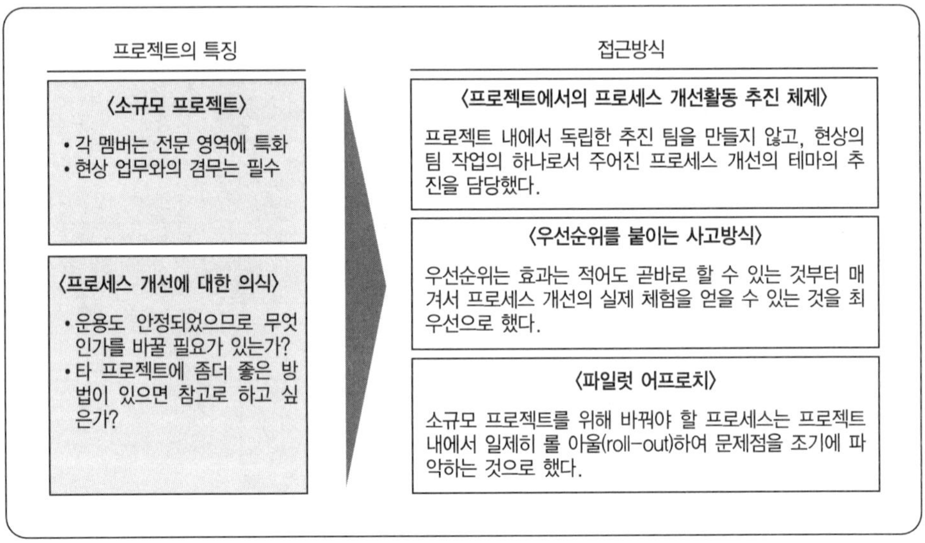

추진 체제는 앞에서 기술한 것과 같이 특별한 체제는 정의하지 않고 어디까지나 통상 업무의 일부로서 작업하는 것을 전제로 했다. 이것은 대부분의 구성원이 시스템 기능의 전문 영역을 담당하고 있어서 누구 한 명도 프로세스 개선활동에 전념할 수 있는 여유가 없었기 때문이다.

개선 정책을 결정하기 위해 우선 QA에 의한 프로세스 검토 결과와 각 구성원의 인터뷰를 바탕으로 개선해야 할 항목을 찾아냈다. 그 후 서비스 관리의 구성원으로부터 개선점에 대한 의견이 나오면 그것에 대한 이유나 원인을 분석하여 해결하기 위한 개선 정책을 정의했다.

또한, 개선 정책에 대해 우선순위를 매길 때에 통상적으로 고객의 서비스에 영향을 주는 부가가치의 크기에 입각하여 우선순위를 결정하는 것이 많지만, 이 프로젝트에서는 프로젝트 구성원 자신이 프로세스 개선의 효과를 실감할 수 있는지의 여부를 우선적으로 생각했다.

각 개선 정책의 전개 프로세스에 대해서는 일부 구성원에 대한 파일럿 전개는 실시하지 않고, 일제히 전환하는 단순한 방법을 선택했다. 파일럿이라는 사전검증을 밟으면 프로세스의 전환을 원활하게 실시할 수 있지만, 프로젝트가 소규모인 경우에는 문제를 수렴할 수 없는 위험을 포함시키기 때문이다. 이 때문에 이 프로젝트에서는 문제점의 수렴과 프로세스의 재검토의 주기를 빠르게 하는 것에 주력하는 것이 효과적이라고 판단하여 파일럿 전개는 실시하지 않았다.

프로세스 개선 항목과 정책

이 프로젝트에서의 주요 프로세스 개선 항목은 다음 두 가지이다.

- 개선 항목 1 : 실제 장애 발생수의 감소
- 개선 항목 2 : 작업 견적의 정밀도 향상

애플리케이션의 유지보수 · 운용을 주로 담당하는 이 프로젝트에서는 매일 발생하는 사소한 유지보수 작업에 따른 실제 장애가 빈번하게 발생했었다. 이 때문에 실전 장애의 발생을 방지하기 위한 작업 프로세스의 재검토나 개선책에 대한 검토가 가장 중요한 과제로 되었다.

또한, 소규모 프로젝트에서는 담당자가 적다는 이유로 기존 시스템의 보완작업 공수를 견적할 때 견적 정밀도가 낮고, 넘치는 작업에 대한 추적 및 관리가 되지 않아서, 구성원의 작업 부하(work load)로 직접 되돌아온다. 지금까지도 과소 견적이 원인이 되어 예산이나 자원 계획에 따른 변경이 발생하게 되므로 견적 프로세스나 방법의 재검토가 필요한 상황이었다.

이들 상황을 고려하여 아래에 각각의 프로세스 개선 항목에 관한 분석과 대책 및 효과에 대해 설명한다.

개선 항목 1 : 실제 장애 발생수의 감소

프로세스 개선활동 실시 전의 실제 장애발생 건수는 평균 4건/월이었다. 원인은 크게 나누어 애플리케이션 장애(60%), 운용절차 실수(30%), 기타(10%)로 되어 있으며, 애플리케이션에 기인한 문제가 절반을 넘었다. 애플리케이션 장애에 대해 원인분석을 진행하면서 대다수의 경우가 몇 개의 사양변경을 동시에 실시하는 과정에서 동일한 자원에 대해 무결성이 지켜지지 않는 대응이 실시되었고, 테스트 단계에서도 전부 테스트 하는 것이 불가능하여 그대로 릴리스(release)하는 것으로 판명되었다.

애플리케이션 아웃소싱의 특징은 각각의 사양변경 과제의 규모는 작지만, 여러 과제를 동시에 실시하는 점에 있다. 이 프로젝트에서도 보통 5건에서 6건의 보완을 실시했지만, 이들 정합성을 갖고 안전하게 릴리스되는 구조가 정비되지 않았다.

개선활동과 효과

브랜치(branch) 관리를 위한 형상관리 도구의 도입

몇 개의 보완과제를 병행하여 대응하는 경우, 효율적으로 작업을 진행하기 위해 동일한 자원을 동시에 수정할 필요가 있다. 이 경우에 「어떤 상태의 자원을 수정하여 최종적으로 통합해 가는가?」라는 프로세스 설계가 필요하다.

또한, 실제로 정의된 프로세스에 따라 관리되고 있는지를 체크하기 위해서는 단순한 저장소(repository)나 버전관리 도구로는 불충분하기 때문에 병행 개발 시의 자원관리를 용이하게 실시할 수 있는 형상관리 도구를 도입했다.

그림 03-24 브랜치 관리계획

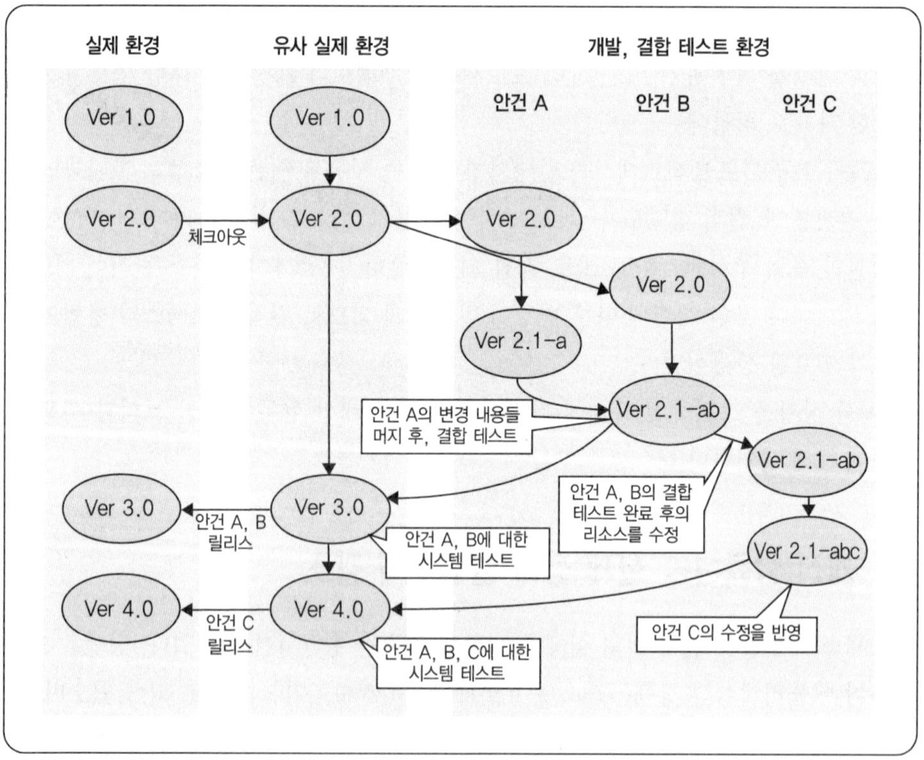

릴리스 규칙의 재검토

「실전 환경에 대한 애플리케이션 릴리스는 주1회 실시한다」라는 기본 규칙은 있지만, 사용자의 요청에 따라 긴급 릴리스가 매일 실시되었다. 그래서 업무에 나쁜 영향을 일으키는 장애에 대해서만 긴급 릴리스의 대상으로 하는 운용 규칙을 고객과 합의하여 불필요한 긴급 릴리스를 감소시켰다. 또한, 이 재검토에 의해 줄어든 공수를 회귀 테스트(regression test)의 밀도를 높이는 것에 할당했다.

회귀 테스트의 실시

긴급 릴리스가 일상화되어 있을 때는 과제별로 테스트를 실시했다. 이 때문에 테스트 시의 자원의 상태와 실제 가동 시의 자원의 상태에 차이가 있었다. 그 차이에 대한 영향 분석은 실시했지만 결과적으로 누락된 것도 있어서, 이것이 원인이 되어 실제 장애가 일어나는 것이다. 이 문제에 대해 정합성을 갖도록 여러 검증을 실시하기 위해 릴리스 단위에서 회귀 테스트를 수행하는 것을 표준 프로세스에 편성시켰다.

과거의 테스트 사양서를 집약하여 재사용할 수 있도록 통합 · 분할하여 약 200개의 테스트 사양서를 제1판으로서 작성했다. 이 200개의 테스트 사양서를 릴리스 단위별로 재사용함으로써 종래의 테스트 사양서에서는 검증할 수 없었던 문제도 검증의 그물에 걸리게 되었다. 또한, 현재는 테스트 실행의 반자동화를 위해 도구 및 절차를 정비하여 테스트 실시의 생산성을 높이는 연구를 하고 있다.

그림 03-25 릴리스 프로세스의 개선

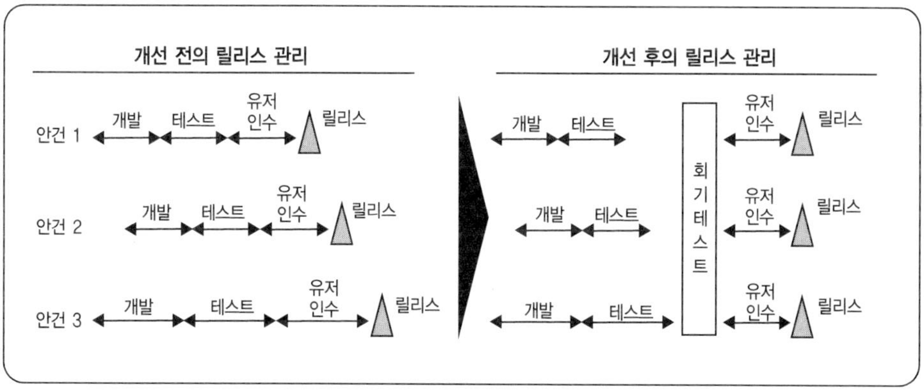

애플리케이션의 원인에 의한 장애 발생건수는 이 정책을 시작하기 이전의 6개월간과 정책 실시 후의 6개월간을 비교하면 약 절반까지 줄일 수 있었다.

관련된 프로세스 영역 .... CM, PI, VER

개선 항목 2 : 작업 견적의 정밀도 향상

이 프로젝트에서의 작업의 타입은 다음과 같이 분류된다.

표 03-13 작업 타입

작업 타입	작업 내용
일반작업	• 매일의 보수
	• 장애대응
	• 문의
	• 작업 요청 대응
개발작업	• 기존기능의 보완
	• 신규기능의 개발

이 프로젝트에서는 매년, 내년도의 일반작업과 실시하는 개발작업의 견적을 작성하여 고객의 합의를 얻는다는 규칙을 규정해 두었다. 초년도의 작업 견적 공수는, 정상 작업일 경우 전년도의 작업 실적 공수에 운용업무의 숙달된 정도를 가산하여 산정하고, 개발작업일 경우 개발과제를 주관하는 팀 리더가 중심이 되어 실시한 영향을 바탕으로 산출했다.

그러나 당초의 작업 견적의 정밀도가 낮아서 자원 계획의 변경이나 잔업의 증가 등의 문제로 나타났다.

개선활동과 효과

견적 유형의 세분화와 각 유형에서의 표준 견적방법의 정의

문의나 작업 요청에 대응하는 서비스 업무에 대한 작업 견적 공수는 프로젝트 구성원의 숙달 정도 등의 정량화하기 어려운 요인에 크게 의존하기 때문에 조직적인 표준견적 도구를 이용해도 정밀도가 높은 정보를 얻는 것은 어렵다.

이 프로젝트에서는 작업의 타입을 「정상 작업」, 「기존 기능의 보완」, 「신규 개발」의 3종류로 나누어 각각에 대해 표준적인 견적방법을 정의했다. 정상 작업에 대해서는 작업 내용을 분석하여 보다 상세한 분류를 정의하는 것을 검토했지만, 운용 초년도의 작업은 시스템 가동 직후에 발생한 문제나 변칙적인 대응도 포함되어 있기 때문에 안정된 데이터라고는 생각할 수 없었다. 따라서 분류의 상세화는 다음 연도 이후의 검토 과제로 보류하는 것으로 했다.

이하에 각각의 유형에 대한 사고방식을 설명한다.

표 03-14 유형에 따른 견적 방법

유형	사고방식
정상 작업	정상 작업에 대한 작업 견적의 기본적인 사고방식은 과거의 실적 공수에 숙달 정도 및 사용자 수를 가산하여 산출하는 간단한 방식이다. 이 프로젝트의 경우에는 시스템 이용 사용자 수가 연간 20% 증가했기 때문에 견적 요인으로 고려했다.
기존 기능의 보완	기존 기능의 보완은 비교적 변경내용도 구체화되어있기 때문에 최소 태스크에서의 실적에 의한 방법을 표준으로 했다. 설계부터 단위 테스트까지의 작업에 대해서는 작업 단위에서 영향분석을 실시하여 작업을 파악함과 동시에 수정하는 코드 행수나 화면의 오브젝트(object) 수별로 드는 기준 공수를 과거 실적에서 설정했다. 그리고 작업을 실시하는 담당자의 능력 레벨이나 위험 등의 요인에 의해 컨틴전시(contingency)를 쌓는 비율의 규칙을 설정했다. 이들 정보가 포함된 공통의 견적 템플릿을 만들어 프로젝트 구성원이 동일한 생각에서 견적을 실시할 수 있도록 했다.
신규 개발	신규 개발에 대해서는 조직 표준의 견적 도구를 이용하는 것으로 했다. 기본적인 작업의 흐름은 개발 프로젝트와 동일하며, 애플리케이션 기반구축 등의 생략할 수 있는 업무를 감소시킨다는 사고방식에 준하여 실시했다.

표 03-15 작업 견적 프로세스

작업 타입	작업 견적 사고방식	기반이 되는 데이터
일반 작업	전년도의 프로젝트의 작업 실적 × 생산성 향상계수 × 사용자 수	프로젝트 작업 실적(전년도)
기존 기능의 보완	최소의 태스크 레벨에서의 실적	프로젝트의 작업 실적(운용 단계 이후)
신규 개발	조직의 표준견적 도구의 이용	조직의 작업 실적(조직 표준견적 파라미터)

견적 프로세스의 표준화를 실시한 것은 올해가 첫해라는 점에서, 아직 정밀도가 향상되는지의 검증은 이루어지지 않았다. 내년에 이번 견적 결과와 실적의 예비 검증을 실시하여, 통계적인 분석기법의 도입을 검토하는 등의 지속적인 개선을 실시해나갈 예정이다.

관련된 프로세스 영역 ······························ PP, PMC

개선활동의 과정

프로세스 개선을 크게 3개의 단계로 나누어서 대응 기간을 결정하였으며, 앞에서 서술한 개선 항목을 중점적으로 실시했다. 단계 1에서는 형상관리의 정비로서 브랜치 관리를 위한 형상관리 도구의 도입 및 릴리스 규칙의 재검토를 실시했다. 단계 2에서는 회귀 테스트의 도입을 중심으로 한 엔지니어링 영역의 표준화를 실시하였고 단계 3에서는 작업 견적의 표준 프로세스에 대한 정비를 실시했다.

단계 1

단계 1의 형상관리의 정비를 시작할 때, 우선 1개월에 걸쳐 현재의 설계서가 최신인지에 대한 체크와 형상관리 도구의 선정작업을 실시했다. 설계서 확인에서 중점이 된 것은 타 벤더가 개발한 경영정보 관리영역이었다. 왜냐하면 타 벤더가 개발한 영역에 대해서 설계서의 존재는 확인할 수 있지만, 내용물의 정확성까지 검증하지 못한 채 인계를 완료했기 때문이었다. 이 영역은 설계서와 소스코드를 대조하는 것밖에는 올바른 문서인지의 여부를 판단할 수단이 없어서 그 분석 및 수정에는 그 후 3개월이 필요했다. 그리고 그 기간 동안 병행하여 형상관리 도구의 도입작업이나 운영절차의 훈련을 추진했다.

단계 2

단계 2에서는 회귀 테스트의 도입이 주요 과제였다. 회귀 테스트의 테스트 사양서를 정비하는 데 3개월이 필요하고, 더욱이 테스트의 재실행이나 예상 결과와의 비교가 반자동화될 수 있도록 간이 도구의 정비에 1개월이 걸려 총 4개월의 작업이 되었다. 또한, 동시기에 요구사항 정의의 작업절차나 유의점을 정리한 요구사항 정의 지침의 전개와 요구사항 정의단계에서 동료검토의 제도화도 실시했다.

이 개선에 의해 사용자 인수 단계에서의 지적 사항도 약 20% 감소했다. 또한, 부가적인 효과로 사용자의 비즈니스 요구사항이 애매한 사양변경 의뢰도 감소하여 결과적으로 사양 변경 수가 감소했다.

단계 3

단계 3에서는 2개월에 작업 견적의 표준 프로세스 정비를 걸쳐 실시했다. 당초보다 복잡한 견적 모델의 작성을 범위로 하지 않았기 때문에 모델은 단기간에 정의되었지만, 실제로 프로젝트 구성원에게 전개할 때는 경험 수치와의 차이 조정에 시간이 필요했다. 특히 신규개발에 대해서는 조직의 표준 견적 도구를 이용하는 것으로 했지만, 이미 작업자의 보유 능력이 높아서 작업 생산성을 표준 파라미터보다도 30% 정도 높게 고려하는 등의 조정이 필요하였다.

각 단계를 정리하면 이 프로젝트에서 현시점에서의 프로세스 개선활동은 아래와 같다.

표 03-16 프로세스 개선활동들의 내역

프로세스 개선활동 기간	10개월(당초 예정은 8개월)
투입 공수(프로젝트 내부)	12M/M
투입 공수(프로젝트 외부)	3M/M

그림 03-26 프로세스 개선활동 로드맵

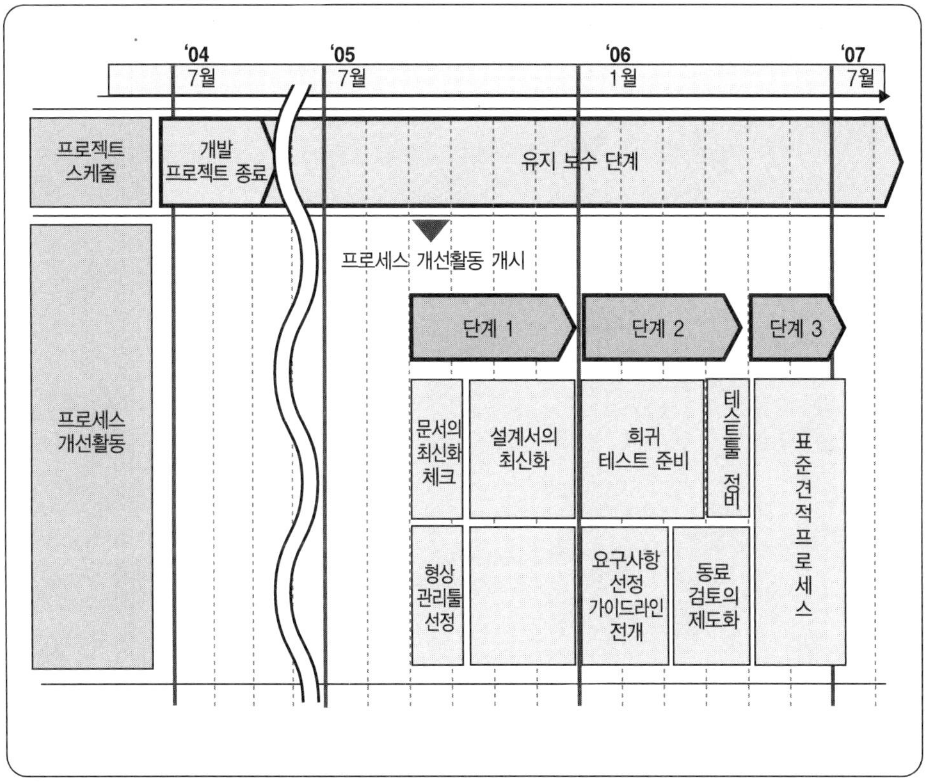

이 사례에서의 효과

프로젝트 구성원 의식의 양성

프로세스 개선활동의 체제를 기존 일반 업무의 체제와 분리하지 않고 구축함으로써 프로젝트 구성원의 프로세스 개선활동에 대한 참여의식을 높일 수 있었다.

한편으로 기존 업무에 쫓겨 프로세스 개선에 대한 검토가 뒷전이 되는 경향이 있던 것도 사실이다. 유지보수 업무에서는 계획을 세울 수 없는 작업도 많이 발생하여 프로젝트 구성원의 의식 개선 효과와 이러한 부작용 효과를 고려하여 필요에 따라 프로세스 개선활동의 체제를 재편성하는 유연성이 필요하다고 생각된다.

견고하고 지속적인 개선활동이 중요

이번 프로젝트에서 처음으로 시작한 것은「기존 문서의 최신화」작업이었다. 고객 입장에서는 문의나 작업 요청에 대한 대응이 빨라지는 것이 아니어서 직접적인 효과를 얻을 수 없는 간접 활동이었다.

그러나 애플리케이션의 유지보수, 운용을 하는 구성원으로서의 필요성을 이해하고 소규모 프로젝트의 특징을 고려하여, 계획보다도 성과를 중시한 추진에 성공요인이 있다고 생각된다.

3-4 벤더 개발 중심의 프로젝트

프로젝트 소개

프로젝트 개요

D사는 창립 100년의 역사를 가진 일본 기업으로서 지금까지 업계 정상의 자리를 지켜왔지만, 라이벌 회사의 통합 등 업계 재편의 영향을 받아 연말 결산에서는 창업 이래 처음으로 매출 및 순이익 모두 타사에 뒤쳐졌다. 이것을 계기로 경영진은 회사 전체의 영업개혁 뿐만 아니라 업무 효율화 및 비용 삭감을 검토하지 않으면 안 되는 국면을 맞이했다.

D사 경영진은 근본적으로 기업의 구조를 재검토할 것을 결정하여 사내 기획부문의 구성원이 업무전체의 현상조사를 실시했지만, 보다 객관적인 심사를 추구하기 위해 컨설팅 회사에 현상 분석과 심사 및 개선안의 제시를 의뢰했다. 현상업무 프로세스와 시스템 심사의 결과를 받고, D사는 창업 당시부터 남아있는 업무 프로세스의 재검토와 효율화를 위해 업무 프로세스와 시스템의 쇄신을 실현하는 것으로 했다.

이번 프로젝트에서는 새로운 시스템 구축 프로젝트의 계획서에 정의된 솔루션의 타당성 확인과 위험감소를 목적으로 우선 기존 운용 시스템의 하나인 애플리케이션 시스템을 다운사이징(downsizing : 축소) 하기 위한 파일럿 개발에 착수했다. 파일럿 개발은 이 회사의 IT서비스 자회사가 중심이 되어 실시하는 것이 통례로 되어 있어서 D사는 자회사에 의한 시스템 개발을 희망했다.

이 때문에 파일럿 초기에는 D사 정보 시스템 부문이 프로젝트 관리나 총괄을 실시하고 IT서비스 자회사가 파일럿 개발을 하는 체제로 프로젝트가 시작되었다.

프로젝트 체계

이 프로젝트에서는 계획 수립 후, D사의 정보 시스템 부문의 주도로 벤더가 파일럿 개발을 하는 체제로서 출발했다. 그 후 실전 프로젝트에서는 전체를 총괄하는 PMO를 설치하여 그림 03-27과 같이 프로젝트 체계를 변경했다.

그림 3-27 조직도

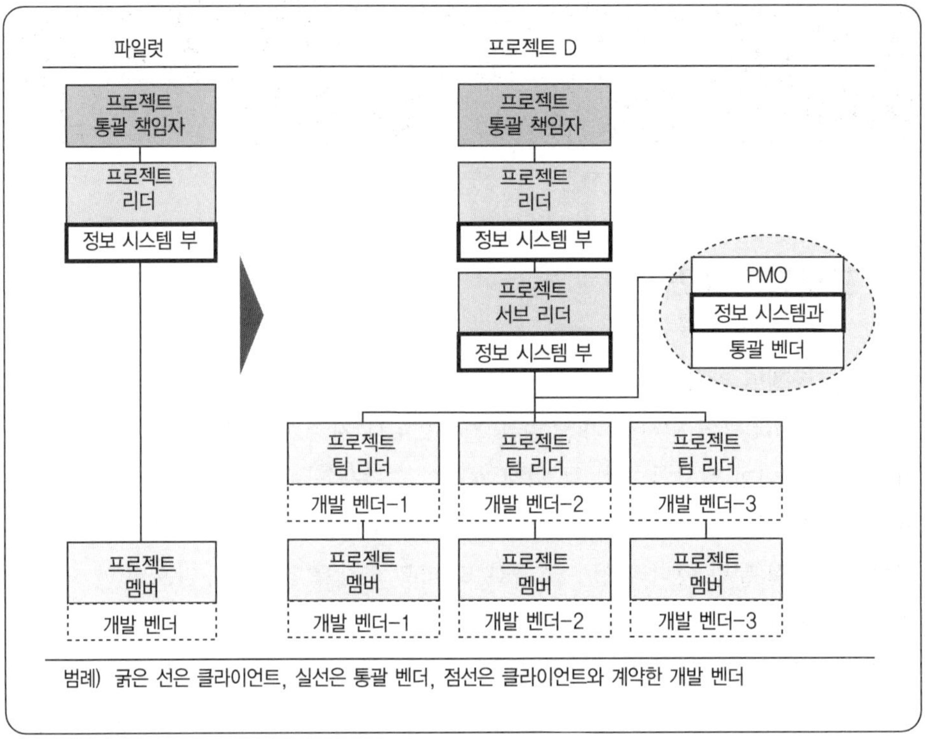

프로젝트의 상황

실제 파일럿 개발을 시작해도 정보 시스템 부문의 담당자는 겸무로 담당하던 기존 운용 시스템의 장애 대응에 쫓겨 실질적으로 파일럿 개발의 관리에 시간을 할애할 수 없었다. 정보 시스템 부문의 담당자는 IT서비스 자회사에서 정기적으로 진척보고를 받았으며 파일럿 기간 중에는 IT서비스 자회사에 특별한 과제도 없어서 담당자는 그들의 진척보고를 큰 검토없이 그대로 받아들였다. 그러나 파일럿 개발을 시작한 지 3개월 후에 문제가 나타났다.

이 때 중간검토와 보고회를 정보시스템 부문과 IT서비스 자회사의 팀에서 실시하였지만, 지금까지의 보고 내용과는 거리가 먼 상황이 도출되었다. IT서비스 자회사에 현재의 진척상황을 알 수 있는 구체적인 자료의 제시를 요구한 결과 실제로는 예정된 작업의 30% 정도밖에 완료하지 못한 사실이 드러났다.

그리고 파일럿 실시를 위한 인력을 확보하지 못한것 뿐만 아니라 IT서비스 자회사의 자력만으로는 이 이상의 작업수행은 곤란하다는 것이 판명되었다.

경영진과 정보시스템부는 IT서비스 자회사에게 책임을 물었지만, 관련 자회사라는 이유로 정식 계약을 체결하지 않았으므로 산출물에 대한 책임을 언급할 수 없었다. D사는 어쩔 수 없이 IT서비스 자회사 중심의 개발 체제를 재검토하여 그림 03-27에 나타낸 체제로 파일럿 개발의 사태를 수습하고, 이 이후의 프로젝트 실시에 대한 상세한 계획을 재 정의하여 1개월이 늦어졌지만 파일럿 개발을 완료시켰다.

D사는 파일럿의 교훈을 바탕으로 실전 프로젝트에서는 총괄 벤더에 의한 PMO를 설치하여 복수 벤더를 활용하는 형태로 출발했다. 이 시점에서 시스템 도입 기일까지는 1년이 남았다..

프로세스 개선활동 실시 전의 프로세스 성숙도

파일럿 개발이 완료되어 당초의 파일럿의 목적인 솔루션의 타당성을 확인할 수 있었다. 그리고 경영진은 파일럿의 실시를 통해 프로젝트 추진 및 관리의 중요성에 대한 교훈에서 프로세스 개선의 필요성을 충분히 이해했다.

프로세스 개선활동은 파일럿의 교훈을 바탕으로 프로젝트가 시작하는 시점에서 초기화 되었다. 개선이 필요한 곳은 많고, 프로젝트 관리는 전반적으로 사람 위주이며, 도구 같은 도구도 존재하지 않았다. 마찬가지로 개발 작업에 있어서도 팀 리더별 독자적인 방법으로 각각 작업을 실시했다. 물론 프로젝트 전체를 통해 개발을 지원하는 도구도 전혀 정비되지 않았다. IT서비스 자회사를 포함하여, 벤더(vendor)를 활용한 시스템 구축을 실시하는 일이 많은 D사에서는 특히 벤더관리 관점에서의 프로젝트 관리 구조가 필수라는 것을 깨달았다.

표 03-17 프로세스 개선활동 실시 전의 상황

분류	내용
프로젝트 관리영역	계획수립, 감시, 통제 전체에 관해 프로젝트 리더 개인의 역량에 맡겨져 있고, 조직 수준의 정비는 되어있지 않다.
엔지니어링 영역	프로젝트 관리영역과 마찬가지로 팀 리더 개인의 역량에 맡겨져 있고, 표준 프로세스는 정비되지 않았다.
지원영역	형상관리, 품질보증, 측정 및 분석, 의사결정 분석 및 해결 등은 전혀 실시되지 않았다.

프로세스 개선활동

추진 체계

그림 03-28에 나타낸 체계도는 파일럿 완료 후의 프로젝트의 체계도다. 실제 작업을 담당하는 3개의 다른 벤더(20명, 40명, 40명), PMO(10명), 그리고 D사 정보시스템부(30명)의 인원을 합쳐 총 140명이라는 대규모 프로젝트였다. 프로젝트 관리는 D사 정보 시스템 부 및 PMO가 담당하여 벤더의 진척관리, 위험 및 과제관리 등을 실시하여

그림 03-28 품질개선 체계

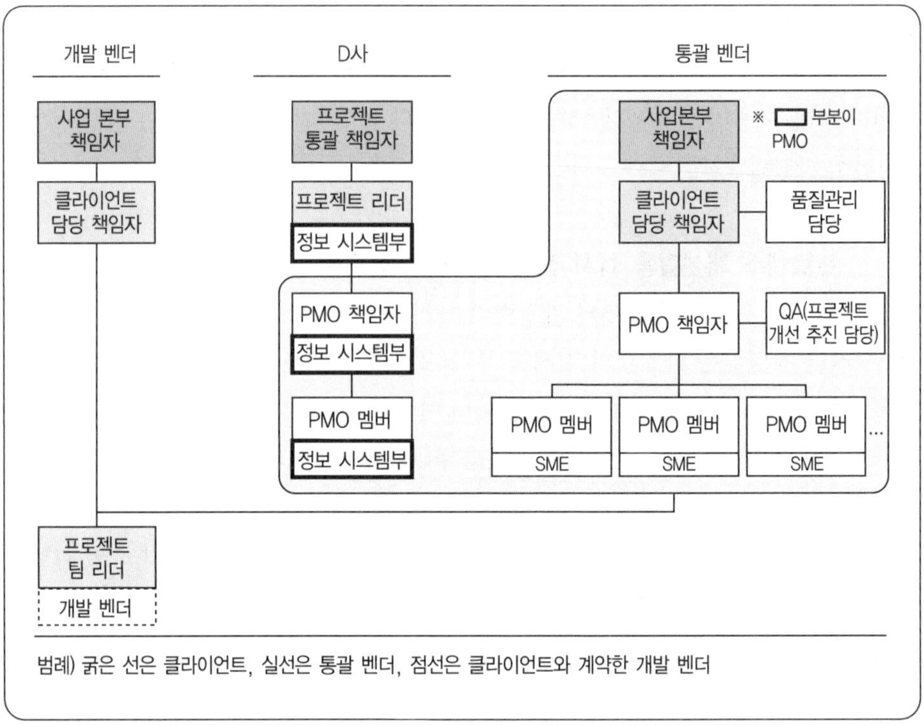

프로젝트 리더, 프로젝트 총괄 책임자인 경영자에게 보고하는 것으로 되었다.

추진 접근방식

이 프로젝트에서는 이미 파일럿 프로젝트의 교훈에서 드러난 개선 항목에 대해 프로젝트 안에서만 판단하는 것이 아니라 전사 프로세스 개선활동의 추진담당인 QA, 프로젝트 전체의 품질관리 책임을 담당하는 QA 디렉터의 심사도 함께 프로젝트에서 실시하였다.

또한, 월간 단위로 QA에 의한 우수사례 검토와 QA 디렉터에 의한 QA 검토를 실시하여 프로젝트의 상황을 객관적으로 심사하면서 진행되었다.

프로세스 개선 항목과 정책

이 프로젝트에서의 주요 프로세스 개선 항목은 다음의 두 가지이다. 이 프로젝트는 설계 · 구축 · 테스트 공정 · 전개 정착화 공정에서의 많은 실제작업을 벤더 중심으로 실시하고, D사 정보시스템부와 총괄 벤더가 역할을 맡아 추진하는 프로젝트이기 때문에 「어떻게 벤더와의 관계를 양호하게 유지하여 프로젝트를 정해진 일정에 따라 진척

표 03-18 프로세스 개선활동 추진 접근방식

분류	실시 담당자	실시 시기	개요	목적
QA(품질 보증) 검토	QA 디렉터	월별	프로젝트 외부에서 경험이 풍부한 인력의 경험(executive)에 의해 실시되는 정식 검토	• 고객의 기대치를 바탕으로 진행하고 있는가? • 고객에게 비즈니스 가치를 제공하는가? • 계획에 입각한 일정 및 예산으로 딜리버리 할 수 있는가?
우수사례 검토	QA	월별	검토 대상에 직접적 책임을 갖지 않는 프로젝트 밖의 QA에 의해 실시되는 검토	• 프로젝트 관리 프로세스 • 개발 • 운용 • 유지보수 프로세스 • 작업 산출물 • 업무 • 서비스

할 수 있는가?」라는 관점의 프로세스 개선 항목이 주체가 된다.

- 개선 항목 1 : 적절한 벤더 선정과 계약의 체결
- 개선 항목 2 : 벤더 관리의 구조 확립과 운용

이하에 이들 프로세스 개선 항목에 관한 분석과 대응책 및 효과에 대해 설명한다.

개선 항목 1 : 적절한 벤더 선정과 계약의 체결

이 프로젝트에서는 구축 대상이 되는 애플리케이션에서의 경험이나 능력을 보유하는 벤더를 선정하여 거의 모든 공정을 벤더에게 맡겼다. 이 때문에 벤더의 지식이나 능력 레벨이 시스템의 품질로 직결하는 것은 명확하였다. 많은 실제작업을 벤더에게 의뢰하는 프로젝트에서 충분한 지식과 능력을 가진 벤더를 선정하는 것은 프로젝트를 성공으로 이끄는 가장 큰 요인의 하나가 된다.

여기서는 구체적으로 어떤 방법에서 벤더를 선정했는지를 설명한다. 또한, 선정한 벤더에게 의도대로의 작업을 확실하게 실시하기 위하여 범위나 작업 분담에 대해 어떤 관점으로 계약에 포함시켰는지에 대해서도 설명한다.

프로세스 개선활동 실시 전에 실시한 파일럿 개발에서는 D사의 경영진은 D사의 IT서비스 자회사에게 작업을 의뢰하는 것을 결정했다. 그러나 벤더가 보유하는 지식이나 능력을 충분히 확인하지 않고 D사와 IT서비스 자회사와의 관계를 우선하여 벤더를 결정했기 때문에 프로젝트는 실패했고, 그 결과 이 벤더는 프로젝트의 중간 부분에서 어쩔 수 없이 교체되었다. 다행히 그 후에 경영진의 신속한 판단에 의해 벤더는 교체되어 1개월 늦게 파일럿 개발을 완료시킬 수 있었지만, 그 손실 비용은 D사에게 있어서 매우 커다란 것이 되어버렸다.

또한, 프로젝트의 실패는 벤더를 선정할 때에 벤더를 충분히 심사하지 않았기 때문에, 벤더의 지식이나 능력과 프로젝트가 필요로 하는 것과의 사이에 큰 차이가 있던 것이 주된 원인이었지만, 계획 목표나 의뢰한 작업의 내용에 대해 벤더와 충분히 합의하지 못했던 것도 이 사례에서는 큰 문제가 되었다.

개선활동과 효과

일정한 기준에 입각한 벤더 선정의 실시

파일럿 개발의 교훈에서 경영진은 벤더 선정을 신중하게 실시할 것을 결심하고, 우선은 정보를 수집했다. 충분한 기간을 잡고 프로젝트의 수행에 필요한 지식이나 능력의 개요를 바탕으로 과거의 벤더 실적을 축적한 벤더 관리 DB나 각종 정보지, 인터넷 등 모든 채널을 사용하여 정보를 수집했다.

또한, 정보수집과 병행하여 프로젝트에서 벤더가 담당하는 작업범위를 명확하게 했다. 정의된 내용에 대해서는 그 벤더가 프로젝트를 담당했을 때 충분한 지식이나 능력을 정말로 갖추고 있는지를 정확하게 판단하기 위한 심사기준을 준비했다. 각각의 기준에 대해 가산점을 부여하여 심사할 수 있도록 「벤더 선정 체크리스트」를 작성하고 후보로 선정된 복수의 벤더를 정량적으로 비교 · 심사하여 선정했다.

표 03-19 벤더 선정 체크리스트

No.	비교 항목	Weight	평점 (만점)	A사			B사			C사		
				심사	평점	코멘트	심사	평점	코멘트	심사	평점	코멘트
1	산출물의 품질											
2	기술적 전문성											
3	작업의 계획성											
4	지원											
5	비용											
6	실적											
7	기업 신용도											
8	신뢰성											

범위 및 위험을 고려한 계약의 체결

이 프로젝트는 대규모 개발 프로젝트이며 프로젝트 기간이 매우 짧고, 더욱이 거의 모든 공정을 벤더에게 위임하였기 때문에 위험도 매우 컸다. 이 때문에 벤더 선정과 병행하여 위험한 것에 대해 파악하였다.

구체적으로는 프로젝트의 초기 시점뿐만이 아니라 프로젝트 완료까지를 전망하여 크거나 작거나 상관없이 프로젝트에 영향을 준다고 생각되는 모든 가능성을 위험에 포함시켰다. 모든 위험을 찾아, 관리를 용이하게 할 수 있도록 위험 카테고리를 표 03-20에 나타낸 것과 같이 설정했다.

벤더와의 계약에서는 QA 디렉터를 포함한 검토를 실시하여 이미 정의한 범위를 바탕으로 프로젝트의 위험을 가능한 한 감소시키도록 하는 작업내용까지 계약서에 포함시켰다.

그리고 계약서에는 진척관리의 방법, 위험 · 과제 관리의 방법, 검토 등의 작업관리의 방법, 상세한 일정, 벤더로부터 납품물을 산출물 단위로 1set로 정의한 것과 그 납품 시기, 그리고 위험이 현저화될 경우의 책임분담까지 상세하게 포함시켰다.

그리고 프로젝트 시작 전에 서로의 회사 법무검토가 완료한 것을 최종적인 계약서로 하고 문서로 교환했다.

표 03-20 위험 카테고리

위험 카테고리	개요
비용	비용에 대한 위험은 프로젝트의 재무(financial) 상에서 이익계획에 관한 미달성 사항의 원인이 될 수 있다. 이들 위험에는 설계, 애플리케이션 프로그램 또는 운용상의 과제를 수정/해결하는 추가 비용을 포함한다.
일정	일정에 대한 위험은 특별한 타임 프레임 내에서 시스템 유지보수 운용 서비스에 관한 미달성 사항에 집중하고 있다. 이들 위험은 범위 변경이나 자원 부족 및 비용위험 해결을 위한 추가 일정에서 발생하는 위험이다.
기술	기술에 대한 위험은 시스템 개발 · 유지보수에서 상정된 애플리케이션 사양 및 기대되는 효과를 얻을 수 없는 위험을 나타낸다. 이들 위험은 신규/표준 외 플랫폼 기술, 기존 시스템과의 통합 문제, 시스템 성과, 기술 환경 · 기능의 복잡성 및 시스템 보수 운영의 실현 가능성을 포함하고 있다.
운용	운용에 대한 위험은 시스템 운용 서비스에서 발생하는 조직변경 및 업무운용의 개혁 · 개선 · 변경에 집중하고 있다. 이들 위험은 필요로 하는 조직 및 운용 프로세스의 변경, 구성원이나 물리적 자원의 계획, 새로운 체제로의 원활한 이행을 촉진하기 위해 필요한 의사소통을 포함하여 시스템의 이행 및 이에 따른 장기 공수를 고려하고 있다.
외부	외부에 대한 위험은 대부분이 프로젝트의 관리의 관리 밖인 환경적 요인을 가리킨다. 이 위험은 프로젝트의 계속적 서비스에 직접적/간접적으로 영향을 미치는 고객 요인, 공급업체(supplier) 요인, 보안(security) 요인, 외부의 법적 제한 및 요구, 프로젝트 전략적 방향성 및 관리자 자신의 선택에 따른 모순에서 발생한다.

관련된 프로세스 영역 .... SAM, DAR, RSKM

개선 항목 2 : 벤더 관리의 구조 확립과 운용

벤더를 효율적이고 효과적으로 관리할 수 있는지의 여부는 프로젝트 초기에 어떻게 그 관리방법을 명확하게 정의하여 벤더와 인식을 맞춰 프로젝트 수행기간 중 그대로 운용하는 것이 가능한지에 달려 있다.

또한, 프로젝트 운용 시에는 어떻게 벤더로부터 진실한 정보를 수집하고, 이들 정보를 바탕으로 조금이라도 빠른 판단을 하는 것이 가능한지가 중요하게 된다. 또한, 벤더가 많아질수록 기본적으로 그 관리 공수는 크게 되므로 복잡한 관리방법을 실시하고 있으면, PMO로서 충분하게 기능을 수행할 수 없게 되는 것이 예상된다.

여기서는 복수의 벤더를 효율적이고 효과적으로 관리하기 위해 최소한으로 필요한 간단한 도구(의사소통 관리, 진척 관리, 위험 · 과제 관리, 검토 등)의 확립에 대해 설명한다.

파일럿에서는 벤더와 주 단위로 진척확인 회의를 실시했지만, 그 곳에서의 보고는 항상 「문제점 없음 · 진척대로」라는 것으로서 실제로는 현실과 괴리가 있었다. 벤더의 진척상황을 파악하기 위해 제공된 정보는 협의용으로 만들어진 1장의 「진척 보고서」라는 이름의 계획표(agenda)뿐이었다. 그리고 그 내용은 나머지 작업이나 실적을 공수로 나타낸 것이 아니라, 진척률을 「대개 ○○%」라는 식으로 되어 있고, 또한, 전체 공수도 불명확한 상태인 채로, 담당자가 감각적으로 회답하는 것과 같은 보고 형태로 되어 있었다.

D사 정보시스템부의 담당자는 자신이 겸무로 별도 시스템을 담당하고 있어서 벤더에게 위임한 채 그들의 보고를 그대로 받아들였다. 「결국 기일에 맞추지 못한다」고 하는 것보다도 대체적으로 벤더의 실력만으로는 「시스템 가동에 도달할 수가 없다」라는 것이 판명된 것은 4개월의 파일럿 개발 기간 중 나머지 1개월이 남았을 무렵이었다.

이 사례의 원인으로서 생각할 수 있는 것은 벤더관리 등 프로젝트의 관리방침이 충분히 명확하게 되지 않아 벤더의 진척상황을 정확하고 적시에 파악할 수 없었던 것에 있다. 우선은 보고의 정확성이라는 점에 관해서는 작업 계획에도 문제가 있다고 볼 수 있다. 대개 파일럿 개발 기간 중에 작업내용의 전망을 하지 못했다. 「무엇이 어디까지 되어 있으면 좋은가?」라는 것이 정의되지 않아 D사 정보시스템부의 담당자에 의한 인수 시기조차 명확하게 되어 있지 않았다.

이런 상황에서 엉성한 WBS만 작성되어 있어서 「어느 프로그램이 몇 개 완성되어 있으면 완료」라고 하는 관리는 전혀 되어있지 않았다. 그리고 과제나 위험이라는 의미에서도 과제 일람은 작성되어 있었지만, 확실하게 유지보수는 되지 않았고, 또한 정보시스템부나 관련 부서에 대해 조정해야 할 사항에서 제대로 보고를 하고 있지 않았다.

개선활동과 효과

프로젝트의 관리 방침 · 절차의 문서화

고품질의 서비스나 산출물을 생산하여 프로젝트를 계획 및 예산대로 수행하기 위해 프로젝트 착수 시에 프로젝트 전체 관리의 도구를 명확하게 정의하여 프로젝트 관계자 전원과 공유했다.

이 프로젝트에서는 소위 암묵의 이해로 일이 진행되지 않도록 모든 관리방침 및 절차를 명문화, 간소화하고 명료한 의사소통을 할 수 있는 프로젝트 문화를 목표로 프로젝트에서의 방침, 표준 및 절차를 수립했다. 여기서는 벤더 관리에 관련된 각종 표준 및 절차에 대해 설명한다.

의사소통 관리

벤더는 고객과는 다른 장소에서 작업을 하는 것이 많기 때문에 우선은 의사 소통의 문제가 발생하지 않도록 의사소통 절차나 의사소통 도구 등을 포함하여 의사 소통 계획서를 수립했다. 이 표준에 입각하여 벤더로부터 PMO로의 보고를 철저하게 했다.

표 03-21 의사소통 표준

1 의사소통 계획의 목적			
	1-1	목적과 개요	
	1-2	적용 범위	
	1-3	역할 분담	프로젝트 구성원
			스폰서
			타 이해관계자
2 의사소통 지침			
	2-1	의사소통 · 피드백 채널	대면 회의
			비디오 · 웹 · 전화 회의
			문서 배포
			포털/공유 포인트(웹 게시판, 스케줄링)
			메일
			전화
			팩스

	2-2	시기와 이벤트	
	2-3	의사소통 경로와 조직도	
	2-4	의사소통 관리 프로세스	정보 배포 프로세스
			회의체 운영 프로세스
			보고 프로세스
			승인 프로세스

또한, 현장의 의사소통이 중요한 것은 분명하지만, 덧붙여 관리층에 대해 보고하는 것도 매우 중요하다. 이 프로젝트에서는 D사 경영진은 물론 진척상황 등에 대해서는 EVM을 활용하여 QA 디렉터에게도 보고하는 것으로 했다. 또한, 과제나 위험 등의 프로젝트 추진에서 필요한 주제에 대해서도 정기적으로 보고하여 필요에 따라 구성원의 전문 지식을 활용하는 것으로 했다.

진척 관리

진척의 보고회의는 의사소통 표준에 준하여 그 개최 빈도와 보고내용을 정의하여 벤더의 보고를 의무화했다. 설계 및 개발 중에는 벤더의 관리 책임자에게 지시하여 「MS 프로젝트」를 사용하도록 의무화하여 산출물이나 작성자별로 그 진척상황을 관리하여 주간 정례 진척회의에서 보고하게 하였다.

또한, 프로젝트 전체의 진척상황에 대해서는 파일럿 실시 시와 같이 정성적인 내용이 아니라 EVM 관련의 각종 지표를 사용하여 가능한 정량적으로 파악할 수 있는 도구로 했다.

표 03-22 프로젝트 관리 표준

목적 : 일정관리		
Schedule Efficiency Index	계획된 일정과 같은가?	프로젝트/팀이 작업을 완료하는 효율성을 측정한다.
Earned Value Prediction Model	예정대로의 딜리버리가 가능한가?	현재의 프로젝트의 효율성을 바탕으로 딜리버리 날짜를 예측한다.
Requirements Volatility	범위가 효율적으로 관리되고 있는가?	요구사항/분석단계 완료 후의 요구사항 항목에 대한 변경 수와 영향을 측정한다.
Change Request Impact		
Deliverable Timeliness	산출물을 예정대로 완성하고 있는가?	산출물이 고객에게 정해진 일정에 맞게 제출되어 있는지를 측정한다.

Realized Risk Ratio	위험과 과제가 적절하게 관리되고 있는가?	발생한 위험의 수와 영향을 측정한다.
Risk Exposure Ratio		
SIR Open Time	요청을 예정대로 완료하고 있는가?	보수 팀이 수령한 요청을 담당자에게 예정대로 전개, 완료하고, 또한, 높은 우선도의 요청을 예정대로 완료하고 있는지를 측정한다.
Severity Resolution		
SIR Backlog Time		
SIR Turnaround Time		
목적 : 예산관리		
Cost Performance Index	예산대로인가?	프로젝트/팀이 태스크를 완료하는 효율성을 측정한다.
Spreadsheet	프로젝트에 수익이 있는가?	프로젝트의 수익성과 차지 어빌리티(charge ability)를 측정한다. 재무팀에 의해 추적 및 측정된다.
Project Scorecard		
기타 Financial Tracking Spreadsheet		
Average Work per Request	요청 완료에 어느 정도의 공수를 필요로 하는가?	요청 완료에 필요한 평균 공수를 측정한다.
목적 : 품질관리		
Peer Review Problem Detection	품질의 문제가 검토 프로세스에서 해소되고 있는가?	작업이 다음 단계에 도달하기 전에 문제가 해소되는가, 동료검토 프로세스의 효율성을 측정한다.
Effectiveness		
Prep Time per Work Product Unit Size		
Problems per Page		
Defect Phase Containment	작업이 다음 단계에 도달하기 전에 결함이 발견 및 해소되었는가?	전 문제 수에 대한 에러의 비율 및 시스템 내에 만들어진 결함 수를 측정한다.
Problem Injection Ratio		
Defect Detection	작업이 다음 단계에 도달하기 전에 결함이 발견 및 해소되었는가?	결함에서 재 오픈이 된 보수 요청의 비율을 측정한다.
Severity 1 Percentage	시스템이 의도한대로 동작하고 있는가?	중요도가 가장 높은(중요도 1) 요청의 비율을 측정한다.
Client Satisfaction Surveys	고객이 만족하는가?	QA 프로세스에서 고객만족도 조사를 실시한다.

표 03-23 위험 일람

위험의 식별	위험의 분석		위험의 정량화			
위험의 내용	분류	통제 레벨	발생 확률	영향도	위험 도	우선도
	Cost	Internal	0%	1 : Marginal	0.01×1=0.00	5
	Schedule	External	25%	2 : Moderate	0.25×2=0.50	4
	Technological	Both	50%	3 : Medium	0.50×3=1.50	3
	Operational		75%	4 : High	0.75×4=3.00	2
	External		100%	5 : Critical	1.00×5=5.00	1

위험 관리 · 과제 관리

프로젝트를 개시할 때 미리 식별한 위험을 위험관리 일람표에 정의하여 각각의 위험 발생 확률이나 영향 정도를 바탕으로 위험대응의 우선순위를 매겨, 이에 입각한 관리를 실시한다(표 03-23 참조).

위험을 되도록 발생시키지 않게 하기 위하여, 또한, 만일에 위험이 현실화한 경우에 프로젝트에 대한 영향을 최소한으로 억제하기 위해 각각의 위험에 대해 위험완화 계획 및 위험대응 계획을 수립했다.

또한, 과제 및 위험도 담당자, 승인자를 명확하게 구분하여 대응 예정일, 대응 예정 공수를 설정하고 게다가 상태 관리도 실시하여 완료까지 일람표에서 관리했다.

벤더 납품 인수 및 검토

인수할 때에 IT서비스 자회사인 벤더가 납품한 것을 검수하는 프로세스가 철저하지 않았다. 이 때문에 이번 개선활동에서는 이 당연한 프로세스를 정착시키는 것을 철저하게 시행했다.

벤더와는 계약체결 시에 납품물에 대해서는 산출물 단위로 합의했다. 납품에 관해서는 최종 산출물뿐만 아니라 각 단계를 완료하는 시기에서 인수하는 것으로 정의하여 전 단계의 인수완료를 다음 단계의 초기기준으로 삼았다. 납품물의 사전검사 항목 및 인수검사 항목에 대해서도 계약시점에서 합의하였고, 이들을 바탕으로 보다 상세한 검사항목을 집어넣었다. 인수할 때는 우선 벤더에게 사전에 넘겨준 검사항목을 바탕으로 벤더 내에서 체크를 실시하고, 인수할 때에는 다시 별도의 검사항목을 이용함으로써 더블 체크를 실시하였다. 그리하여 실수나 누락이 확실하게 해소될 수 있도록 노력했다(표 03-24 참조).

대응책의 결정		책임 분담의 명확화		위험의 트래킹		
대응도	대응 내용	위험 책임자	해결 예정일/	일부 마일스톤	상태	코멘트
회피						
이전						
관리						
수용						
조사						

관리 방침이나 표준 · 절차에 따른 벤더 관리의 실시

이 프로젝트에서는 명확한 관리방침이나 표준 · 절차에 따른 프로젝트의 운영을 철저히 했는데, 이 때 다음의 내용을 고려했다.

우선 방침 · 표준 · 절차의 계획에 대해 각 이해관계자(특히 벤더)를 포함시켜 정의했다. 정의를 할 때는 프로세스를 명확화하는 것뿐만 아니라 각각의 프로세스에서 실시자 · 책임자 · 승인자의 역할과 책임도 명확하게 하여 문서화했다.

그리고 프로젝트에 관계하는 각 이해관계자(특히 벤더)에게는 이들 표준 · 절차를 적용한 관리방법을 주지시켜 각각의 관리방법에 대한 사고방식이나 목적에 대한 충분한 이해를 얻고 나서 운용을 시작했다. 그리고 운용을 할 때에 발생하는 관리방침과 표준 · 절차에 따르지 않는 사항이나 관리방침, 표준 · 절차의 변경 요구 등은 반드시 문서로 남기고, 정의된 프로세스에 준하여 시정조치의 책정이나 변경 대응을 실시하여 계속적인 개선을 실시했다.

관련된 프로세스 영역 .... SAM, MA, RSKM

표 03-24 인수검사 항목의 예

상세 설계
클래스 및 컴포넌트의 상세한 사양서가 완성되어 있고, 항상 최신화 되어 있다.
상세한 데이터 컨버전(conversion) 설계가 완성되어 있고, 항상 최신화 되어 있다.
물리 데이터 모델의 사양서가 완성되어 있고, 항상 최신화 되어 있다.
상세한 페이지 사양서가 완성되어 있고, 항상 최신화 되어 있다.
페이지 템플릿이 완성되어 있다.
미디어 콘텐츠(그래픽, 비디오 등)가 완성되어 있거나 단위 테스트에 진행시킬 최종판에 거의 가까운 형태로 되어 있다.

기술 아키텍트(architect), 서비스 도입 리드 및 이해관계자가 모든 설계의 수정을 승인하고 있다.
설계에 관한 모든 중대한 수정이 관련자 사이에서 공유되어 있다.
모든 릴리스/노트 및 타 문서가 완성되어 있고, 항상 최신화 되어 있다.
단위 테스트
모든 단위 테스트 사이클 및 스크립트가 잘 실행되고 있다.
모든 결함이 문서화, 수정, 재 테스트 되어 있다.
모든 미해결 결함 및 과제가 명확하게 문서화 되어 있다.
테스트 완료 내용이 완전하다.
테스트 결과가 프로젝트 관리자 및 이해관계자에 의해 인정되어 사인 오프(sign off)되어 있다.
테스트 계획
단위 테스트 사이에서 사용된 모든 공통 테스트 데이터가 최소화 되어 있다.
통합 테스트의 테스트 조건, 예상 결과가 완성되어 있고, 항상 최신화 되어 있다.
제품 테스트의 테스트 조건, 예상 결과가 완성되어 있고, 항상 최신화 되어 있다.
시스템 테스트의 테스트 조건, 예상 결과가 완성되어 있고, 항상 최신화 되어 있다.
사용자 인수 테스트의 테스트 조건, 예상 결과가 완성되어 있고, 항상 최신화 되어 있다.
애플리케이션 코드
완성된 애플리케이션 코드의 일람표를 받았다.
코드 검토는 모든 코드 모듈 상에서 실행되고 있다. 보다 상세한 정보는 코드 검토 체크리스트를 참조할 수 있다.
코드 모듈은 각각 대응하는 설계, 사용 사례 및 요구사항 항목에 연결될 수 있다.
구축된 애플리케이션이 테스트 환경 안에서 적절하게 기능한다.
결함을 보고, 추적 및 수정하는 프로세스가 충분히 정의되어 있다.
구축된 애플리케이션의 확인 중에 발견된 모든 과제가 해결되어 있다.

개선활동의 과정

이 프로젝트에서는 과거의 교훈을 활용하는 형태로, 이 프로젝트의 핵심이 되는 벤더 관리에 관계하는 영역에 초점을 맞춰 프로세스 개선을 실시했다. 이 때문에 프로젝트를 시작할 때의 벤더 선정과 계약체결 · 계획 시의 벤더 관리의 도구 확립, 그리고 실행 및 감시 시의 표준 · 절차에 따른 벤더 관리의 실시가 개선활동의 포인트가 되었다.

개선활동은 주로 PMO의 주도로 실시되었지만, 고객이나 벤더 3사에서 각각 1명씩 각각의 사내 프로젝트 관계자에게 개선활동을 추진하는 담당을 두었다. 또한,

PMO에는 프로젝트 내부에 벤더 1사에 대해 1인, 개선활동 총괄로서 1인의 합계 4명을 배치하여 프로젝트 외부에서 객관적 심사를 실시하는 품질관리 담당으로서 QA 1주간(1개월 당), QA 디렉터 3일(1개월 당)의 비율로 프로젝트에 연계했다.

표준 · 절차에 따라 정의된 프로세스에 따라 작업을 진행하여 변경이나 수정/시정 조치의 대응을 실시한다는 통상의 프로젝트 관리활동을 실시하는 중에, PMO는 그것이 직접적으로 개선활동에 연결되도록 QA와 함께 체크했다.

프로젝트 내외(외부는 QA나 QA 디렉터 등)의 이 프로젝트에서 현시점에서의 프로세스 개선활동에 대한 공수는 다음과 같다.

표 03-25 프로세스 개선활동의 공수

프로세스 개선활동 기간	12개월	
투입 공수(프로젝트 내부)	합계	96M/M
	D사	12M/M
	벤더	36M/M
	PMO	48M/M
투입 공수(프로젝트 외부)	합계	4M/M
	QA	3M/M
	QA 디렉터	1M/M

이 사례에서의 교훈

표준 프로세스의 의의를 모든 이해관계자와 공유할 것

이 프로젝트에서는 프로젝트 초기 시에 프로젝트 구성원, 벤더, 스폰서 등 모든 이해관계자 전원이 모인 킥오프 회의를 실시하여 각각의 역할분담을 명확하게 했다. 복수의 벤더가 관여하는 프로젝트에서는 사전에 주요한 이해관계자나 프로젝트 관리자, PMO 사이에서 프로젝트의 범위나 목적, 계획과 개요, 프로젝트 관리에 필요한 각종 지표 · 절차나 프로세스를 공유할 필요가 있다.

프로젝트 시작 후에 필요에 따라 표준 · 절차 등을 급격하게 도입하는 프로젝트가 보이지만, 이 방법으로는 프로젝트 구성원의 혼란이나 불만을 초래하여 좀처럼 현장에 내재화하지 못한다. 프로젝트 관리에 필요한 표준이나 절차를 작성하는 것은 지금까지 어떤 프로젝트에 연계된 적이 있는 프로젝트 관리자라면 어렵지 않을 것이다.

그러나 프로젝트 관리가 순조롭게 가능 할지의 여부는 완벽한 표준 · 절차가 있는지의 여부가 아니라 이에 따라 작업을 실시하는 구성원이 이것을 이해하여 프로젝트 기간 중 항상 이들의 표준 · 절차에 따른 작업을 할지의 여부에 달려있다.

프로젝트의 관리 층이 프로젝트 관리의 필요성을 이해하는 것은 당연하지만, 프로젝트 구성원 레벨에서는 중요성을 이해하지 못하고 프로젝트 관리에 필요한 각종 데이터의 제출을 단순한 부담으로 밖에 느끼지 않는 사례가 많다. 그래서 킥오프 회의 등의 기회를 이용하여 프로젝트 구성원에게 프로젝트 관리의 필요성을 이해 및 납득시켜 적극적으로 프로젝트 관리에 협력할 수 있는 환경을 구축하는 것이 중요하다. 이것이 장기간 계속되는 프로젝트를 잘 관리해 나가는 하나의 요인이 된다.

프로젝트 규모에 맞춰 PMO의 공수를 확보할 것

또한, 프로젝트 관리를 할 때는 가능한 한 전임 PMO 구성원을 두어야 한다. 프로젝트 관리는 매우 힘든 업무다. 현장과 겸임으로 실시하는 경우에는 현장의 업무 또는 프로젝트의 관리 어느 쪽인가가 소홀해 지거나 제3자적인 시점에서 객관적으로 볼 수 없게 되어버릴 가능성을 부정할 수 없다. 커다란 프로젝트나 복수의 벤더가 관여하는 프로젝트에서는 특히 이 경향이 크기 때문에 그 관리하는 범위의 크기에 의해 복수의 전임 PMO 구성원을 두는 것이 필요하다.

또한, 규모가 작은 프로젝트에서도 프로젝트 관리 자체는 필수다. 프로젝트 관리가 충분히 되고 있는 프로젝트에서는 다양한 방면에서 「예방」이 가능하여 프로젝트의 결함이나 위험 발생에 대한 비용이 낮게 억제되기 때문에 결과적으로 프로젝트 전체의 비용을 줄일 수 있는 경향이 있다. 규모에 따라서는 전임 PMO를 설치하는 것이 어려운 경우도 있지만 겸임이라도 반드시 PMO를 두고 프로젝트 관리를 해 나가야 한다.

파일럿 개발에서 얻은 교훈을 활용할 것

프로젝트 D는 파일럿 개발의 교훈을 바탕으로 시작한 프로젝트지만, 그 교훈을 활용함으로써 프로젝트를 성공으로 이끌 수 있었다. 이번 파일럿 개발에 대해서는 좋은 결과든 나쁜 결과든 모두 포함하여 교훈을 문서로 남기고 프로젝트 실전에 대해서도 산출물뿐만 아니라 벤더 선정의 결과와 이용 후의 벤더 심사, 파일럿 개발과의 프로젝트 운영 방침 · 내용의 비교 일람 등을 교훈으로서 남겼다. 이것은 D사의 지식 데이터베이스로서 보관되어 앞으로의 프로젝트에 활용하게 될 것이다.

제4장

프로세스 영역별 소개

- 프로젝트 관리
- 엔지니어링
- 지원
- 프로세스 관리
- 공통 목표와 공통 프랙티스

Chapter 4

CMMI

일반적으로 CMMI는 어렵다고 한다. CMMI 모델의 공식 홈페이지를 한 번 읽어보고 1에서 100까지의 CMMI를 전부 이해하는 것은 어려운 일이라고 할 수 있다. CMMI라는 모델은 가능한 많은 조직과 프로젝트에 적용할 수 있도록 추상적인 표현을 많이 사용하고 있어서, 여러 가지로 해석할 수 있는 여지를 갖고 있다. 이 때문에 독자가 자신의 조직이나 프로젝트의 실제 활동에 적용해서 생각하지 않으면 안 된다.

예를 들면 성숙도 레벨 2의 프로세스 영역인 「요구사항 관리(REQM)」에는 「요구사항 변경을 관리한다」는 실천사항이 있다. 「관리한다」는 표현은 추상적이기 때문에 구체적으로 무엇을 할지는 독자가 자신의 조직이나 프로젝트를 염두에 두고 그 의의를 포함하여 생각하지 않으면 안 된다. 이 실천사항의 전형적인 활동의 하나로서 「요구사항을 변경하는 경우에는 반드시 변경관리대장에 기록하고, 변경을 받아들인 경우에 대한 영향 분석을 실시하여 변경관리 위원회에 의해 승인한다」는 것을 들 수 있다.

그러나 운영의 효율성을 고려한 경우에는 프로젝트의 규모나 기간에 따라 획일적으로 형상 통제 위원회를 정의하고 정기적으로 운영하는 것이 반드시 최적화된 것이라고는 할 수 없다. 이와 같이 CMMI 모델은 관리의 방향성을 나타내어 「프로젝트는 기술된 구체적인 활동 내용에 따라 운영되지 않으면 안 된다」라고 해석하는 것은 피해야 할 구성이다.

또한, CMMI를 해석할 때 중요한 것은 프로세스의 본질을 오인하지 않는 것이다. 프로세스 안에는 프로젝트 운영에 필요한 「의도」가 있고, 이 「의도」를 충족시키기 위한 도구로서 프로세스가 정의되어 있는 것이다. 예를 들면, 상기의 형상 통제 위원회를 개최하는 의도의 하나는 「이해관계자와의 사이에 요구사항 변경의 상태나 영향 범위에 대한 공통 인식을 구축한다」는 것에 있다. 극단적으로 말하면 대상이 되는 프로젝트에서 이 의도를 충족하는 상태라면 어떤 활동이라도 상관없는 것이다.

이와 같이 CMMI를 실제 프로젝트에 적용할 때의 구체적인 방법에는 정답이 하나라고 한정하지 않고 프로젝트 특성에 따라 답을 찾는 것이 필요하다.

CMMI를 해석할 때는 특정의 프로젝트를 상정하면서 공식 보고된 문장들을 읽을 필요가 있기 때문에 상당한 노력과 시간이 걸린다. 그래서 이 장에서는 특히 CMMI를 어렵다고 느끼는 독자가 CMMI의 독특한 표현에 당황하지 않고 각 프로세스 영역의 목적과 요구되는 활동 내용의 개요를 이해할 수 있도록 가능한 알기 쉽게 각 프로세스 영역을 설명한다. 단 이해하기 쉽도록 하는 것을 중시한 결과, CMMI에 대한 충실함이나 정확성을 희생시킨 부분도 있으므로 주의할 필요가 있다. 각 프로세스 영역에 관한 공식 견해에 대해서는 SEI가 발행한 「개발을 위한 CMMI 1.2판」을 참조를 권한다.

또한, 1.2판은 1.1판의 개정판으로서 2006년 8월(공식 일본어 번역판은 2007년 7월)에 발행되었다. 1.1판에서 변경된 점은 몇 개의 프로세스 영역에 걸쳐 기술되었던 내용을 정리하여 간략화한 것과, 새롭게 작업 환경에 관한 고유 프랙티스(SP : Specific Practice)를 추가하여 모델의 구성 등이 확장된 것이다.

본장의 구성

이 장은 CMMI에서 정의한 4개의 카테고리(프로젝트 관리 · 엔지니어링 · 지원 · 프로세스 관리)별로 포함된 프로세스 영역을 순차적으로 설명하는 구성으로 되어 있다. 카테고리는 각각 다른 성질을 갖고 있으므로 여기서 간단하게 서술한다.

그림 04-01 프로세스 영역의 4개의 카테고리

	프로젝트 관리	엔지니어링	지원	프로세스 관리
레벨 5 최적화하고 있는			• 원인 분석 및 해결(CAR)	• 조직 혁신 및 전개(OID)
레벨 4 정량적으로 관리된	• 정량적 프로젝트 관리(QPM)			• 조직 프로세스 성과(QPM)
레벨 3 정의된	• 통합 프로젝트 관리+IPPD(IPM+IPPD) • 위험관리(RSKM)	• 요구사항 개발(RD) • 기술적 해결(TS) • 검증(VER) • 확인(VAL) • 제품통합(PI)	• 의사결정 분석 및 해결(DAR)	• 조직 프로세스 초점(OPF) • 조직 프로세스 정의+IPPD(OPD+IPPD) • 조직 훈련(OT)
레벨 2 관리된	• 프로젝트 계획 수립(PP) • 프로젝트 모니터링 및 통제(PMC) • 공급업체 계약 관리(SAM)	• 요구사항 관리(REQM)	• 측정 및 분석(MA) • 프로세스 및 제품 품질 보증(PPQA) • 형상 관리(CM)	
레벨 1 초기	예측 불가능하여 통제되지 못함(Not Applicable)			

프로젝트 관리

「프로젝트 관리」는 프로세스 관리의 카테고리와는 다르며, 단일의 프로젝트에서 프로젝트의 진행을 관리하기 위한 프로세스 영역이 모인 카테고리이다. 구체적으로는 프로젝트의 계획 수립과 계획에 입각한 진척 · 작업 관리, 위험 관리, 공급업체의 작업 관리 등에 대한 비용이 포함되어 있다. CMMI의 단계적 표현에서는 성숙도 레벨 2에서 각 프로젝트 단위에서의 프로젝트 관리가 요구되기 때문에 성숙도 레벨 2의 중심적인 프로세스 영역이 이 카테고리에 많이 포함되어 있다.

엔지니어링

「엔지니어링」은 글자 그대로 소프트웨어 엔지니어링에 대하여 일련의 작업에 관련된 프로세스 영역이 모인 카테고리이다. 요구사항의 개발 · 관리 및 설계, 개발, 테스트, 릴리스 및 엔지니어링에 대한 각 작업의 검토 · 검증 활동이 포함되어 있다. 프로젝트 진행 또는 프로세스의 구현 등의 관리 활동이 아닌 소프트웨어의 내용 자체를 취급하는 소위 개발공학의 활동이 대상이 된다.

지원

「지원」은 프로젝트를 간접적으로 지원하는 프로세스 영역이 모인 카테고리이다. 예를 들면, 다양한 수치를 측정하는 「측정 및 분석(MA)」 프로세스 영역은 진척률이나 실적 공수 등을 수집한 경우에는 프로젝트 관리에 대한 지원이 되고, 상황에 맞지 않는 수치 등을 측정한 경우에는 엔지니어링에 대한 지원이 된다. 「형상 관리(CM)」 프로세스 영역과 「프로세스 및 산출물의 품질보증(PPQA)」 프로세스 영역도 마찬가지로 타 프로세스 영역의 이행을 지원하는 영역으로 되어 있다.

프로세스 관리

「프로세스 관리」는 조직적인 대처를 위한 프로세스 영역이 모인 카테고리다. 즉 이 카테고리에는 단일 프로젝트가 아닌 조직을 가로지르는 표준화를 추진하여 개선활동을 실시하는 프로세스 영역이 배치되어 있다.

CMMI의 단계적 표현에서는 레벨 2까지는 조직의 대처가 아닌 각 프로젝트 단위에서의 활동이 요구되기 때문에 프로세스 관리 영역에 포함된 프로세스 영역은 레벨 3에서 처음으로 등장한다.

이 장에서는 이들 4개의 카테고리에 포함된 프로세스 영역을 순차적으로 설명한다. 각 프로세스 영역에서 요구되는 프로세스의 본질과 구체적인 활동을 이해하기 쉽도록 프랙티스를 순차적으로 설명하지 않고 각각의 목적을 달성하기 위해 요구되는 것을 중심으로 기술한다. 따라서 각 프랙티스에 대해서는 목적의 본질을 이해하여 적용하고 싶은 조직이나 프로젝트의 특성에 맞는 구체적인 활동으로 해석할 필요가 있다.

또한, 각 프로세스 영역을 실제로 적용할 때의 포인트도 기재하고 있으므로 이해를 높이기 위한 참고로 삼기 바란다.

프로젝트 계획 수립(PP:Project Planning)

개요

「프로젝트」란 어느 특정한 목표를 달성하기 위해 정의되는 일련의 활동이다. 프로젝트를 시작할 때는 목표 달성에 필요한 작업을 정의하고, 조달이 필요한 인적 및 인적 이외의 자원에 대해 추정하여 실현할 수 있는 일정을 작성할 필요가 있다.

그리고 프로젝트의 범위, 일정 및 비용에 대한 영향력을 가능한 한 조절한다. 그리고 프로젝트를 질서정연하게 운영하기 위해서는 상정할 수 있는 다양한 위험에 대한 관리방법이나 이해관계자와의 의사소통 방법 등 프로젝트를 운영하는 데 고려해야 할 점이나 필요한 프로세스를 계획서라는 형태로 명문화할 필요가 있다.

「프로젝트 계획 수립(PP)」 프로세스 영역은 다음의 내용으로 구성되어 있다.

표 04-01 프로젝트 계획 책정(PP)

고유 목적	내용
SG 1	프로젝트의 활동범위, 비용, 공수를 추정하여 견적한다.
SG 2	견적에 따른 프로젝트를 운영하기 위해 필요한 계획을 수립한다.
SG 3	계획을 검토하여 필요한 승인(commitment)을 얻는다.

그림 04-02 프로젝트 계획 수립(PP)

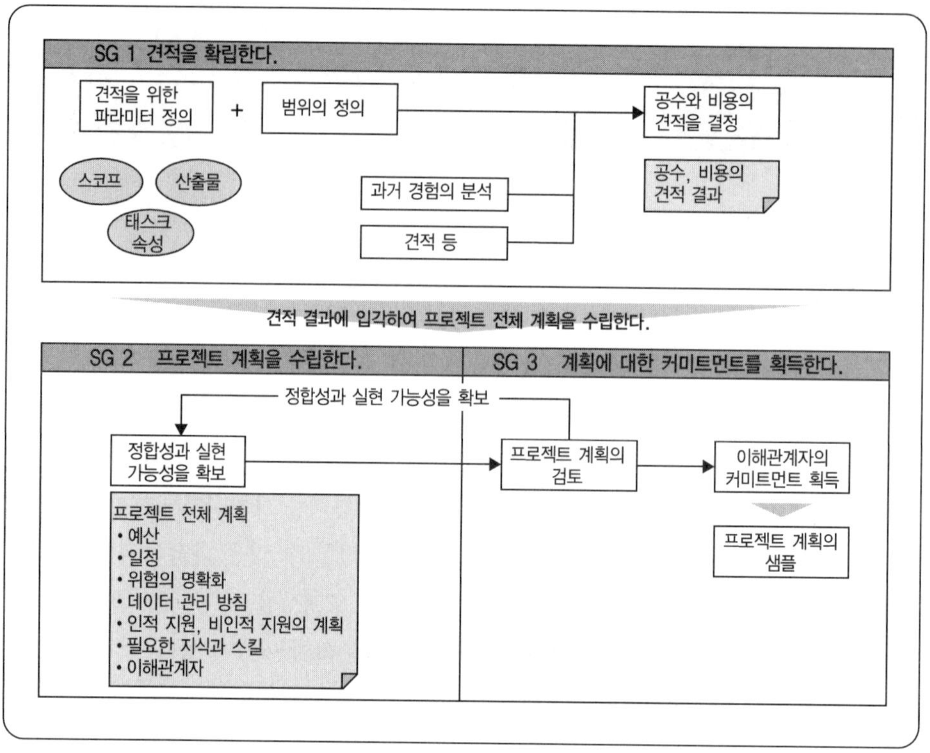

SG 1 : 견적을 실시한다.

우선은 어디까지를 프로젝트에서 작업해야 할지 그 범위를 결정한다. 예를 들면, 어느 비즈니스 목표를 달성하는 수단으로서 시스템을 구축하는 경우에는 다음을 명확하게 할 필요가 있다.

- 이 프로젝트에서 요구사항의 정의부터 실시하는가, 결정된 요구사항에 따라 소프트웨어를 만들 뿐인가?
- 시스템 구축이 요구되는 프로젝트인가, 구축한 시스템을 사용자가 사용할 수 있도록 교육까지 실시하는가?

이 때 정의된 프로젝트의 작업 범위는 프로젝트 수행에 필요한 작업(task)을 적정하게 상세화하여 누락 없이 일람화한 WBS(Work Breakdown Structure : 작업 분해도)에 정리된 형태로 나타낸다. 이 WBS를 기초로 어떤 종류의 산출물을 어느 정도의 분량으로 작성할지 또한, 작업별 난이도나 복잡한 정도는 어느 정도인지에 대해 나중에 실시하는 공수나 예산 산정에 영향이 있는 파라미터를 결정한다.

다음으로 프로젝트 생명주기를 결정한다. 이것은 개발의 접근방식에 의존하기 때문에 「단계적으로 시스템을 도입하는가?」, 「빅뱅 도입(big bang 도입 : 각 업무 일정을 단계적으로 도입하는 것이 아니라 필요한 기능을 모두 동시에 일괄하여 도입하는 방법)을 하는가?」라는 접근방식의 차이로 인해 필요한 작업이나 공수의 크기가 바뀐다.

또한, 단계의 구분을 마일스톤으로 설정하여 그때까지의 활동에 대한 품질이나 진척, 비용 지출 상황을 검토함으로써 해당 마일스톤 이후의 프로젝트를 진행할지의 여부 또는 진행 방법에 대해 재검토하고 시정하는 기회로 삼을 수 있다.

마지막으로 정의한 WBS와 생명주기, 산출물과 작업의 난이도 등의 파라미터를 바탕으로 공수와 비용을 견적한다. 또한, 성숙도 레벨이 높은 조직 중에는 작업의 선별이나 난이도의 설정 등과 같이 필요한 파라미터를 입력하는 것으로도 자동적으로 공수나 비용을 견적할 수 있는 견적 도구를 가지고 있는 조직도 있다.

SG 2 : 프로젝트 계획을 수립한다.

견적 이외에도 프로젝트의 계획 시점에서 해야 할 것은 「프로젝트 계획」으로서 문서화 할 필요가 있다. SG 2에서 주로 결정하는 것은 이하의 6개 항이다.

예산과 일정 수립

견적 결과를 바탕으로 각 작업에 예산을 할당한다. 또한, 작업간의 의존관계를 명확하게 하는 작업 일정을 확립한다.

위험의 식별

프로젝트에서의 다양한 위험을 식별하여 각 위험의 발생 확률이나 시기, 프로젝트에 대한 영향 정도를 분석하여 위험의 우선순위를 매긴다. 상세한 것은 「위험 관리(RSKM)」(p.176 참조)에서 설명한다.

데이터 관리에 관한 계획 수립

프로젝트에서의 데이터 프라이버시나 보안(security) 요구사항을 파악하고, 이것을 준수하기 위한 절차나 프로세스를 확립한다. 또한, 데이터의 보관이나 액세스 도구를 확립한다.

또한, 데이터란 기록의 형태나 방법에 관계없이 기록된 모든 정보로서 기술 데이터, 컴퓨터 소프트웨어 문서, 재무상의 정보, 관리상의 정보, 사실의 표현, 수치를 포함하여 전달, 축적, 처리할 수 있는 모든 종류의 데이터를 포함한다.

프로젝트에 필요한 인적 및 비 인적 리소스에 대한 계획 수립

WBS와 생명주기, 일정을 바탕으로 자원 계획을 수립한다. 또한, 그 외의 하드웨어나 물리적인 작업 장소 등 필요한 자원의 조달 계획을 수립한다.

필요한 지식과 능력에 대한 계획 수립

프로젝트의 작업을 실행하는 데 필요한 지식과 능력을 정의한다. 인력 조달 시에는 필요한 지식이나 능력이 동반되는지를 판단하여 부족분에 대해서는 훈련 계획을 수립한다.

이해관계자의 참여에 대한 계획 수립

프로젝트의 이해관계자에는 프로젝트를 구성하는 구성원뿐만 아니라 시스템화 하는 업무의 관할부문과 사용자, 관련된 타 시스템의 담당자, 프로젝트의 스폰서 등 프로젝트 외부의 관계자도 포함된다. 프로젝트 조직도의 작성과 함께 프로젝트의 이해관계자를 지정하여 역할 분담과 책임 범위를 명확하게 한다. 또한, 동시에 어느 이해관계자와 언제 어떤 정보를 공유할지를 회의체와 함께 정의할 필요가 있다.

SG 3 : 계획에 대한 커미트먼트(commitment)를 획득한다.

견적이나 일정, 자원의 확보 등 계획 시점에서 결정하지 않으면 안 되는 것이 많고, 또한, 서로가 복잡하게 관련되어 있다. 이 때문에 정합성이 있는 계획을 처음부터 한번에 완벽하게 작성하는 것은 어렵다. 실제로는 「조달할 수 있는 인력이 한정되어 있다」, 「필요한 능력이 부족하다」, 「할당된 예산이 적다」라는 다양한 문제가 발생하는 것이다. 이 때문에 실제로는 각각의 문제에 대처하면서 프로젝트의 범위나 견적을 재검토하여 전체의 밸런스를 유지하도록 조정하여 정합성과 실현 가능성이 있는 계획서를 작성하게 되는 것이다.

내용의 정합성이 있는 계획서라고 해도 이것을 실행하는 프로젝트 구성원이나 관련된 이해관계자가 납득하지 않으면 계획대로 프로젝트를 진행할 수 없다. 이 때문에 계획 수립의 초기 단계에서 이해관계자와 협의하여 견적을 작성할 때의 사고방식이나 전제조건, 프로젝트 운영에 대한 조건 등의 합의를 얻는 것이 중요하다.

또한, 계획 수립의 작업에 주요한 이해관계자를 포함시켜 검토회를 실시하고 최종적으로는 계획서를 사인 오프(sign off : 프로그램에 종료 통지를 하는 절차) 하도록 하여 프로젝트 구성원을 포함한 이해관계자로부터 「이 계획을 달성하여 프로젝트를 성공시킨다」는 커미트먼트(commitment : 약속)를 획득하는 것이 중요하다.

계획은 한 번 세우고 끝나는 것이 아니다.

프로젝트 계획은 프로젝트를 착수할 때에 프로젝트의 종료를 예측하여 불확실한 요소가 많은 장래를 향해 무엇이 필요한지를 상정하면서 작성하는 것이다. 이 때문에 처음부터 완벽한 계획을 세워야 한다고 생각하기 쉬울 것이다. 실제로는 프로젝트를 추진하면서 계획 시의 상정과 다른 부분에 대해 수정을 추가하는 것이다.

따라서 가능한 정밀한 내용으로 하는 것은 당연한 일이지만, 보다 중요한 것은 정기적으로 계획을 재검토 하는 시점(예를 들면 단계를 전환할 때 등)을 설정하여「전제가 변하지 않았는가?」,「계획에 차이가 없는가?」를 확인하면서 필요한 방향 수정을 하면서 프로젝트를 운영해 나가는 것이다.

그러나 실제로는 프로젝트를 착수할 때에는 성심껏 계획서를 작성하지만, 그 후에는 전혀 참조하지 않기 때문에 결국 유명무실한 문서로 되어버리는 사례도 많다. 이와 같은 것을 방지하기 위해 우선 작성 시에는 프로젝트 수행에 필요한 상세함의 정도와 프로젝트 운용상 가능한 정도의 간단한 상충관계(trade-off)를 충분히 고려하여 프로젝트의 적합한 레벨에서 프로젝트 계획을 수립해야 할 것이다. 또한, 운용을 할 때는 구성원이나 이해관계자와의 회의에서 프로젝트 계획서를 적절하게 참조하는 등 프로젝트 계획서가 프로젝트를 수행하는데 항상 참조해야 할 것이라는 것을 구성원이나 이해관계자에게 인식시킬 수 있는 연구가 필요하다.

프로젝트의 모니터링 및 통제(PMC)

개요

프로젝트를 성공시키기 위해서는 프로젝트의 초반에 어떻게 실현 가능한 계획을 수립할지가 매우 중요하다. 그러나 실제의 프로젝트에서는 예상 밖의 일이 일어나거나 계획대로 진행하지 않는 등의 문제가 많이 발생하여 계획과 약간의 차이 없이 진행하는 경우는 거의 없다고 해도 될 것이다.

프로젝트 운영에서는 정기적으로 계획과 현재 상태를 비교하여 「계획대로 진행되고 있는가?」 또는 「계획과 어느 정도 차이가 있는가?」, 「무엇이 '차이' 의 원인인가?」 등에 대해 정기적으로 계획과 현재 상태를 비교하여 계획과의 차이나 예정과 다른 사태를 신속하게 파악하는 것이 중요하다. 정기적인 비교를 실시함으로써 비로소 앞으로의 일정이나 공수의 진행 상황을 예측하여 계획을 변경하고, 원인이 된 저해요인을 제거하는 등의 대응책을 세울 수 있는 것이다.

「프로젝트의 모니터링 및 통제(PMC: Project Monitoring and Control)」 프로세스 영역은 다음의 내용으로 구성되어 있다.

표 04-02 프로젝트의 모니터링 및 통제(PMC)

고유 목적	내용
SG 1	프로젝트의 상황이 각 계획에서 벗어나 있는지를 감시한다.
SG 2	계획과의 현저한 차이나 프로젝트 운영상의 저해요인, 과제 등을 파악하여 해결될 때까지 관리한다.

그림 04-03 프로젝트의 모니터링 및 통제(PMC)

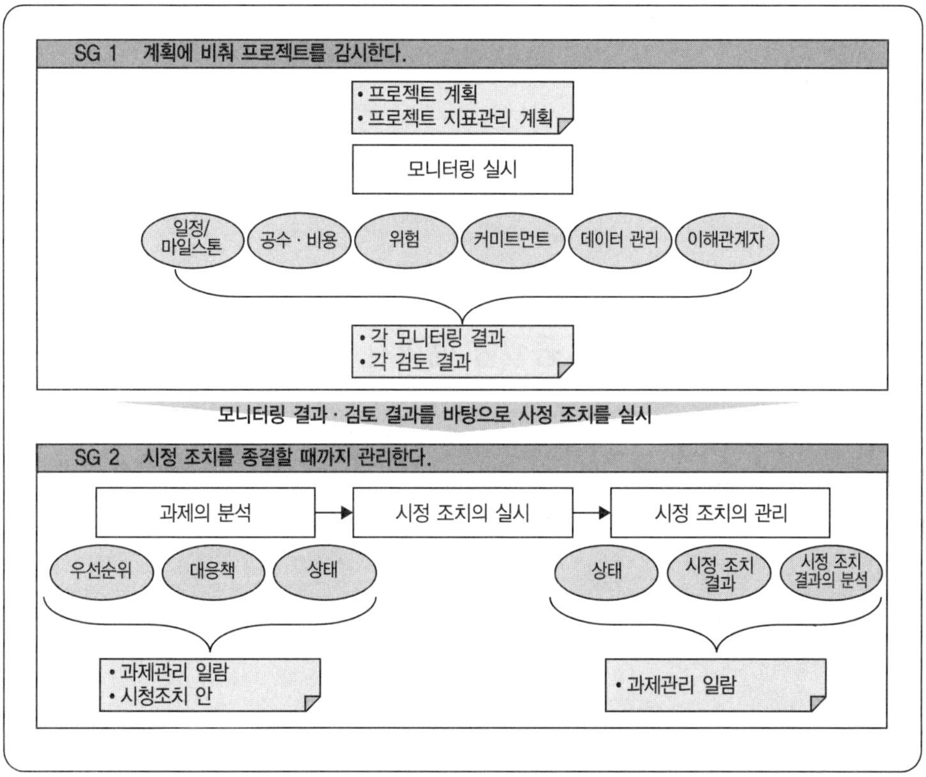

SG 1 : 계획 대비 프로젝트를 감시한다.

프로젝트를 올바르게 운영하기 위해 우선 현재의 상황을 적절하게 파악할 필요가 있다. 공수 및 비용과 일정에 대해서는 「프로젝트 계획 수립(PP)」프로세스 영역에서 견적한 결과와 실적 수치를 정기적으로 비교하여 프로젝트가 예정대로의 공수나 일정에 따라 진행되는지의 여부를 파악한다.

또한, 그 밖의 데이터 관리나 이해관계자의 커미트먼트, 위험 관리 등의 항목에 대해서도 공수와 비용, 그리고 일정과 마찬가지로 현재 상태를 파악할 필요가 있다.

Column 칼럼 **EVM(Earned Value Management)**

소프트웨어 개발 프로젝트에서 자주 사용되는 공수 · 비용과 일정의 감시 방법의 하나로서 EVM(Earned Value Management : 성과 관리)로 불리는 것이 있다. EVM이란 공수 · 비용의 견적을 바탕으로 작업별 성과를 설정하여 계획과 실적의 차이를 산출하는 것으로서 프로젝트의 진척

정도를 정량적으로 파악하는 관리 기법이다.

EVM에서는 프로젝트 내에서 진척 회의를 실시하여 최소 팀 단위에서 진척이나 공수의 진행 상태를 확인하여 그 내용을 보고서로 정리 한 후 이해관계자에게 보고한다. 또한, 단계의 전환 등과 같은 커다란 마일스톤에서는 지금까지의 활동을 뒤돌아보고 계획과의 「차이」가 없는지 전체적으로 판단한다. 상세한 것은 3-1장의 사례 스터디에서 해설했다.

SG 2 : 시정 조치를 종결할 때까지 관리한다.

계획과 비교하여 식별된 일정의 지연이나 프로젝트의 운영을 방해하는 다양한 저해요인을 해결하지 않으면 안 된다. 이 때문에 과제 관리표를 이용하여 문제를 일람화하고, 우선순위를 매겨 대책 입안에서 과제의 해결이 확인될 때까지 상태를 관리할 필요가 있다.

또한, 과제의 경향을 분석함으로써 근본적인 원인이 보이면 그 원인에 대해서도 대처하여 해결한다.

Point! 실태를 정확하게 파악하려면 현장의 협력이 불가결

프로젝트의 진척관리나 과제관리는 감에 의한 사람위주의 작업이 아니라(확실히 감이나 취각으로 프로젝트가 구조되는 사례도 있지만), 견적이나 실적수치에 따라 프로젝트의 가시화와 책정된 과제를 적절하게 처리할 수 있도록 프로세스의 정의와 수행에 의해 특별한 개인이 아니라도 대처가 가능하도록 해야 하는 것은 말할 필요도 없다.

그리고 현재 상태에 맞는 진척관리나 과제관리를 실현하는 데 중요한 것은 프로젝트 현장에서 정확한 정보가 보고되는 것이다. 관리자가 보아서 어느 정도 완벽한 진척관리의 도구를 만들었다고 해도 수집한 수치나 보고가 사실이 아니라면 관리하는 의미가 없는 것이다. 즉 현장 구성원의 협력 없이는 프로젝트 상황은 파악할 수 없고, 정확한 상황파악 없이는 적절한 진척관리나 과제관리를 실시할 수 없는 것이라고 볼 수 있다.

현장에서 진척이나 공수, 과제를 정확하게 보고가 이루어지게 하기위해서는 관리를 위한 프로세스를 정의할 뿐만 아니라 이들이 정착되도록 수치를 수집하는 의미와 수집한 수치가 어떻게 이용되는지를 설명할 필요가 있다. 또한, 현장 구성원에게 그들이 수행하는 작업이 각각의 진척이나 과제가 목표달성에 어떤 형태로든 반드시 영향을 주고 있다는 것을 인식할 수 있도록 지도 · 교육하는 것이 중요하다.

공급업체 계약관리(SAM)

개요

프로젝트의 목적을 달성하기 위해 필요한 모든 것을 프로젝트 내부에서 조달하는 것은 어렵다. 대부분의 경우에는 하드웨어 등의 시판 상품을 외부업체로부터 조달하거나 전문지식을 가진 인재를 협력회사에서 조달하게 된다.

이 「공급업체 계약관리(SAM : Supplier Agreement Management)」 프로세스 영역은 프로젝트가 중시하는 기준에 따라 외부에서의 조달이 필요한 물품이나 서비스를 식별하여 최종적으로 물품이나 서비스가 프로젝트에 납입될 때까지의 프로세스를 체계적으로 정비하는 것이며, 조달에서의 품질이나 납기에 관한 위험을 감소시키는 것을 목적으로 한다. 또한, 「공급자」란 프로젝트에서 구입하는 하드웨어나 소프트웨어를 조달하는 외부업자와 조사나 연구 등의 서비스 제공자, 프로젝트 구성원으로서 참가하는 협력회사 등의 니즈에 따라 다양한 형태가 있다.

「공급업체 계약관리(SAM)」 프로세스 영역은 다음의 내용으로 구성되어 있다.

표 04-03 공급자 합의 관리(SAM)

고유 목적	내용
SG 1	적절한 공급자를 선정하여 계약을 체결한다.
SG 2	계공급자를 관리하여 조달한 물품이나 서비스 등을 확실하게 수령한다.

또한, 1.2판의 주요 변경 점으로서 「통합 공급자 관리(ISM)」의 프로세스 영역이 삭제되어 그 요소인 공급자 관리 프로세스의 감시와 공급자가 납품한 산출물의 검토와 심사가 SG 2(SP 2.2 및 SP 2.3)에 추가되었다. 또한, 「상용 시판의 산출물」의 검토(SP 2.1)에 대한 표기가 삭제되어 그 요소는 「기술적 해결(TS)」 프로세스 영역의 SP 1.1에 편입되었다. 그리고 심사를 할 때 적용 외(not appliable)로 구분되는 것은 이 「공급업체 계약관리(SAM)」 프로세스 영역만으로 되었다.

그림 04-04 공급업체 계약관리(SAM)

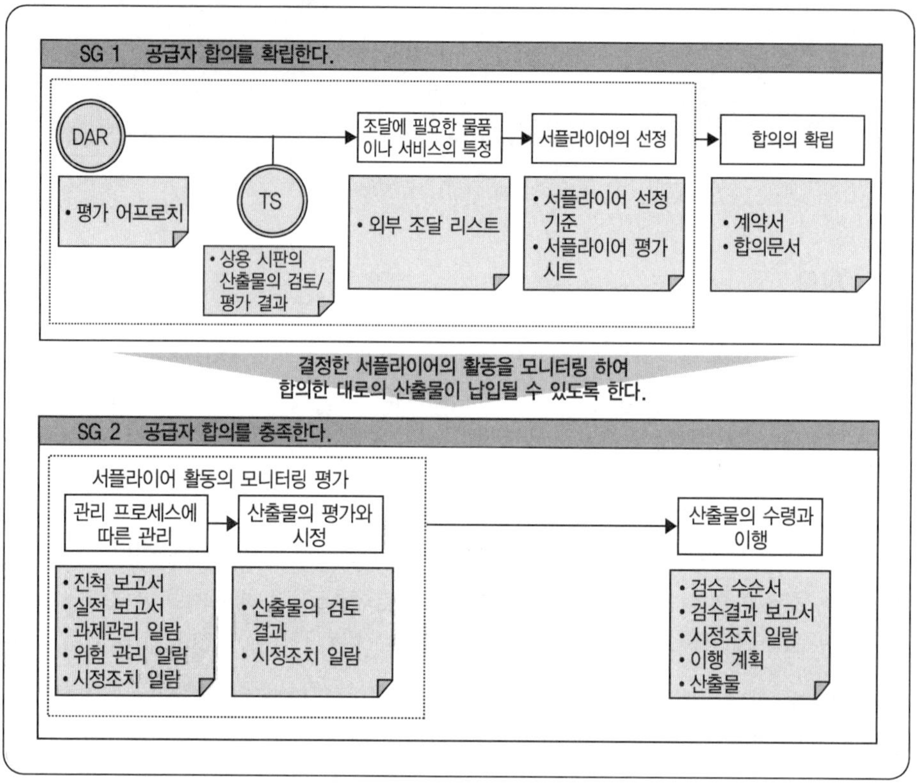

SG 1 : 공급자와 계약을 체결한다.

프로젝트의 목적을 달성하기 위해서는 산출물이나 그 구성요소를 어떻게 실현할지를 결정하여 외부에서 조달하는 산출물을 식별할 필요가 있다. 이것은 프로젝트를 착수할 때 뿐만 아니라 프로젝트를 실행하는 도중에도 필요에 따라 판단하게 된다.

조달이 필요한 물품이나 서비스를 지정한 후에 공급자를 선정한다. 공급자는 「의사결정 분석 및 해결(DAR)」 프로세스 영역에서 정의된 심사 접근방식에 따라 명확한 판단기준을 가지고 심사하여 선정한다. 또한, 그 결과를 기록으로 남김으로써 객관성을 확보하면서 선정의 경위를 명확하게 나타낼 수 있다. 선정을 할 때는 프로젝트가 처한 상황을 고려하여 지리적 요구사항이나 언어, 이용 가능한 설비, 과거의 실적 등 다양한 요소를 검토할 필요가 있다.

여기서는 어느 패키지 소프트웨어의 조달처를 검토 사례로 들어 설명한다. 외부업체 X는 가격 경쟁력이 있지만 구입 후의 지원 체제가 취약하고, 다른 한편의 외부업체 Y는 가격이 그렇게 싸지 않지만 경험이 풍부한 기술자의 지원이 충실한 경우로서, 동일한 패키지 소프트웨어를 조달하는 데에도 프로젝트의 상황에 따라 의사결정 결과는 달라진다.

충분한 능력이 있는 인력을 갖춘 프로젝트라면 외부업체 X에게 조달하게 되며, 이런 패키지 소프트웨어를 도입한 경험이 없는 프로젝트라면 외부업체 Y에게 조달하게 될 것이다.

또한, 공급자와 산출물의 심사는 각각 밀접하게 관련되어 있기 때문에 따로따로 검토하는 일이 어려운 경우가 많으므로 동시에 검토되는 경우가 많다. 조달하는 산출물의 후보에 대해서도 명확한 판단기준에 입각하여 비교 · 검토하는 것이 중요하지만, 주로 검토하는 항목은 「가격」, 「기능성」, 「성능」, 「신뢰성」, 「위험」, 「하자보수나 지원에 대한 공급자 책임」, 「공급자의 공급 능력」 등이다.

또한, 1.2판에서는 조달하는 산출물의 선정에 관하여 「기술적 해결(TS)」 프로세스 영역의 SP 1.1의 서브 프랙티스에서 「상용 시판하는 산출물의 후보의 특정」이라는 형태로 표현하고 있다. 외부에서 조달한 물품이나 서비스라도 프로젝트의 산출물로서 최종적으로 제공하는 경우, 많은 경우에는 프로젝트가 그 산출물에 대한 책임을 지게 된다. 따라서 외부 조달을 하는 경우에는 공급자로부터 요구사항이나 납기, 작업진척 관리, 품질관리에 대해 합의를 얻어 프로젝트에서 발생하는 위험을 최소화할 필요가 있다.

SG 2 : 공급자 계약을 충족한다.

산출물이 확실하게 납입될 수 있도록 하기 위해서는 공급자와 교환한 계약서에 따라 공급자의 작업 진척이나 품질, 공수, 비용 등의 실적을 감시하고, 필요에 따라 산출물을 납입할 때까지의 기간에 대해 시정조치를 실시할 필요가 있다. 또한, 납품된 산출물의 품질을 보증하고 납품의 기한을 지키기 위해서 뿐만 아니라 프로젝트를 성공시키기 위해서도 불가결한 산출물에 대해서는 적절한 마일스톤을 설정하여 심사 및 검토를 실시할 필요가 있다.

이들 활동을 확실하게 실시하기 위해 공급자와 합의를 확립하는 단계에서 진척이나 품질에 대해 사용하는 지표나 보고의 빈도, 그리고 의사결정의 프로세스 등을 미리 결정해둘 필요가 있다.

또한, 앞에서 기술한 것과 같이 외부에서 조달한 산출물에 대해서도 최종적으로 프로젝트가 책임을 지는 경우가 많기 때문에 일반적으로 검수할 때에는 요구사항이 모두 충족되고, 필요한 산출물이 모두 작성되어 있는 것을 확인할 필요가 있다. 또한, 검수할 때에 문제를 발견할 경우에는 공급자와 문제를 공유하고, 합의 내용에 따라 문제를 해결할 때까지 추적 한다. 검수한 산출물은 프로젝트의 형상관리 아래로 이행하여 타 산출물과 같이 형상관리를 실시한다.

Column 칼럼 **공급업체 관리 프로세스의 감시와 산출물의 심사/검토**

1.2판에서는 「통합 공급자 관리(ISM)」 프로세스 영역이 삭제되어 그 요소가 이 「공급업체 계약관리(SAM)」의 SG 2에서 공급자 관리 프로세스의 감시와 공급자가 납품한 산출물의 심사 및 검토로서 추가되어 초점을 맞추게 되었다.

Point! 산출물의 최종 책임은 프로젝트에 있다.

앞에서 기술한 것과 같이 어떠한 종류의 조달이든 고객에게 최종 산출물로서 납품하는 경우에는 산출물에 대한 책임은 프로젝트가 지게 된다. 따라서 「외부에서 조달한 산출물이 납기를 맞추지 못한다」, 「고객의 요구사항을 따르지 않았다」, 「기대한 품질을 충족시키지 않았다」 등의 위험을 어떻게 관리할 수 있을지가 외부조달을 할 때에 커다란 열쇠가 된다.

고객 등의 이해관계자가 외부조달의 산출물에 관한 문의를 할 때에는 프로젝트구성원이 그 자리에서 대답할 수 있도록 관리가 되어 있는지를 고려하면 공급자와 어떤 합의를 성립시켜야 할지를 보다 구체적으로 관리할 수 있을 것이다. 또한, 프로젝트에서 충분히 주의하지 않으면 안 되는 것은 외부조달이 있다고 해서 안심할 수 없다는 것이다. 아무리 정밀한 계약에 입각하여 조달을 실시한다고 해도 프로젝트 팀의 감시가 없으면 당초의 계획이나 합의사항대로 모두 완료하는 것은 매우 드물다.

외부조달에 관련된 위험을 최소한으로 억제하기 위해 ① 대상이 되는 산출물의 요구사항이나 납기에 대해 확실하게 합의하고, ② 정상적으로 진척이나 품질에 대해 감시를 하는 것이 중요하다. 예를 들면 ①에 대해서는 가능한 한 상세화한 산출물의 일람을 작성하여 각 산출물에 대해 최종 납품일이나 검토 예정일 등의 중요한 마일스톤을 기재한 관리표를 사용하여 진척관리를 하고, 검수 시에는 체크리스트를 사용하여 누락이 없도록 확인한다. 이들을 합의사항으로서 구체적으로 교환함으로써 프로젝트 팀과 공급업체 사이에서 인식의 차이를 없애는 것이 가능하게 된다.

또한, ②에 대해서도 ①에서 작성한 관리표에 입각한 진척확인을 정기적으로 실시함으로써 작업 진척상황이나 진척 저해요인, 진척이나 품질상의 위험에 대해 파악할 수 있게 된다.

통합 프로젝트 관리 + IPPD(IPM + IPPD)

개요

「통합 프로젝트 관리 + IPPD(IPM + IPPD)」 프로세스 영역의 목적은 각 프로세스가 프로젝트에 적응하도록 조직표준이나 방법론에 준하여 조직의 표준 프로세스를 조정(tailoring) 하여 그 프로세스에 따라 프로젝트를 관리하는 것이다.

이 프로세스 영역에서는 실제로 조직 프로세스 자산을 활용한 결과를 이용하여 조직 프로세스 자산에 대한 개선요망이나 제안을 모아 반영할 것을 요구하고 있으며, 자산의 축적, 개선을 반복함으로써 조직 프로세스 자산이 충실한 것으로 되는 것을 기대할 수 있다.

「통합 프로젝트 관리 + IPPD(IPM + IPPD)」 프로세스 영역은 다음의 내용으로 구성되어 있다.

표 04-04 통합 프로젝트 관리 + IPPD(IPM + IPPD)

고유 목적	내용
SG 1	조직의 표준 프로세스를 조정 하여 프로젝트를 관리한다.
SG 2	이해관계자와 협력하여 프로젝트를 수행하기 위한 체제를 구축한다.
SG 3	통합 팀 군을 확립하여 통합 제품 프로세스 개발(IPPD) 환경을 구축한다.

또한, IPPD의 적용 대상이 되는 SG 3은 1.2판에서 변경되어 1.1판의 「IPPD를 위한 통합 프로젝트 관리(IPM)」 프로세스 영역(SG 3과 SG 4) 및 「조직 팀 구성(IT)」 프로세스 영역 전체가 이 영역의 SG 3으로 편입되었다. 여기서는 통합팀 군에서 구성되는 프로젝트가 효율적으로 고품질의 산출물을 작성하기 위한 환경이나 관리의 도구에 대해 필요한 실천항목을 나타냈다.

그림 04-05 통합 프로젝트 관리 + IPPD(IPM + IPPD)

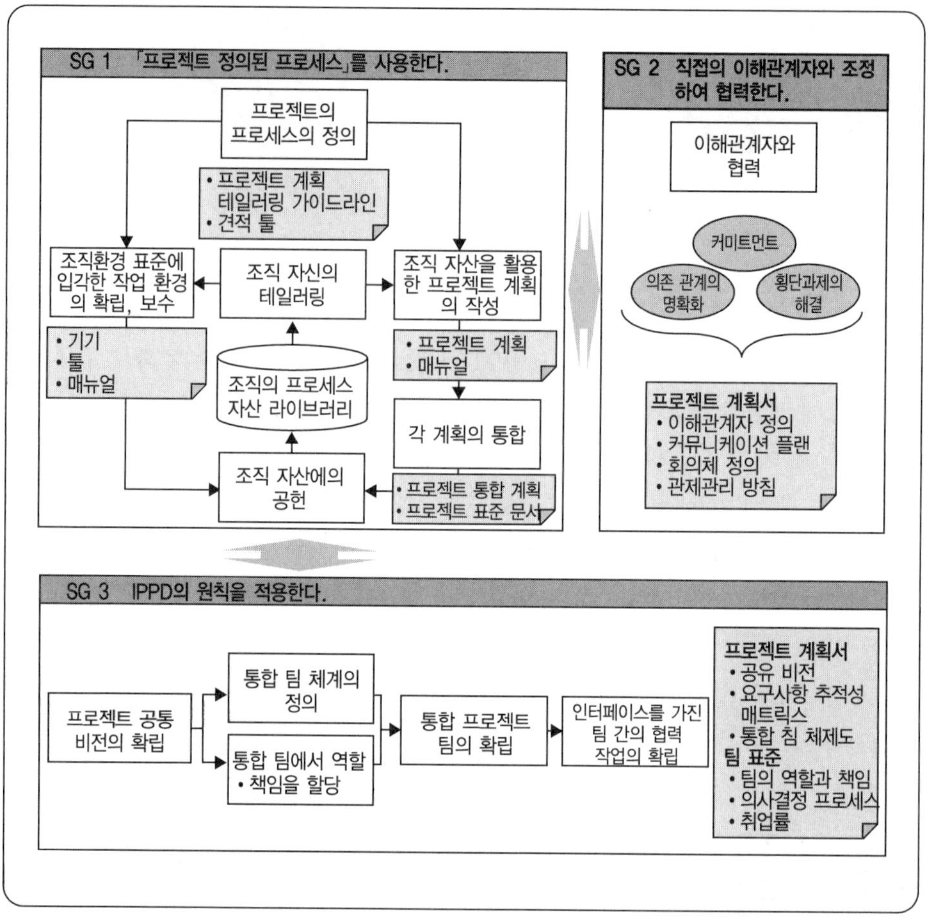

SG 1 : 「프로젝트의 정의된 프로세스」를 사용한다.

우선 프로젝트의 시작부터 전 기간에 걸쳐 조직의 프로세스 자산 라이브러리(library)에서 프로젝트의 니즈에 있던 프로세스를 선택하여 포함시키고, 프로젝트의 프로세스를 정의한다. 이 작업은 표준 프로세스의 조정을 동반하는 경우가 많지만, 조정을 실시할 때에는 지침을 활용하여 조직의 표준 프로세스를 적절하게 사용하도록 표준 프로세스에 정통한 QA 구성원과 함께 실시하거나 검토할 것을 요망한다.

다음으로 조직 프로세스 자산이나 조직의 측정 저장소를 사용하여 견적 및 프로젝트의 전체 계획을 수립한다. 조직 프로세스 자산이나 조직의 측정 저장소에는 과거에 실시한 프로젝트의 견적과 작업 실적에 대한 분석결과를 반영한 조직의 견적 도구와, 프로젝트 타입이나 규모에 따라 작성된 자원 계획, 작업 계획 등의 계획이 해당된다. 이와 같이 조직에서 축적한 자산을 활용하면서 프로젝트 계획을 수립한다.

그리고 1.2판에서 추가된 것으로서 프로젝트의 생산성을 향상시켜 품질을 유지하기 위해 적절한 작업 환경의 정의를 목적으로 하는 프로세스 영역이 있다. 「조직 프로세스 정의(OPD)」 프로세스 영역에서 정의된 작업환경 표준에 따라 프로젝트에서 작업환경을 확립하는 것이라고 볼 수 있지만, 작업환경에는 프로젝트에서 사용하는 기기나 도구, 매뉴얼 종류 등이 해당된다.

또한, 프로젝트에서 작성한 다양한 계획문서는 통합 계획문서로서 관리할 필요가 있고, 계획에 따라 프로젝트에서 실시하는 작업에 대해 모니터링과 통제를 실시하게 된다.

그리고 조직 프로세스 자산을 실제로 활용하여 프로젝트에 적용할 때는 프로젝트나 QA에서 조직 프로세스 자체에 대한 개선 요구를 파악하게 된다. 이들의 개선 제안은 구체적인 개선책으로서 반영되므로 프로젝트의 경험과 사용한 결과나 측정치를 수집하여 조직의 측정 저장소에 축적하는 것이 요구된다.

SG 2 : 관련 이해관계자와 조정하여 협력한다.

프로젝트를 진행하기 위해서는 고객과 벤더라는 프로젝트 내외의 이해관계자를 포함시키고, 조정을 통해 최대한의 협력을 얻을 수 있는 체제를 구축할 필요가 있다. 이를 위해 각 이해관계자의 관계를 정리하여 효과적인 의사소통 계획이나 회의를 명확하게 해야 할 것이다.

또한, 이해관계자의 커미트먼트(commitment)를 얻어 프로젝트를 진행할 필요가 있으므로 프로젝트에서 정의한 계획이나 프로세스의 합의를 포함하여 「누가 어떤 시점에서 작업 산출물을 수령하여 승인하는가?」라는 이해관계자와의 의존 관계를 정의해야 한다. 그리고 이해관계자와의 과제 해결 또는 조정에 대한 의존 관계 및 에스컬레이션(escalation : 단계적 확대) 레벨을 고려하여 관리해야 한다.

SG 3 : IPPD의 원칙을 적용한다.

IPPD에 관한 중요한 키워드로서 「조직 팀 구성」이 있다. 「조직 팀 구성」이란 어느 작업을 공동으로 실시하기 위해 모인 다른 조직이나 배경, 능력, 전문지식을 가진 구성원에 의해 구성되는 팀을 말한다.

프로젝트에서는 역할에 따라 경험있는 구성원이 여러 조직에서 모인다. 이 때문에 구성원이 협력하여 최대한의 힘을 발휘할 수 있는 환경을 만드는 것이 중요하다. 프로젝트 구성원 전원의 지침이 되는 프로젝트 공통의 비전을 만들어 구성원이 효율적으로 작업할 수 있도록 체제를 정의하고, 덧붙여서 각 통합 구성된 팀이 담당할 역할과 책임을 명확하게 할 필요가 있을 것이다.

조직 팀 구성은 각 통합팀 내에서 역할이나 책임, 작업, 의사결정이나 의사소통의 실시방법, 팀 내의 운영규칙이나 행동규범을 명확하게 하여야 한다. 그러기 위해서는 통합팀 사이나 통합팀 내에서 인식을 맞출 필요가 있는 내용을 팀 정책으로서 정의하여 구성원과 공유하는 것이 요구된다.

Point! 조정은 조직의 성숙 정도를 알 수 있는 파라미터

조정은 조직에서 표준 프로세스의 정착 정도를 측정하는 중요한 파라미터가 된다. 앞에서 기술한 것과 같이 조정이란 조직에서 제공된 표준 프로세스나 자산을 수정하여 프로젝트에서 적용할 수 있도록 만드는 활동이다.

표준 프로세스가 정착한 조직에서는 표준 프로세스를 프로젝트의 특징에 따라 적용하기 쉽도록 하기 위해 조정 지침을 활용하고, 한편으로 표준 프로세스가 충분히 정착하지 못하고 또한, 자산의 개선활동도 충분히 실시되지 않다고 생각되는 조직에서는 조정 지침이 활용되고 있지 않을 것이다. 이 때문에 CMMI의 선임 심사원은 조정 프로세스를 중요한 의사결정 요소로 이용한다. 즉 표준 프로세스가 정착되지 않은 조직에서는 조정된 프로세스나 자산을 수집도 할 수 없는 것이다.

조직의 표준 프로세스는 다양한 타입이나 크기의 프로젝트에 적용할 수 있도록 범용으로 만들어지기 때문에 프로젝트에서는 표준 프로세스를 그 형태 그대로 적용하는 것이 아니라 프로젝트에 맞춰 조정하는 것이 일반적이다.

조정 결과는 조직 자산을 더욱 개선하기 위해서도 프로젝트에서 조직으로 피드백을 한다. 피드백이 없는 경우에 생각할 수 있는 상황은 다음의 3가지 이다.

① 프로젝트에서 조직의 표준 프로세스를 사용하지 않는다.
② 조직의 표준 프로세스를 그 형태 그대로 프로젝트에 적용하고 있다.
③ 조정은 했지만 결과를 조직에 피드백 하지 않는다.

①은 표준 프로세스가 정착하지 않은 상황이다. ②는 기본적으로 표준 프로세스에서 조정하여 적용되는 것이기 때문에 모든 프로세스에 대해 조정하지 않고, 적용하는 경우에는 프로젝트에서 이들 프로세스가 유명무실하게 될 가능성이 있다. ③에서 표준 프로세스는 그 프로젝트에서 적용되어 정착하고 있는지는 몰라도 조직에서 자산을 더욱 개선하는 것으로 연결되지 않은 상황이라고 볼 수 있다.

어느 것이나 모든 사례에서 충분한 조정이 실시되지 않았고, 조직의 성숙도는 낮다고 생각된다. 조직의 성숙도를 높이기 위해서는 프로젝트에서의 피드백을 바탕으로 표준 프로세스나 자산을 개선하여야 한다. 그 결과, 프로젝트는 현장에서 보다 유용하게 사용하기 쉬운 프로세스나 자산을 전개함으로써, 조직과 프로젝트, 서로에게 효과를 향유할 수 있는 환경이 되어 프로세스 개선활동을 추진할 수 있다.

위험 관리(RSKM)

개요

프로젝트를 수행하는 도중에는 예상외의 문제가 발생하는 일이 있다. 그러나 사전 준비를 게을리 하여 문제가 발생한 후 대응방법을 생각한다면 대응이 늦어져버려서 만회할 수 없는 상태에 직면하게 되는 일도 있다.

위험이란 프로젝트에 잠재되어있는 불확실한 요소로서 위험이 발생한 경우에는 프로젝트의 목적(프로젝트의 범위나 일정, 비용, 품질) 달성에 영향을 주는 것이다.

「위험 관리(RSKM: Risk Management)」 프로세스 영역의 목적은 프로젝트에 나쁜 영향을 주는 위험이 발생하지 않도록 또는 위험이 발생한 경우에는 그 영향을 감소시킬 수 있도록 관리 하는 것이다. 위험 관리의 활동은 프로젝트를 시작할 때 및 계획을 수립할 때에 실시하는 활동(SG 1)과 프로젝트를 수행하는 도중에 실시하는 활동(SG 2, SG 3) 등 크게 둘로 나눌 수 있다.

「위험 관리(RSKM)」 프로세스 영역은 다음의 내용으로 구성되어 있다.

표 04-05 위험 관리(RSKM)

고유 목적	내용
SG 1	위험관리 활동의 틀을 정의한다.
SG 2	위험을 파악하여 우선순위를 매긴다.
SG 3	위험완화 계획을 실행한다.

위험 관리를 효과적으로 실시할 때는 얼마나 빠른 단계에서 위험을 식별할 수 있는지가 포인트가 된다. 대개 위험의 발견이 늦어지면 그 후 아무리 우수한 관리를 한다고 해도 유효한 대응책은 한정되어버리기 때문이다. 프로젝트의 시작부터 종료까지 프로젝트 관리자는 항상 위험에 민감하게 대처 할 것이 요구된다.

그림 04-06 위험 관리(RSKM)

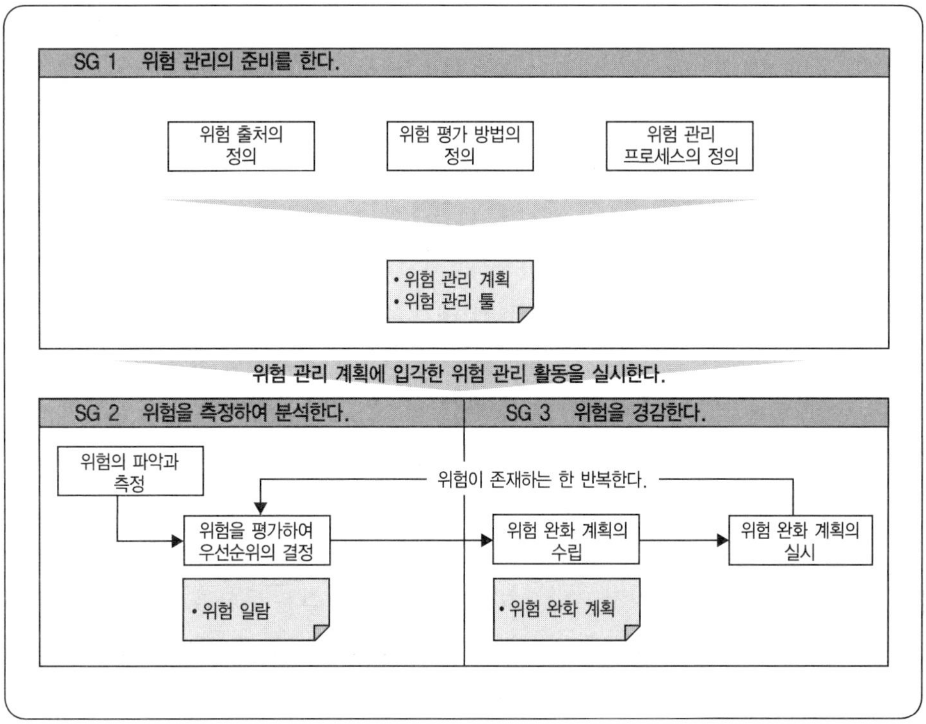

SG 1 : 위험 관리의 준비를 한다.

위험 관리에 대한 최초의 대처는 위험의 식별, 분석, 감시, 완화를 어떻게 실시할지를 정의하고, 동시에 이들 활동이나 실행에 대해 역할과 책임을 명확하게 하여 위험관리 계획으로 정리하는 것이다.

위험을 체계적으로 파악하려면 프로젝트의 목적을 저해하는 요인으로서 어떤 것을 생각할 수 있는지 그 관점을 미리 정의해두는 것이 중요하다. 관점의 예로서 「비용」, 「일정」, 「기술」, 「운용」, 「외부 요인」 등을 들 수 있다. 구체적으로는 「충분한 예산과 일정이 설정되어 있는가?」, 「미성숙한 기술을 이용하고 있지 않은가?」, 「운용을 충분히 고려하여 시스템이 구축되어 있는가?」, 「개발 도중에 발생하는 개발 범위에 관련된 법 개정은 없는가?」 등을 들 수 있다.

위험의 분석에는 발생 확률과 영향 정도를 파라미터로 이용하여 분석하는 방법이 널리 이용되고 있다. 이들 파라미터에 대해 설정 기준을 정하여 위험 간의 비교나 대응 우선순위를 매기는데 일관성을 유지하는 것이 필요하다.

또한, 위험 완화 방안 수립이나 실시 시기, 조건도 위험 관리의 준비단계에서 결정해두어야 할 것이다. 예를 들면, 「위험의 발생 확률이 30%를 초과하고 영향 정도가 레벨 3 이상이 되는 경우에는 완화 대책을 실시한다」는 등이다.

이들 내용에 추가하여 위험 관리에 걸리는 의사소통 방법, 위험의 상태를 파악하는 빈도나 이용하는 도구를 정의하여 문서화하여 두는 것이 필요하게 된다.

SG 2 : 위험을 식별하여 분석한다.

우선은 프로젝트의 위험을 파악하여 각각의 위험에 대해 발생 확률이나 영향 정도, 언제까지 대응이 필요한지, 위험 간의 의존관계가 있는지 등을 검토하여 위험 관리표에 정리하고 심사하여 우선순위를 매긴다. 단, 위험의 발생 확률이나 영향 정도는 상대적으로 심사하는 것이 어려우므로 현실적으로는 3~5단계 정도의 레벨로 분류하여 관리하는 방법이 많이 이용된다. 그리고 파악한 위험은 정기적으로 심사를 재검토하는 것이 필요하다.

또한, 프로젝트의 진행과 함께 새로운 위험을 파악하는 관점이 생기는 경우에는 위험관리 계획을 갱신하는 것도 필요하다. 현실에서 위험은 무한하게 존재하기 때문에 프로젝트에서 관리할 필요가 있는 위험을 언제라도 파악할 수 있도록 항상 위험 파악의 관점을 정리해두는 것이 위험 관리를 효과적으로 실시하는 대응책이 된다.

SG 3 : 위험을 완화한다.

위험의 우선순위에 따라 위험에 대한 완화 대책을 수립하여 실시한다. 위험의 완화방안은 위험완화 계획과 같이 위험의 발생 확률이나 영향정도를 억제하는 것뿐만 아니라 유사한 대응 계획과 같이 위험이 현실화 될 때에 프로젝트에 대한 영향 감소를 목적으로 하는 경우도 있다.

또한, 위험의 대응에는 「위험을 수용한다」는 선택도 있다. 이것은 발생 확률이나 영향정도를 감소하는 대책을 실시하는 것보다도 위험이 발생한 후의 대응을 생각하는 쪽이 비용 대비 효과의 면에서 합리적이라고 생각되는 경우에 선택하는 것이다.

실제로 위험을 관리하는 데는 영향정도나 발생 확률, 위험완화 대책 외에도 위험의 관리기간이나 대응책을 실시하는 일정 및 담당자를 명확하게 할 필요도 있다. 위험의 관리기간은 프로젝트가 존속하는 한 무기한으로 관리해야 할 것도 있지만, 기한을 명확하게 정의할 수 있는 경우도 있다.

Point! 위험과 이슈의 차이

프로젝트 관리의 경험이 적은 프로젝트 관리자 중에는 위험관리와 이슈관리를 혼동하는 사람이 있다. 이것은 위험관리도 이슈관리도 어느 쪽이나 일종의 「문제」 관리로서 관리표를 사용하여 일람화 하고 상태관리를 실시하는 점에서 공통적이기 때문일 것이다. 그러나 위험관리의 목적은 「지금부터 발생할 가능성이 있는 문제를 미연에 방지하는 것」으로서 이미 발생한 문제를 취급하는 이슈관리와는 다르다.

이슈관리에서는 지금 그곳에 있는 문제를 해결하기 위해 「어떻게 신속하게 대응책을 실행으로 옮길까?」라는 점이 포인트가 되는 것이지만, 위험관리에서는 「어떻게 위험을 망라하여 파악하고, 각각의 위험 발생 확률이나 영향정도를 억제할 수 있을까?」, 그리고 「만일 위험이 발생한 경우에는 사전에 훈련된 대응책을 강구하여 어떻게 프로젝트의 목적에 대한 나쁜 영향을 억제할 수 있는가?」가 포인트가 된다.

예상외의 사태가 돌발적으로 발생한 경우에는 대책을 강구할 시간이 거의 없고, 또한, 대응에 필요한 비용 및 공수의 변경도 할 수 없어서 최악의 경우에는 프로젝트를 수행할 수 없게 되는 상황에 빠질 가능성도 있다. 이와 같은 사태를 방지하기 위해서는 프로젝트의 진행과 함께 시시각각으로 변화하는 상황을 보면서 문제가 발생할 때는 신속하게 대응책을 세워 위험을 어떻게 「관리 범위 내」로 수습할 수 있는지가 관련 위험관리의 포인트다.

Point! 계속하여 위험을 모니터링 하라.

「어떻게 위험을 전반적으로 파악할 수 있는가?」가 위험관리 초기 시점에서는 중요하다. 하지만 이것만으로는 물론 충분하다고 할 수 없다.

프로젝트를 시작할 때에 브레인스토밍을 하여 다양한 위험을 파악했지만, 그 후 계속적으로 모니터링을 할 수 없는 상황에 빠지기 쉽다. 이와 같은 상황이 발생하는 배경에는 프로젝트 구성원이 「위험관리에 대해 프로젝트 시작 시점뿐만이 아니라 프로젝트의 완료까지 계속적으로 위험을 감시하지 않으면 의미가 없다」는 것을 충분히 이해하지 못한다는 점이 원인이라고 생각된다. 또한, 프로젝트에서는 너무나 사소한 위험과 관리할 수 없는 너무 큰 위험, 발생할 수 없는 위험 등 위험을 파악하는 방법에 원인이 있는 경우도 많다.

프로젝트에서 관리할 필요가 있는 레벨의 위험을 전반적으로 파악하고, 이들을 계속적으로 모니터링 하여 위험상태를 관리하지 않으면 위험이 나타났을 때에 신속하게 대응할 수 없다.

한편으로 위험관리는 아직 발생하지 않은 「문제」에 대한 활동이기 때문에 매일 작업에 쫓기는 프로젝트 현장에서 보면 필요성을 실감할 수 없는 것도 많다. 이 때문에 정기적인 모니터링이 뒷전이 되거나 소홀하게 되기 쉽다. 그러나 정기적인 모니터링이 일단 두절되면 매일 작업에 바빠서 재개하는 것은 매우 어렵다. 위험이 현실화 했을 때의 영향을 고려하여 위험관리를 실시하는 공수를 산출(捻出)하고 계속적으로 활동을 실시하도록 계획단계에 정의해두는 것이 중요하다.

정량적 프로젝트 관리(QPM)

개요

조직이나 프로젝트에서 지표를 수집하여「정량적으로」상황을 판단하고 대응하기 위해서는 일정량의 데이터 축적 및 표준치 · 기준치가 필요하게 된다. 이 때문에 명확한 분석 기준을 설정하여 조직에서 정량적 관리의 도구를 확립하고, 몇 개의 유사한 프로젝트의 수치를 수집 및 축적하여 통계적으로 판단된 표준치 · 기준치를 찾아내는 장기적인 대처가 필요하게 된다.

「정량적 프로젝트 관리(QPM : Quantitative Project Management)」프로세스 영역의 목적은 데이터나 지표를 축적할 수 있는 데이터베이스에 해당하는 조직의 측정 저장소(repository)(「조직 프로세스 정의 + IPPD(OPD + IPPD)」프로세스 영역 : p.233 참조)와 기준치 · 표준치를 포함한 조직의 프로세스 성과 베이스라인이나 프로세스 성과 모델(「조직 프로세스 성과관리(OPP)」프로세스 영역 : p.245 참조) 등의 도구를 확립하여 프로젝트에 정량적인 관리를 적용해나가는 것이다.

「정량적 프로젝트 관리(QPM)」프로세스 영역은 다음의 내용으로 구성되어 있다.

표 04-06 정량적 프로젝트 관리(QPM)

고유 목적	내용
SG 1	품질 목표를 정의하여 프로젝트를 정량적으로 관리한다.
SG 2	프로세스 단위에서 실적관리를 실시하여 데이터를 기록한다.

또한, 조직의 프로세스 성과 모델의 정립이나 통계적인 관리 데이터의 축적을 실시하는 활동은 달성하는 데 매우 많은 시간과 노력을 투자해야 하는 것이다. 이것이 이 프로세스 영역의 성숙도 레벨 4로 정립된 이유이다.

그림 04-07 정량적 프로젝트 관리(QPM)

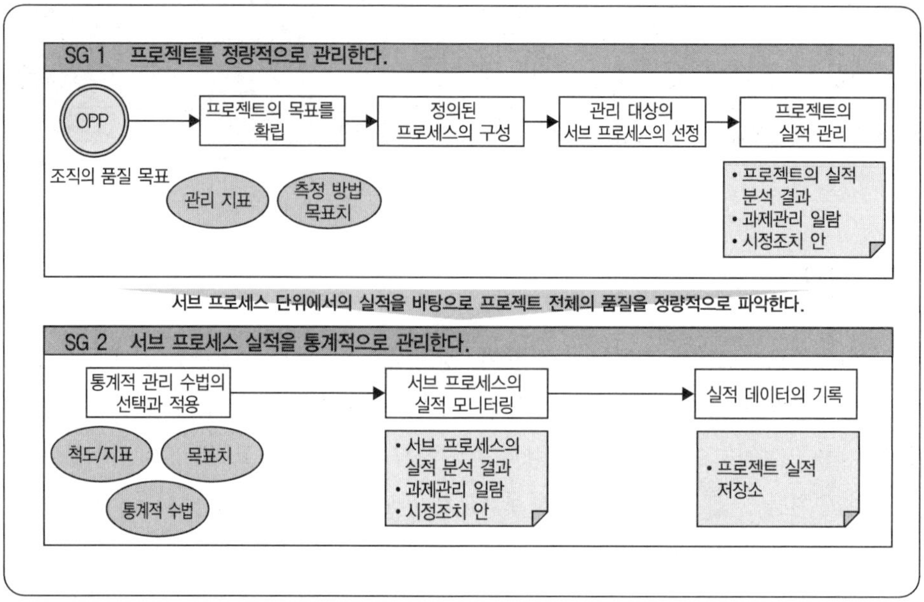

SG 1 : 프로젝트를 정량적으로 관리한다.

SG 1에서는「조직 프로세스 성과관리(OPP)」프로세스 영역에서 정의된 조직의 품질 및 성과 목표를 바탕으로 프로젝트 단위에서 측정 가능한 품질 및 성과 목표를 정의하고 프로젝트 단위에서 관리하기 위한 관리지표나 그 측정방법, 목표치, 관리대상이 되는 프로세스를 정한다.

품질속성과 프로세스 성과 속성의 양쪽에 대해 품질목표에서 정한 심사지표보다도 상세한 단위로 관리지표를 정의한다. 그리고 수집한 지표 데이터나 실적치를 모아 프로세스를 심사하고 프로젝트의 품질이나 성과 목표를 달성할 수 있도록 판단한다.

SG 2 : 서브 프로세스 성과를 통계적으로 관리한다.

SG 1에서 정의한 품질이나 성과 목표에 대해 관리지표나 척도, 분석기법을 지정하여 각 서브 프로세스에 대한 지표 데이터나 실적치를 수집한다. 수집한 지표 데이터나 실적치가 프로젝트에서 정의한 기준범위 내에서 관리되지 않는 경우에는 이들 현상을 적절하게 반영한 것인지를 판단하고, 이상 현상을 나타내는 경우에는 어느 정도 대응할 필요가 있는지를 판단하여 대책을 강구한다. 또한, 이 일련의 활동은 문서화하여 해결에 이를 때까지 시정 상황을 모니터링 할 필요가 있다.

또한, 수집한 지표 데이터나 실적치, 분석결과는 프로젝트의 실적 저장소에 집적하여 관리지표나 척도, 기준의 재검토나 프로젝트 사이의 비교, 견적 기준으로 활용하여 후속 프로젝트에 전개해 나가지 않으면 안 된다.

Point! 수치는 증상으로 이해하라.

소프트웨어의 개발은 제품의 대량생산과 달리 오더 메이드(order made)의 구성요소(component)를 하나하나 작성하는 작업이다. 따라서 제품의 제조과정에서 품질관리의 사고방식을 그대로 소프트웨어 개발에 적용하려고 하면 사고가 발생한다.

예를 들어, 어떤 서브시스템에서만 형편이 좋지 않은 수치가 한계 값을 초과한다는 사실만으로 해당 서브시스템의 품질에 문제가 있다고 판단해버리는 것은 성급한 것이다. 어쩌면 그 서브시스템의 난이도가 상당히 높아 표준적인 한계 값을 적용할 수 없는 것인지도 모른다. 지표의 근원이 되는 형편이 좋지 않은 관리 도구에 대한 입력 방법이 잘못된 것일지도 모른다. 또한, 테스트 사양서를 작성하는 방법이 좋지 않아서 잘못된 예상결과를 바탕으로 상태가 좋지 않다고 판단할 가능성도 있다.

지표는 어디까지나 프로젝트의 「건강상태」를 나타내는 하나의 척도에 지나지 않는다. 수치가 나쁘다는 것은 어떤 「증상」이 나타난 것이라고 파악할 수 있지만, 기침이 나온다고 전부 감기라고는 할 수 없듯이 프로젝트도 「증상」(지표)이 기준치에서 벗어났다고 하여 반드시 문제가 발생했다고는 할 수 없는 것이다. 이 「증상」을 계기로 현장의 실태를 파악한 뒤에 프로젝트의 상황을 판단해야 할 것이다.

엔지니어링

요구사항 개발(RD)

개요

「요구사항 개발(RD : Requirements Development)」 프로세스 영역의 목적은 고객의 니즈(needs : 요구)를 바탕으로 시스템으로 실현시키기 위한 목표를 선별하여 정리 · 분석한 다음 요구사항으로 정의하여 시스템화 하는 것이 가능하도록 하고, 나아가 상세한 요구사항으로 정리하는 것이다. 이 때문에 「요구사항 개발(RD)」 프로세스 영역에는 고객의 니즈나 기대, 제약 등에서 끌어낸 요구사항을 기능 요구사항과 비기능 요구사항으로 분류하여 시스템화에서의 실현여부 및 타당성을 확인하여 모든 각도에서 분석하기 위해 필요한 활동이 정의되어 있다.

「요구사항 개발(RD)」 프로세스 영역은 다음의 내용으로 구성되어 있다.

표 04-07 요구사항 개발(RD)

고유 목적	내용
SG 1	고객의 니즈를 수집하고 분석하여 고객 요구사항으로 정리한다.
SG 2	고객 요구사항을 구체화하여 시스템 구축의 요구사항을 편성한다.
SG 2	수집 · 정의한 요구사항에 대해 전반적으로 타당성을 확인한다.

그림 04-08 요구사항 개발(RD)

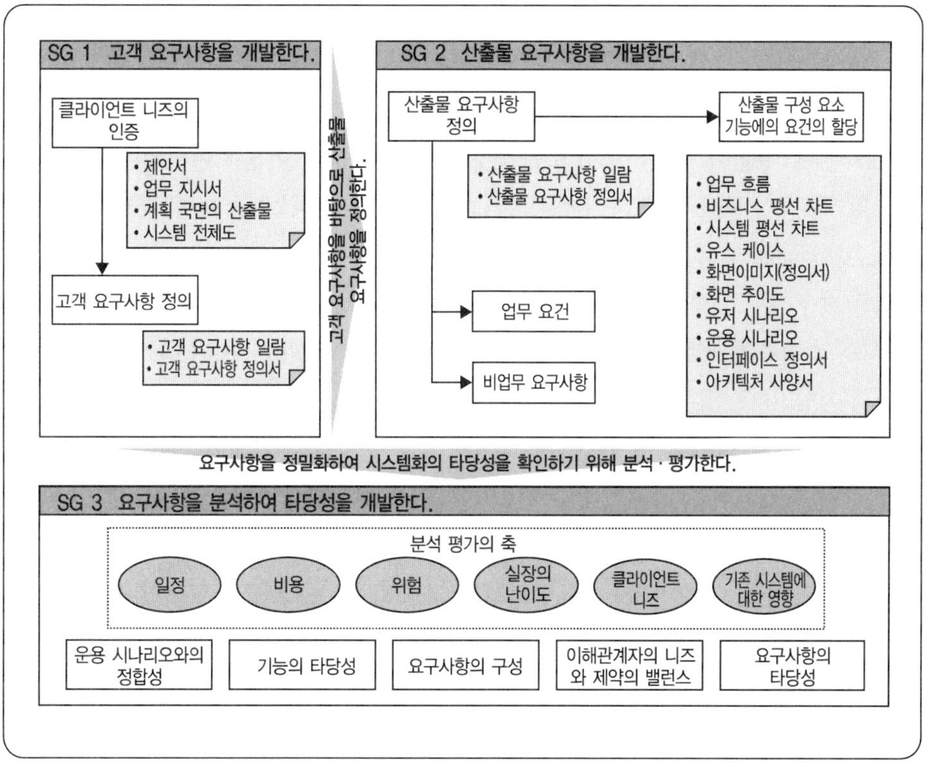

SG 1 : 고객 요구사항을 개발한다.

SG 1의 목적은 요구사항을 끌어내는 것에 있지만, 요구사항을 도출하는 대상을 단순히 고객으로 판정하는 것은 아니다. 프로젝트에 등장하는 이해관계자는 고객 외에도 최종 사용자(end user)나 운용 담당의 구성원 등 여러 갈래에 걸쳐 있다. 이들 이해관계자의 니즈나 기대, 제약, 영향 관계 등을 수집 · 분석하여 「고객 요구사항」으로서 정리하는 것이 필요하다.

또한, 구체적으로 니즈를 도출할 때는 단순히 인터뷰를 하는 것뿐만 아니라 연구가 필요할 것이다. 예를 들면 기술적인 프로토타입(prototype)이나 애플리케이션 데모(demo) 수행, 또한, 브레인스토밍, 회의, 시장조사, 유스케이스 사례(use case) 분석 등을 활용하여 능동적으로 인출할 수 있다. 이들 기법을 이해관계자에 맞게 사용하여 니즈를 누락하지 않고 추출할 필요가 있다.

단, 단순히 요구사항을 도출하는 것만으로는 「고객 요구사항」으로서 정리된 것은 아니다. 수집된 니즈 중에 포함된 모순점의 검증이나 니즈의 타당성 확인 등과 같은 정리분석 및 통합하는 작업을 실시함으로써 비로소 단순한 니즈의 집적을 「고객 요구사항」으로서 정리할 수 있는 것이다.

SG 2 : 제품 요구사항을 개발한다.

SG 2에서는 SG 1에서 정의한 「고객 요구사항」을 더욱 구체화하여 요구사항 일람이나 요구사항 정의서에 기재하여 상세 요구사항이나 시스템 요구사항을 정의한다.

요구사항 정의서에는 시스템을 구축하기 위해 필요한 요소를 편입하지 않으면 안 되므로 「고객 요구사항」을 분석하여 「기능 요구사항」이나 기술 요구사항, 운용 요구사항, 보안(security) 요구사항, 성능 요구사항 등의 「비기능 요구사항」, 그리고 인터페이스 요구사항 등의 보다 상세한 「제품 요구사항」으로 분해할 필요가 있다.

그리고 최종적으로는 시스템화를 의식하여 비즈니스 기능 차트(function chart)나 시스템 기능 차트, 업무 흐름이나 유스케이스 사례 등의 커스터마이징 개발 또는 패키지 개발 등의 각 시스템 아키텍처에 적합한 설계 문서로서 기재한 「제품 구성요소의 요구사항」을 정의하지 않으면 안 된다. 또한, 여기서 정의한 「제품 요구사항」이나 「제품 구성요소의 요구사항」은 당연한 것으로써 프로젝트의 변천과 함께 추가 · 변경될 가능성이 있지만, 이 경우에는 「요구사항 관리(REQM)」 프로세스 영역인 변경 관리의 프로세스에 따라 관리한다.

또한, 제품의 「제품 구성요소 요구사항」 안에서도 「인터페이스 요구사항」에 관해서는 특별히 의식하여 명확하게 할 필요가 있다. 각각의 「제품 요구사항」이나 「제품 구성요소의 요구사항」이 명확하게 된 후에라도 제품 간이나 제품 구성요소 간의 「인터페이스 요구사항」을 파악하면 각각 별개의 요구사항 개발에서 추출된 것이기 때문에 전체에서 보면 모순되는 것이 많이 있다. 그래서 「인터페이스 요구사항」으로서 기능 간의 인터페이스 조건을 분석 · 정리하여 「제품 요구사항」이나 「제품 구성요소의 요구사항」 전체에 모순이 없도록 조정할 필요가 있다.

SG 3 : 요구사항을 분석하여 타당성을 확인한다.

SG 3의 목적은 수집 · 정의한 각 요구사항의 내용에 누락이 없는지, 정의한 내용이 타당한지를 확인 및 분석하는 것이다.

요구사항의 타당성 확인에서 핵심 포인트는 다음의 4개로 분류할 수 있다.

운용 시나리오나 사용자 시나리오가 명확하고 요구사항과 적합한가?

이하의 산출물이 운용 시나리오나 사용자 시나리오 요구사항과 적합한지의 여부를 유스케이스 사례 등을 이용하여 확인한다.

- 업무 흐름
- 비즈니스 기능(function) 차트

- 이용할 때의 운용 시나리오나 운용 환경
- 설치나 보수를 할 때의 방침
- 폐기할 때의 프로세스

기능의 정의가 타당한가?

아키텍처 개요도나 액티비티(activity)도, 유스케이스 사례, 오브젝트(object)를 분석한 분류도 등을 이용하여 정의한 기능 내용에 차이가 없는지를 검토한다.

요구사항에 누락 및 중복이 없는가?

정의한 요구사항을 일람화하여 체크하거나 기술적인 성능을 확인하는 작업과정에서 누락 및 중복을 파악한다.

이해관계자의 요구사항과 제약 사항의 균형을 유지하고, 요구사항을 분석한다.

요구사항에 관한 위험의 파악이나 시뮬레이션, 프로토타입을 통해 이해관계자 사이의 니즈와 제약사항을 조정한다. 「요구사항에 누락 및 중복이 없는가?」와 함께 요구사항의 일람을 작성할 때는 이들 관점에서 심사하기 위해 일정이나 비용, 위험, 이해관계자 사이에서 비즈니스상 우선순위 등의 심사기준을 설정하여 논의 및 분석한다.

마지막으로 요구사항 확인을 위한 회의나 콘퍼런스 룸 파일럿(conference room pilot)이나 프로토타입에서 확인하여 요구사항의 「확인(VAL)」 프로세스 영역을 실시하여 그 활동 내용을 정리하고 분석 및 기록하여 요구사항의 승인까지 실시한다.

Point! 요구사항은 단계적으로 상세화하여 다각적으로 분석하라.

이 프로세스 영역은 SG 1의 고객 요구사항의 도출 · 개발에서 SG 2의 요구사항의 구체화, SG 3의 정의한 요구사항의 분석 및 타당성 확인까지의 활동을 단계적으로 구체화하면서 다각적으로 확인하는 구성으로 표현되어 있다.

요구사항 개발에서는 어떻게 해도 사용자 요구를 확실히 반영하기 쉬운 기능 요구사항을 중심으로 파고들기 쉽다. 그러나 시스템을 실현하는 데에는 기술 요구사항이나 운용 요구사항, 보안 요구사항, 성능 요구사항 등과 같은 비기능 요구사항의 정의도 중요하므로 기능 요구사항과 함께 주축을 망라하여 설정하고 정의하는 것이 필요하다.

예를 들면, 업무 요구사항을 고집할 때에는 성능 요구사항의 정의를 내버려두거나 또는 기술 요구사항이나 운용 요구사항의 관점에서 분석 및 조정이 부족하기 때문에 설계 단계에서 요구사항의 재검토 · 조정이 발생하는 것과 같은 일이 생기는 경우도 있다. 그리고 타 프로세스 영역과의 균형을 유지하면서 범위를 조정해야 할 과제가 있음에도 불구하고 범위에서 누락된 사항을 후속 단계에서 발견한 경우도 있다. 이와 같은 사고를 방지하기 위해서도 범위를 정의하는 단계에서 이 프로세스 영역에서 정의될 수 있도록 다각적으로 분석하는 것이 필요하게 될 것이다.

우선은 요구사항 개발을 위한 활동에서 요구사항을 단계적으로 구체화하는 과정에서 필요한 산출물은 무엇인지를 파악하여 구조화 하고 나서 「각각의 요구사항이나 산출물을 나열하여 분석하기 위해서는 어떤 시점이 필요한가?」라는 관점에서 명확한 심사기준을 정의하고 품질이 높은 요구사항을 정의하기 위한 활동으로 이어나가는 것이 중요하다.

요구사항 관리(REQM)

개요

이 프로젝트에서도 프로젝트에 대한 다양한 요구사항을 실현하는 것 자체가 프로젝트의 목적이다.

이 때문에 프로젝트가 어느 정도의 종료 시점에서 요구사항이 실현되지 않은 경우 또는 실현한 요구사항이 대부분의 이해관계자 사이에서 합의를 얻지 못한 경우라면 이들 요구사항을 실현한 것은 아니므로 다음 공정으로 진행할 수 없다.

요구사항의 관리에서는 확정 · 실현한 요구사항의 품질이 충분한 레벨에 있을 것, 그리고 확정 · 실현한 요구사항에 대해 관련된 이해관계자 전원의 합의를 얻었는지가 작업의 개정이나 프로젝트에 막대한 영향을 미치는 큰 폭의 사양 변경을 방지하는 것이 되므로, 결과적으로 프로젝트를 성공으로 이끄는 중요한 열쇠가 된다. 또한, 프로젝트는 프로젝트를 진행하는 도중에 발생하는 요구사항의 변경에 대해서도 그 변경이 승인되어 구현에 이를 때까지, 또한, 기각될 때까지 확실하게 추적하지 않으면 안 된다.

「요구사항 관리(REQM : Requirements Management)」프로세스 영역의 목적은 요구사항을 누락 없이 확실하게 관리하여 이들 요구사항과 프로젝트가 지향하는 방향에 부정합이 발생하지 않도록 관리하는 것이다.

「요구사항 관리(REQM)」프로세스 영역은 다음의 내용으로 구성되어 있다.

표 04-08 요구사항 관리(REQM)

고유 목적	내용
SG 1	요구사항을 이해하여 이해관계자의 합의를 얻는다. 요구사항에 변경이 발생한 경우에는 변경 관리를 실시하여 요구사항과 산출물의 정합성을 확보한다.

그림 04-09 요구사항 관리(REQM)

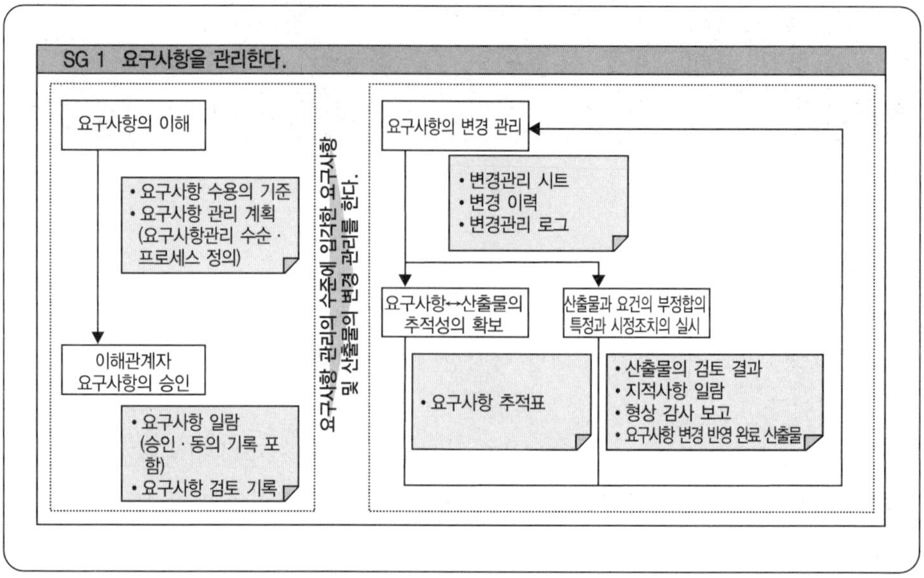

SG 1 : 요구사항을 관리한다.

요구사항의 관리에서 우선 최초로 해야 할 것은 요구사항을 제시한 사람과 사용자간에 인식의 차이가 없다는 것을 확인하는 것이다. 구체적으로는 요구사항을 문서화하여 요구사항을 제시한 사람이 그 내용에 동의한 것을 기록으로 남겨두는 것이다. 당연히 요구사항의 동의를 얻을 필요가 있는 이해관계자가 누군지를 사전에 파악해둘 필요가 있다.

또한, 어떤 프로젝트라도 프로젝트를 진행하는 도중에 외적 환경의 변화 및 상세한 검토를 진행한 결과로서 요구사항을 변경할 가능성이 있다. 요구사항에 대한 변경 요구가 나온 경우에, 우선 그 변경이 프로젝트 전체에 대해 어떤 영향을 줄지를 올바르게 분석하지 않으면 안 된다. 그리고 그 영향 분석의 결과를 문서화하여 요구사항의 변경을 수용할지의 여부를 결정할 필요가 있다. 또한, 요구사항의 변경을 수용할 때는 당초의 요구사항에서 변경 내용을 이력으로 문서화하여 새로운 요구사항에 대해 다시 이해관계자에게 동의를 얻을 필요가 있다.

요구사항의 변경 내용은 일람표를 작성하는 것만으로 관리할 수 있지만, 요구사항의 변경에 따른 영향을 올바르게 분석할 때는 요구사항 추적표(RTM: Requirement Traceability Matrix)을 미리 작성해두면 좋다.

또한, 요구사항 관리는 「형상 관리(CM)」 프로세스 영역과도 밀접하게 관련되어 있다. 요구사항 자체의 변경은 물론 요구사항의 변경에 의해 영향을 받는 산출물이나 일정에 대해서도 사전에 변경이력 관리나 버전 관리의 도구나 절차를 정비하여 서로

부정합이 일어나지 않도록 충분히 고려하여 변경하는 것이 중요하다.

Column 칼럼 **RTM(Requirement Traceability Matrix)**

RTM이란 하나의 요구사항이 다음 공정인 설계, 개발, 테스트의 어디에 각각 관련되어 있는지를 관리하는 도구다. RTM을 작성함으로써 요구사항의 변경이 다음 공정의 어디에 영향을 미치는지, 다음 공정의 변경이 어느 요구사항에 영향을 미치는지를 양방향에서 측정할 수 있다.

요구사항의 변경 관리를 포함한 요구사항의 관리에서는 요구사항에서 다음 공정의 산출물까지 양방향의 추적 가능성, 즉 요구사항부터 테스트, 그리고 테스트부터 요구사항까지의 추적성을 유지하면서, 정의한 요구사항이 시스템으로 구축될 때까지 일관성을 갖고 유지관리하기 위해 필요한 도구나 절차를 정의할 필요가 있다.

Point! 추적성은 절차와 일람표에서 확보하라.

「요구사항 관리(REQM)」 프로세스 영역에서 최대의 난관은 요구사항 추적관리일 것이다. 실제로 많은 프로젝트에서 프로젝트 내의 활동으로서 어떻게 실현해야 할 것인지에 대한 끊임없는 노력이 필요하다. 한 장짜리 표나 간단한 도구로 추적성이 표현되고 확보할 수 있다면 얼마나 편할 것인가.

물론, 규모가 작은 시스템 개발이라면 한 장짜리 표에서 모든 추적성을 망라할 수 있을지도 모른다. 그러나 많은 프로젝트에서는 정리하는 방법에 따라 터무니없이 거대한 표로 작성되기 때문에 모처럼 정리한 노력에 비해 일관성 있게 파악하는 것이 어렵게 되고, 결국 표를 갱신하지 않아 방치되어 버리는 것과 같은 실패담도 많다.

프로젝트에서 예산의 여유가 있다면 IDE(Integrated Development Environment : 통합 개발환경)의 일환으로서 요구사항 관리도구를 도입하고, 그 안에서 요구사항 추적표을 실현하는 것도 가능하다. 그러나 모든 시스템 아키텍처에 적용할 수 있는 것은 아니라는 점, 그리고 도입 비용이 높아져 도구를 사용하려면 여러 복잡한 단계를 거치기 때문에 현장에 잘 사용할 수 없는 등 도입효과를 실감할 수 없는 경우도 있다.

실제로는 「상이수준의 요구사항과 상세한 요구사항의 표」, 「상세한 요구사항과 기본 설계의 표」 등 몇 개의 단계로 나눈 관리표를 작성하여 각각의 표 관련성과 갱신 및 일관성을 파악하기 위한 절차 및 방법을 정의하여 운영하는 사례가 많다. 몇 개의 관리표를 이용하여 운용하는 경우에는 최초 공정에서의 요구사항이나 산출물을 확실하게 정의하고 요구사항 및 산출물 체계를 구조화하여 그 관계를 산출물 ID나 키 항목으로 관련지어 양방향에서 확인이 가능하도록 정비하는 등 일정한 기준 및 규칙으로 관리하지 않으면 안 된다.

또한, 이러한 추적성이 가능하도록 관리가 용의주도한 경우에는 개발 프로젝트는 물론 프로젝트의 유지보수 · 운용 단계에 들어가서도 그 효과를 계속 향유할 수 있을 것이다.

엔지니어링

기술적 해결(TS)

개요

프로젝트에서는 다양한 산출물이 작성되지만, 이들 산출물은 질서없이 막연하게 작성하는 것이 아니라 프로젝트가 충족해야 할 요구사항에 따라 체계적으로 작성되고 운용되어야 하는 것이다.

프로젝트 중에는 시스템의 유지보수 및 운용비용의 절약을 지향하고 있음에도 불구하고 적절한 설계문서를 작성하지 않고 시스템을 구축했기 때문에 결과적으로 품질, 비용 면에서 모두 손실인 프로젝트나, 업무 사용자의 생산성 향상을 지향하여 신규 시스템을 구축했음에도 불구하고 사용자를 위한 시스템 운영 훈련을 충분히 실시하지 않아서 업무의 생산성이 떨어진 프로젝트가 있다. 이와 같은 실패는 시스템의 유지보수나 사용자에게 인계하는 것을 요구사항의 일부로서 고려하지 않고 산출물을 정의한 경우에 발생하는 일이 많다.

「기술적 해결(TS : Technical Solution)」 프로세스 영역에서는 요구사항을 실현하기 위한 솔루션의 선정부터 시스템을 구현하기 위해 필요한 산출물 체계나 시스템 간의 인터페이스를 고려한 산출물 정의, 단위 제품으로서 구현되어야 할 컴포넌트 테스트(단위 테스트)까지의 활동을 정의하고 있다. 「기술적 해결(TS)」 프로세스 영역은 다음의 내용으로 구성되어 있다.

표 04-09 기술적 해결(TS)

고유 목적	내용
SG 1	해결 방안에 따른 제품 구성요소를 정의한다.
SG 2	제품 구성요소를 바탕으로 설계한다.
SG 3	설계에 따라 시스템으로 구현하고 테스트한다.

그림 04-10 기술적 해결(TS)

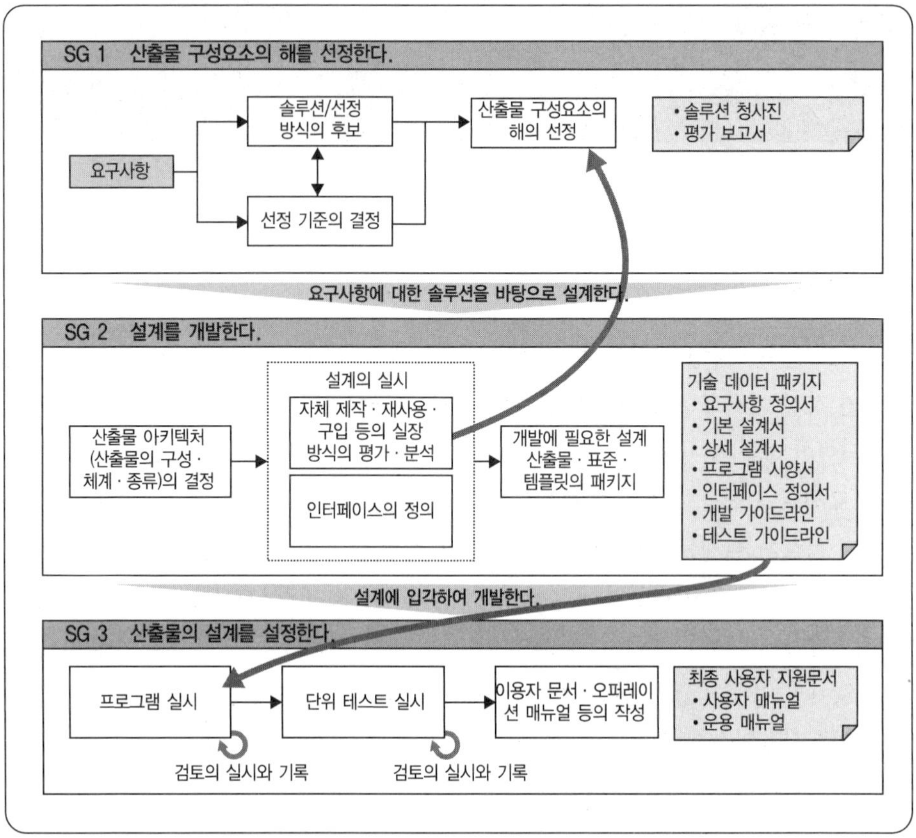

SG 1 : 제품 구성요소의 해결방안을 선정한다.

프로젝트가 최종적으로 남겨야 할 산출물은 프로젝트가 선택한 솔루션에 의존한다. 솔루션의 선택지 및 선정 기준은 솔루션을 선정하기 전에 미리 고려할 필요가 있고, 이 활동은 「의사결정 분석 및 해결(DAR)」 프로세스 영역과도 관련되어 있다.

선정 기준으로서 비용이나 일정, 위험 선정의 결과로서 얻을 수 있는 효과 등을 고려할 수 있다. 또한, 자사 개발, 재사용, 패키지 구입 등의 선택 사항을 검토하는 일도 있을 것이다. 이와 같이 선정에 필요한 기준을 정의하고 나서 솔루션을 선정하지 않으면 안 된다.

이와 같은 검토 결과를 바탕으로 프로젝트로서 최종적으로 선택된 솔루션과 그 솔루션에 따른 제품 구성요소를 정의함으로써 요구사항을 충족시킬 수 있다.

SG 2 : 설계를 개발한다.

개발해야 할 제품 및 제품 구성요소가 결정되면 설계 표준이나 설계 템플릿을 작성하여 실제로 제품의 설계를 개발한다. 이 때 설계된 제품이 요구사항을 충족하는지의 여부를 심사할 수 있도록 검토하기 위한 체크리스트를 작성할 필요가 있다. 그리고 설계한 제품에 대해 각 설계의 산출물이 요구사항을 확실하게 충족하도록 이 체크리스트에 따라 동료에게 검토를 받는다. 또한, 이 일련의 검토에 관한 활동은 「검증(VER)」 프로세스 영역에서 상세하게 정의되어 있으므로 확인하기 바란다.

설계 산출물은 「기술 데이터 패키지」로서 개발 담당자에게 인계되어 구현을 할 때에 사용된다. 여기서도 인계의 과정에서 요구사항이 누락 없이 확실하게 전달되도록 인계 내용이나 인계 기준을 명확하게 정의하지 않으면 안 된다. 최종적으로 품질불량을 방지하기 위해서는 각 단계에서뿐만 아니라 단계가 변하는 시점에서도 산출물과 요구사항의 정합성 확보를 유의하는 것이 중요하다. 또한, 내외 시스템과의 인터페이스를 고려하는 것도 잊어서는 안 된다. 타 시스템과의 외부 인터페이스 및 내부 인터페이스 모두 요구사항 정의를 할 때에 정의된 인터페이스 요구사항을 바탕으로 설계서에 기재할 필요가 있다.

SG 3 : 제품의 설계를 구현한다.

설계에 입각하여 제품을 구현하는 경우에도 구현되는 제품이 표준을 따랐다는 것을 확인하는 것이 중요하다. 예를 들면, 소프트웨어 프로그램의 개발 표준을 따르는지 여부를 동료 검토나 단위(單體) 테스트를 실시하움말, 운용 매뉴얼 등의 보조문서를 함께 작성하여 계속적으로 갱신할 필요가 있다.

Point! 제품 아키텍처와 기술 데이터 패키지를 이해하라.

「기술적 해결(TS)」 프로세스 영역에서는, 프로젝트는 요구사항을 올바르게 최종 제품까지 기재하여 요구사항의 실현을 보증하는 것이 요구된다. 이를 위해서는 솔루션의 선정, 설계, 설계에서 개발로의 인계, 개발, 최종 사용자에게 인계하는 등의 각 단계에서 요구사항과 부합하는지를 끊임없이 계속 검증할 필요가 있다.

이 프로세스 영역에서 나오는 키워드에 「제품 아키텍처」, 「기술 데이터 패키지」라는 귀에 익숙하지 않은 용어가 있다. 「제품 아키텍처」란 제품의 구성 · 체계를 명확하게 정리한 것이며, 「기술 데이터 패키지」란 설계 단계에서 개발 단계로 인계할 때에 요구사항 정의부터 설계까지의 대강의 제품을 인도하는 것이다.

구현 단계에서는 이 「기술 데이터 패키지」를 바탕으로 각 컴포넌트가 요구사항 · 설계대로 구현 되는 것을 확인하여 최종적으로는 사용자의 운영을 정의하는 것이 된다. 또한, 「기술 데이터 패키지」에 포함되는 것은 프로젝트 내에서 산출물로 정의되어 형상 관리될 필요가 있다. 이것은 산출물의 일관성 및 요구사항과 정합성을 확보하기 위해 매우 중요하다.

제품 통합(PI)

개요

「제품 통합(PI : Product Integration)」 프로세스 영역의 목적은 제품을 최종적으로 납입할 때까지 각 과정에서 제품을 조립하는 절차 · 프로세스의 확립 · 실시 · 유지 등의 작업이 확실하게 실시되는 것을 확인하는 일이다.

제품을 조립할 때는 하나의 단계 내에서 또는 몇 개의 단계에 걸쳐 조립의 순서나 절차를 결정할 필요가 있으며, 이들은 통상개발 및 테스트의 계획이나 절차로서 정의된다.

제품의 조립이나 통합에 해당하는 주요 작업은 「기술적 해결(TS)」 프로세스 영역에서 프로그래밍을 하고 단위 테스트가 종료한 컴포넌트를 조합하여 통합하는 「빌드(build) 작업」과 통합된 복수의 컴포넌트의 연결을 검증하는 「통합 테스트」, 외부 시스템이나 서브시스템 간의 인터페이스를 포함하여 시스템 전체의 정합성을 검증하는 「시스템 테스트」가 있다.

「제품 통합(PI)」 프로세스 영역은 이하의 내용으로 구성되어 있다.

표 04-10 제품 통합(PI)

고유 목적	내용
SG 1	전체 테스트 전략을 수립하여 환경을 정비하고 절차를 구체화하여 제품 통합의 준비를 한다.
SG 2	시스템 내외의 인터페이스의 정합성을 확보한다.
SG 3	제품을 조립하여 납품할 준비를 한다.

그림 04-11 제품 통합(PI)

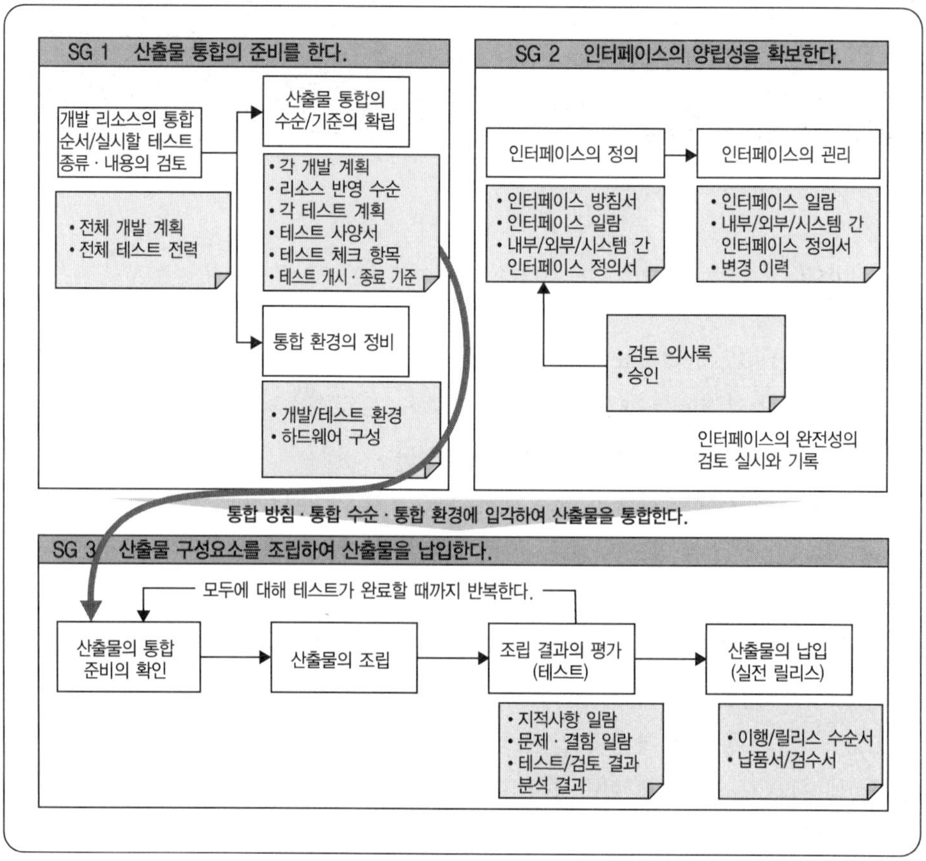

SG 1 : 제품 통합의 준비를 한다.

통합의 준비를 할 때에 필요한 것은 다음의 3가지 이다.

- 요구사항 정의나 설계 작업이 시작되기 전에 명확한 전체 개발 계획 · 전체 테스트 전략을 수립할 것
- 개발 · 테스트의 실행 환경을 정비할 것
- 개발 · 테스트의 상세한 계획을 작성하여 제품의 통합 절차나 기준을 확립해 둘 것

프로젝트나 시스템의 종류에 따라 반복(iteration) 개발과 같은 기법을 선택하는 경우나 콘퍼런스 룸 파일럿 등 실제 기계에서 패키지 소프트웨어의 검증을 하는 경우, 통상의 개발에 선행하여 파일럿 개발을 실시하는 경우 등이 있다.

이 때문에 개발 기법의 선택이나 애플리케이션 기능의 통합 순서 · 대상 범위의 결정 등을 포함하여 전체개발 계획을 정의할 필요가 있다. 또한, 프로젝트에서 실시하는

테스트 전체에 대한 방침을 정한 「전체 테스트 전략」과 정합성을 갖고 개발 · 테스트의 순서 및 기준, 각각의 환경을 정의한 「개발계획」 및 「테스트 계획」을 수립할 필요가 있다.

또한, 테스트 계획에 따라 각 테스트 단계에서 사용하는 테스트 사양서를 정의할 필요가 있다. 특히, 각 테스트의 시작조건과 종료조건을 정의하여 테스트 환경의 전체를 정해놓는 것은 각 테스트 단계에서 테스트 품질을 일정한 레벨로 유지하기 위해 필수적인 것이다.

SG 2 : 인터페이스의 양립성을 확보한다.

개발 · 테스트를 진행하는 도중에 인터페이스가 변경된 경우나 시스템 사이에서 데이터 항목의 정합성이 없는 상황이 발생한 경우에는 데이터의 수수(授受)에 관한 조건이나 데이터 항목, 운용 요구사항의 변경이 필요하기 때문에 개정하는 일이 발생한다.

이와 같은 사태를 방지하기 위해서는 담당 시스템뿐만 아니라 관련 시스템과의 인터페이스에 유의하여 시스템 내외의 인터페이스를 명확하게 문서화하여 관계자 간에 인식을 맞춰 승인을 얻는 것이 중요하다. 특히, 인터페이스 기술서를 작성하여 관련된 시스템 담당 부문의 합의를 얻는 것과 사용자가 주관하는 경우에 사용자의 합의를 얻는 것은 사소하면서도 중요한 단계이다. 또한, 시스템 내부의 인터페이스에 대해서 마찬가지로 인터페이스 일람표나 인터페이스 정의서 등을 통해 인터페이스 기술서에 대한 검토를 실시하고 검토기록 및 승인기록을 남길 필요가 있다.

또한, 사양이 확정되어 사용자가 승인한 후(베이스라인이 확립된 후)에 발생한 변경은 타 산출물과 마찬가지로 형상관리 프로세스의 절차에 따라 변경을 실시한다. 변경을 실시할지의 여부를 판단하는 것에 대해서는 영향범위나 변경에 드는 비용 등을 고려하여 검토하고, 변경을 실시할 때는 인터페이스를 담당 하는 시스템 부서나 사용자와 조정하여 승인을 얻을 필요가 있다.

SG 3 : 제품 구성요소를 조립하여 제품을 납품한다.

여기서는 개발계획이나 테스트 계획에 따라 실제로 「조립」(개발이나 테스트)을 실시하여 납품에 이르는 과정이 중요하다.

우선 「조립」 대상인 컴포넌트의 단위 테스트를 완료하여 「조립」 준비가 완료되어 있을 것, 즉 통합 테스트의 초기조건이 충족된 것을 확인할 필요가 있다. 단위 테스트 완료, 개발 계획 및 테스트 계획수립 완료, 인터페이스 기술서의 정의 완료 등과 같은 초기조건이 충족되면 실제로 조립하는 작업(몇 개의 컴포넌트들을 결합시키는 빌드 작업)을 실시하게 된다.

다음에는 테스트 계획 및 실행 절차에 따라 통합 테스트를 실시하고, 마지막으로 결합 테스트의 결과를 분석 및 심사하여 통합 테스트의 종료 조건과 시스템의 개발 조건을 확인한다. 그리고 시스템 테스트를 실시한다.

시스템 테스트 완료 후에도 마찬가지로 시스템 테스트의 종료조건 및 다음 단계의 시작조건을 확인하여 조건을 충족하면 이관절차에 따라 실전환경으로 이관을 실시한다. 「조립」되어 이관된 제품은 계약 내용에 따른 납품방법으로 납품된다. 또한, 이관 및 납품의 완료에 대해서는 납품서 등의 서류를 명시적으로 남기는 것이 필요하다.

Point! 개발 계획 · 테스트 계획은 프로젝트 초반에 수립하라.

시스템 개발에서 프로젝트가 선택한 개발기법은 여러 가지가 있지만, 중요한 것은 「전체개발 계획」이나 「전체 테스트 전략」을 수립하여 미리 각 개발과 테스트의 범위를 정하는 것과, 전체개발 계획이나 전체 테스트 전략을 바탕으로 각 「개발 계획」과 「테스트 계획」, 「개발 절차」와 「테스트 절차」를 확립하는 것이다.

전체개발 계획에서 반복(iteration)이나 나선형(spiral) 개발 등의 개발 기법, 애플리케이션의 개발 · 조립 순서를 정의하고 전체 테스트 전략에서는 선택한 개발 기법을 고려한 테스트의 컨셉이나 프레임워크, 그리고 테스트의 대상으로 해야 할 범위 등을 기재할 필요가 있다.

전체 개발 계획이나 전체 테스트 전략을 정의하면 대상이나 범위가 명확하게 되므로 그 후의 일정이나 마일스톤의 전망을 세울 뿐만 아니라 누락이 없는 구현이나 검증을 효율적으로 실시하는 것이 가능하다고 생각된다.

검증(VER)

개요

「검증(VER : Verification)」 프로세스 영역의 목적은 시스템에 구현되어야 할 사양이 요구사항 · 설계 · 개발 등과 같은 시스템 개발의 각 단계에 누락없이 적용되었으며, 충족해야 할 사양이 올바르게 구현되었는지를 확인하는 것으로서 시스템 구축의 모든 단계에 검토나 테스트를 실시함으로써 검증을 진행한다.

구체적인 작업으로는 요구사항 정의 · 설계 · 테스트 단계에서 작성된 문서나 개발한 프로그램에 대한 검토나 검증, 또는 단위 테스트부터 시스템 테스트까지 각 단계의 테스트가 해당된다.

「검증(VER)」 프로세스 영역은 이하의 내용으로 구성되어 있다.

표 04-11 검증(VER)

고유 목적	내용
SG 1	「검증의 대상 · 기법」, 「검증 환경」, 「검증 절차 · 기준」을 준비한다.
SG 2	동료 검토를 실시하여 미비한 점을 검증한다.
SG 3	이력 데이터를 집계 · 분석하여 확보해야 할 품질이 충족되었는지를 정량적으로 확인한다.

또한, 실전 환경의 시스템에 구현되는 사양이 요구사항과 같은지의 여부를 최종 사용자가 확인하는 인수 테스트는 「확인(VAL)」 프로세스 영역에서 상세하게 정의되어 있다.

그림 04-12 검증(VER)

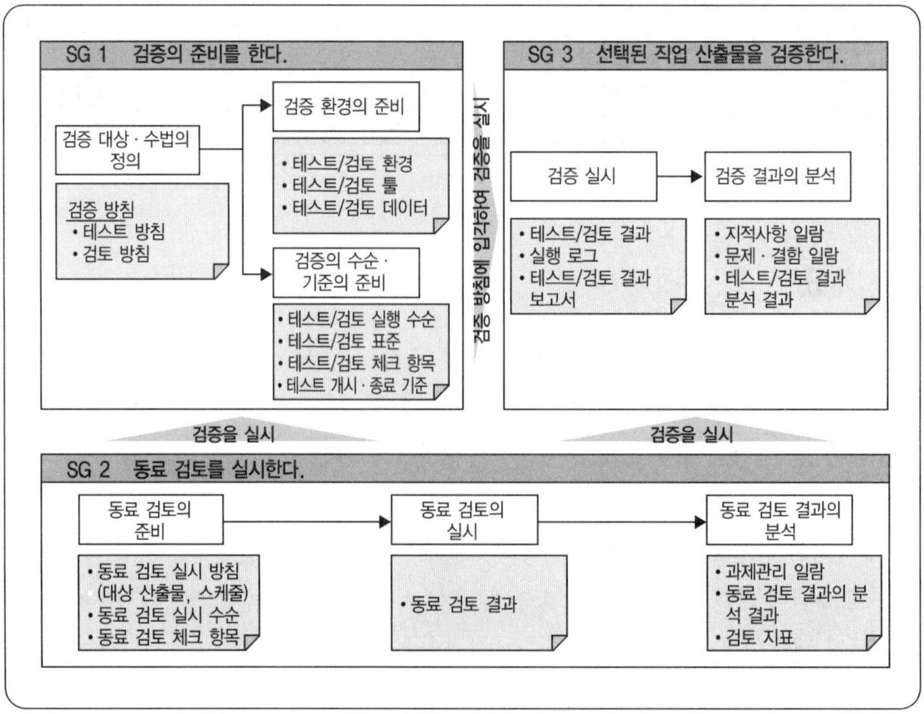

SG 1 : 검증의 준비를 한다.

검증을 실시하기 전에 「검증의 대상 · 기법」, 「검증 환경」, 「검증 절차 · 기준」을 준비하는 것은 개인의 지식 · 경험에 의존하지 않고 누락이 없는 검증을 실시하기 위해서 중요하다.

검증의 대상 · 기법의 준비

전체 단계에 걸쳐 실시하는 검증의 대상 및 기법을 미리 정해두면 검증의 전체상이 명확하게 된다. 또한, 결정된 검증절차에 따라 검증작업을 구체화하면 전체 단계에 누락이 없는 검증을 효율적으로 실시할 수 있다.

검증의 대상 및 기법을 정의할 때는 다음을 고려하면 좋다.

- 단계(요구사항 정의, 설계, 개발, 테스트 등)
- 목적(시스템 기능 충족 성, 시스템 기능 등)
- 대상 산출물(요구사항 문서, 설계 문서, 프로그램 자원 등)
- 검증 수단(테스트, 동료 검토, 작업절차 확인 등)
- 검증 환경(하드웨어, 소프트웨어, 테스트 도구, 데이터 등)

• 검증 시작 및 종료 조건
• 검증 준비 및 실시의 일정

검증 환경의 준비

정의한 검증대상 및 기법에 따라 검증을 실시하기 위해 필요한 환경을 준비한다. 검증 환경은 테스트를 실시하는 데 필요한 하드웨어나 소프트웨어, 테스트 도구, 데이터는 물론 동료 검토(검증 작업)를 실시할 때에 필요한 회의 설비(회의실, 전화회의 설비 등) 등 작업 환경 전반이 포함된다.

검증 절차 · 기준의 준비

정의한 검증대상 및 기법에 따라 검증의 절차(테스트나 검토의 실행 절차)와 기준(테스트 조건이나 검토 체크 항목)을 준비한다.

이들 절차나 기준을 이용함으로써 개인의 지식이나 경험에 의존하지 않는 객관적인 검증이 가능하게 된다. 검증의 기준은 검증대상에 따라 개별적으로 준비할 필요가 있는 경우도 많지만, 이 경우라도 작업표준이나 예제를 사전에 준비함으로써, 실시중인 검증 레벨의 개인차를 줄일 수 있다.

절차나 기준은 자세하게 나누면 나눌수록 검증 레벨은 균일하게 되지만, 반면 검증의 작업부담은 높아진다. 이 때문에 어디까지 자세하게 절차나 기준으로 할지는 검증의 목적이나 산출물의 중요도에 따라 효과와 부담의 균형에 맞추어 결정해야 할 것이다.

SG 2 : 동료 검토를 실시한다.

「동료 검토」란 제3자(팀 내의 동료, 별도 팀의 구성원, 해당 영역의 전문가 등)에 의한 검토를 말하는 것으로서 앞 단계의 미비한 사항이 다음 단계로 이전되는 것을 억제하는 유용한 검증기법의 하나다. 또한, 동료 검토 준비, 실시의 사고방식은 「SG 1 : 검증의 준비를 한다」와 「SG 3 : 선택된 작업 산출물을 검증한다」와 동일하다. 동료 검토 및 동료 검토를 효과적으로 실시하기 위해서는 다음을 고려하면 좋다.

• 단계(요구사항, 설계, 개발, 테스트 등)
• 대상 산출물(요구사항 문서, 설계 문서, 프로그램 자원 등)
• 검토자(팀 내의 동료, 별도 팀의 구성원, 해당 영역의 전문가 등)
• 검토 형식(관련 구성원이 모인 회의, 전자 메일 등)
• 검토 기준(검토 체크 항목)

동료 검토에서는 프로젝트에서 작성한 문서나 프로그램 등의 산출물 모두가 검토 대상이 되고, 또한, 중요한 것에 대해서는 중간 산출물을 검토 대상으로 포함하는 경우도 있다. 동료 검토의 대상이 될 수 있는 산출물은 종류도 많기 때문에 전부를 일률적인 대상으로 하는 것이 아니라 산출물의 중요성이나 난이도에 따라 선별하며, 검토에 가중치를 주어 검토 효과와 그 작업 부담의 균형을 유지할 필요가 있다.

SG 3 : 선택된 작업 산출물을 검증한다.

각 단계에서 검증을 확실하게 실시한다면 확보해야 할 품질은 저절로 달성될 수 있지만, 예상외의 상황 변화나 인위적인 실수, 개인의 기량 차이를 완전하게 배제할 수 없기 때문에 항상 미비한 점이 발생할 가능성을 염두에 둘 필요가 있다.

미비한 점을 발견했을 경우에는 과거에 실시한 검증 내용을 확인함으로써 개정하는 것을 최소한으로 억제할 수 있고, 또한, 실시한 검증의 이력 데이터(테스트 · 검토 결과, 실행 로그)에 대해서는 산출물로서 관리하여 언제라도 확인할 수 있도록 한다.

그리고 이들 이력 데이터를 집계 · 분석함으로써 확보해야 할 품질이 충족되는 것을 정량적으로 확인할 수 있다. 매크로 시점에서 경향을 분석함으로써 검증의 사고방식(대상 · 기법 · 절차 · 기준 · 환경) 자체에 시정해야 할 점이 있는지를 발견할 수 있다.

Point! 가능한 단계에서 가능한 검증을 할 것

전체 단계에서 실시할 검증의 대상과 기법을 명확하게 하여 각 단계에서 확실하게 검증을 한다. 이에 의해 검증해야 할 사항이 사전에 모두 해결되어 있는 상태가 되는 것이 중요하다. 즉흥적으로 검증을 하면 전체를 놓쳐 검증이 불충분하게 되기 때문에 미비한 점이 많이 발생하거나 반대로 검증 과잉이 되어 공수가 가중될 위험이 높아진다.

후속 단계에서 앞 단계에서 검출해야 할 미비한 점이 많이 발견된 것은 검증의 방법 자체에 문제가 있다고 생각할 수 있기 때문에 검증을 실시하는 방법의 재검토 등 무언가 대응이 필요하다. 또한, 눈앞의 작업진척이 바빠서 충분히 검증하지 않고 후속 단계로 진행하면 그 결과는 몇 배가 되어 돌아온다. 미비한 점의 검출은 늦으면 늦을수록 그 영향 범위가 넓어져 커다란 개정을 하게 된다.

아래의 그림은 단계 중에서 문제가 제어되지 않는 경우에 시스템 테스트에서 본래 발견될 문제에 덧붙여 전 단계인 단위 테스트, 통합 테스트의 문제가 발견되는 것을 나타내고 있다(그림 04-13 참조).

그림 04-13 단계 제어를 실시하지 않은 경우에 발생하는 문제

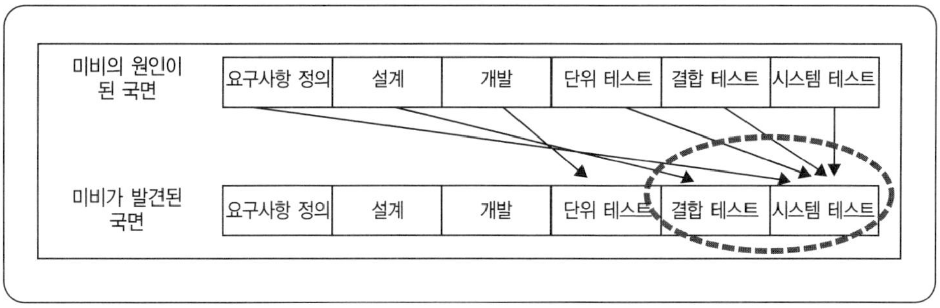

즉, 각 단계에서 검출되어야 할 미비한 점을 가능한 한 모두 검출하여 그 단계에서 미비한 점을 가능한 한 없애는 것도 중요하다.

아래의 그림은 단계의 제어를 실시한 경우에 각 단계 중에서 미비한 점이 발견되어 다음 단계로 이전되지 않는 것을 나타내고 있다(그림 04-14 참조).

그림 04-14 단계 제어의 이점

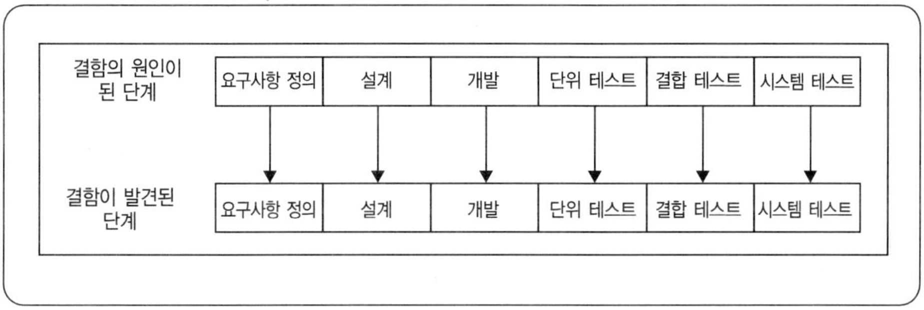

엔지니어링

확인(VAL)

개요

「확인(VAL : Validation)」 프로세스 영역의 목적은 「요구사항대로 시스템이 구축되어 있는가?」, 「사용자의 목적 · 의도가 달성되어 있는가?」를 실증하고 확인하는 것이다.

「검증(VER)」 프로세스 영역이 검토나 테스트라는 활동을 통해 사양서와 같이 올바르게 구현되어 있는지 확인하는 작업에 초점을 맞춘 것에 반해 「확인(VAL)」 프로세스 영역은 사용자의 의도대로 그리고 요구사항대로 산출물이 구현되어 있는지를 확인하는 작업에 초점을 맞추고 있다.

확인에 포함되는 가장 대표적인 활동은 「사용자의 인수 테스트」지만, 패키지 도입이라면 CRP(Conference Room Pilot)라는 실제 기계에 의한 기능 확인, 프로토타입 · 파일럿의 실시에 의한 기능 확인도 포함된다.

확인에서는 이하의 일련의 작업이 완료되어 비로소 「요구사항대로 시스템이 구축되어 있는 것을 확인한다」고 하는 확인의 목적이 달성되는 것이 된다.

1. 사용자 인수 테스트의 테스트 계획의 작성
2. 테스트의 시작 및 종료 조건의 수립
3. 테스트 분석 결과 및 사용자의 지적 사항에 대한 대응

「확인(VAL)」 프로세스 영역은 이하의 내용으로 구성되어 있다.

표 04-12 확인(VAL)

고유 목적	내용
SG 1	접근방식을 선정하여 확인의 준비를 한다.
SG 2	계획 · 환경 · 기준에 따라 제품의 확인을 실시한다.

그림 04-15 확인(VAL)

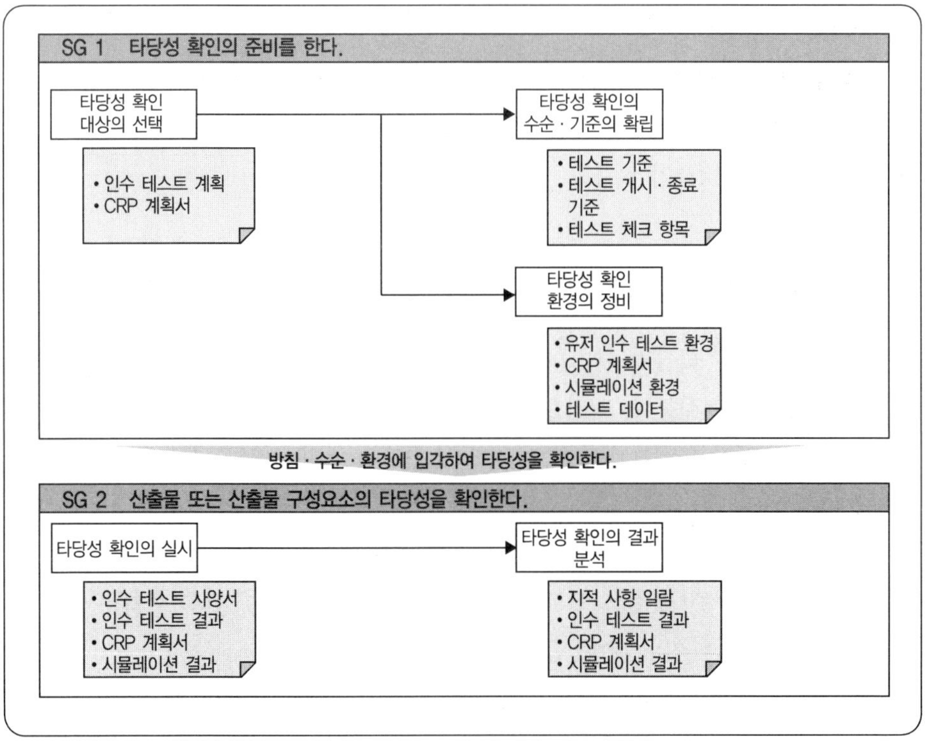

SG 1 : 확인의 준비를 한다.

우선 타당성 확인을 위한 접근방식(기법)을 선정하여 타당성 확인의 대상이 되는 제품의 지정 및 실시 환경의 선정 등을 실시하여 계획을 세울 필요가 있다. 또한, 「어떤 기법으로 활동을 실시할까?」에 대해서는 전형적인 예로서 다음의 2개를 들 수 있다.

우선 첫 번째는 요구사항 정의 단계에서 비교적 초기에 실시하는 것이 있다. ERP 패키지와 같이 표준적인 기능이 미리 구현되어 있는 시스템이라면 CRP라는 기법으로 구현되어 있는 기능을 확인하고, 커스텀 메이드와 같은 시스템이라면 프로토타입 · 파일럿 · 시뮬레이션이라는 기법에 의한 기능 검증을 통해 요구사항의 타당성을 확인하는 것도 있다.

두 번째는 프로젝트의 최종 단계에서 실시하는 것이다. 사용자의 인수 기준과 대조하여 구현 상황을 확인하는 사용자의 인수 테스트가 이에 해당한다. 또한, 어느 쪽의 확인 기법에서도 인수 기준이나 타당성을 확인하기 위한 준비가 필요하고, 그 기준은 테스트 사양서나 체크 항목이라는 형태로 정의하지 않으면 안 된다.

또한, 타당성 확인을 실시하기 위해서는 사용자 인수 테스트의 환경이나 CRP 환경, 시뮬레이션을 실시하는 환경 등 「의도한 운용 환경」을 준비할 필요가 있다. 그리고 사용하는 데이터를 계획 단계에서 고려하여 필요한 경우에는 관련된 이해관계자와 조정하는 것도 중요하다.

이와 같이 타당성 확인을 실시할 때는 사용하는 환경이나 데이터, 테스트의 기준을 준비하여 사용자나 연계된 곳의 시스템 담당자 등과 같은 주요한 이해관계자의 합의 및 승인을 얻을 필요가 있다.

SG 2 : 제품 또는 제품 구성요소의 타당성을 확인한다.

SG 2에서는 「SG 1 : 타당성 확인의 준비를 한다」에서 정의한 계획 · 환경 · 기준에 따라 타당성 확인을 실시한다. 여기서는 의도한 환경에서 요구사항 정의서에 따라 시스템을 가동하는 것이 요구된다. 타당성 확인의 활동은 실제로 시스템을 기대하는 요구사항에 따라 실시한다.

확인 작업 후에는 타당성 확인의 결과 보고로서 「테스트나 CRP 등의 실시 결과의 기록」, 「기대에 따르지 못한 사항에 관한 기록」, 「실행했을 때에 관한 절차의 기록」을 남기고 내용을 분석하여 과제 및 결함을 지정한다.

또한, 과제 및 결함을 지정할 때는 구현을 한 기능 자체의 문제인지 환경의 문제인지, 데이터의 문제인지 등의 원인을 명확하게 분석할 필요가 있다. 또한, 이들 문제나 결함에 대한 취급을 명확하게 하여 해결할 때까지 관리하고 최종적으로 사용자의 승인을 얻는 것이 중요하다.

Point! 요구사항 개발의 접근방식과 함께 계획하라.

타당성 확인을 위한 접근방식을 검토할 때는 앞에서 기술한 단계의 초기 단계와 최종단계에서 확인을 하는 것이 필요하다. 시스템 구현의 타당성을 판단할 때 요구사항 개발의 접근방식과 함께 실제 기계 검증에 의한 요구사항을 확인하는 타이밍을 설정함으로써 시스템 구축의 전체적인 전망을 세울 수 있기 때문에 요구사항의 질을 높이는 것으로 이어진다.

즉, 타당성 확인의 작업을 적절한 계획을 세워 실시하면 최종 사용자 요구사항에 대한 구현 상황을 확인할 뿐만 아니라 사용자 요구사항과 구현을 위한 시스템 기능 간의 조정을 가능하게 함으로써 요구사항의 품질을 높이는 것으로 이어지는 것이다. 또한, 타당성 확인에서 최종 단계의 산출물인 사용자 인수 테스트의 테스트 사양서는 사용자 요구사항(요구사항 정의서에 정의된 내용)에 따라 작성된다. 이와 같이 타당성 확인의 활동은 요구사항 정의의 활동과 연결이 강하기 때문에 상호의 산출물이 서로의 품질에 크게 영향을 준다.

프로젝트의 전체 계획을 세우는 데 「언제, 누가, 어떤 기법을 사용하여 어떤 레벨에서 타당성 확인을 실시하는가?」라는 것을 마일스톤으로서 정하는 것은 프로젝트의 성공을 위한 중요한 포인트이다.

형상 관리(CM)

개요

「형상 관리(CM : Configuration Management)」 프로세스 영역의 목적은 소스 코드의 버전 관리뿐만 아니라 요구사항 정의 · 설계 · 테스트 · 유지보수라는 프로젝트의 생명주기를 통해 작성되는 모든 산출물의 무결성을 확립하고, 이들을 유지 · 관리하는 것이다.

프로젝트에서는 최종적으로 구축되는 하드웨어나 소프트웨어는 물론 요구사항 정의서, 설계서, 프로그램 사양서, 중간 산출물이나 프로젝트 관리에 필요한 문서, 회의록 등 다양한 산출물이 작성된다.

이 프로세스 영역에서는 다수의 산출물(형상 항목)에서 형상 관리 대상이 되는 산출물을 지정하여 대상이 되는 산출물의 버전 관리나 변경 관리 등의 절차나 관리방법을 정의함으로써 산출물의 무결성을 유지하는 것을 요구하고 있다.

「형상 관리(CM)」 프로세스 영역은 다음의 내용으로 구성되어 있다.

표 04-13 형상 관리(CM)

고유 목적	내용
SG 1	관리대상 산출물을 지정하여 베이스라인을 설정한다.
SG 2	변경 요구와 영향 분석을 실시하여 변경을 통제한다.
SG 3	변경을 기록하고 형상 감사를 통해 무결성을 확보한다.

그림 04-16 형상 관리(CM)

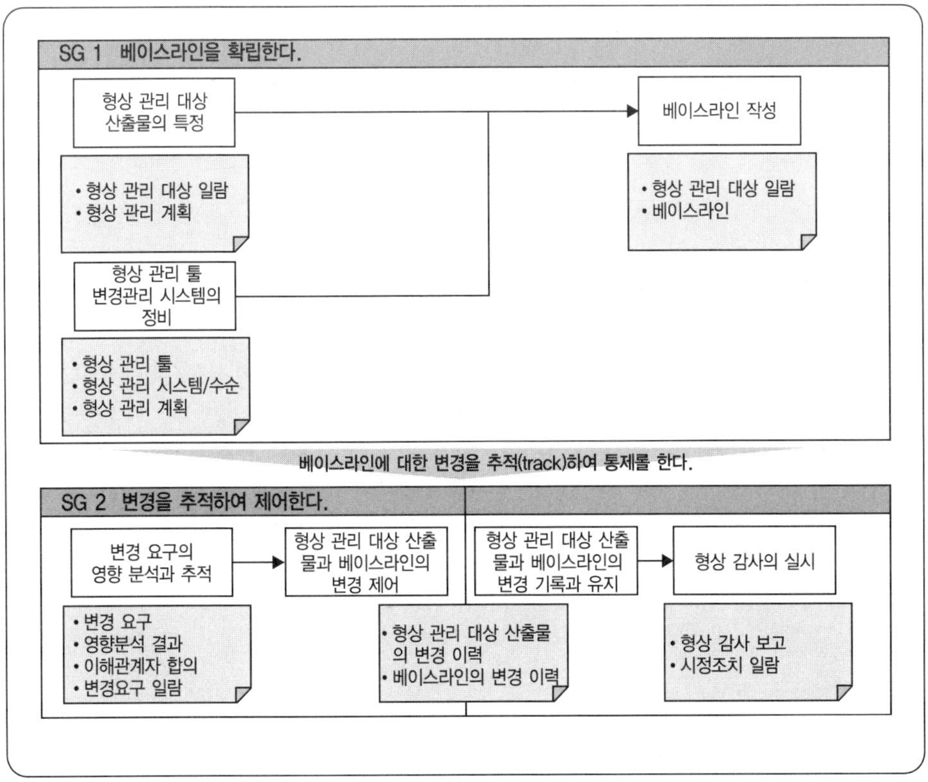

SG 1 : 베이스라인을 설정한다.

형상 관리를 실시할 때는 우선 형상 관리의 대상이 되는 산출물(형상 품목)과 그 관리 레벨, 버전 관리 등을 위한 도구, 변경 관리의 절차 등을 기재하는 「형상관리 계획」을 작성할 필요가 있다. 또한, 계획서에 기재하는 산출물은 관리를 용이하게 하기 위하여 산출물에 대한 접근 권한이나 변경 빈도에 의해 분류하여 일람화 한다.

구체적으로는 설명자료나 회의록 등, 기본적으로는 버전 관리나 변경 관리를 실시할 필요가 없는 관리 레벨이 낮은 산출물과 소스 코드나 설계서 등 항상 버전 관리나 변경 관리에 주의하지 않으면 안 되는 관리 레벨이 높은 산출물로 나누어 적절한 레벨에서 관리할 필요가 있다.

다음에는 정리된 관리 레벨을 바탕으로 버전 관리의 도구나 사용하는 도구, 변경 관리의 절차 방법을 결정한다. 예를 들면, 변경이 많고 버전 관리를 실시하지 않으면 안 되는 관리 레벨이 높은 산출물은 PVCS나 VSS 등의 도구를 사용할 필요가 있지만, 한편으로 변경을 거의 하지 않는 관리 레벨이 낮은 산출물은 네트워크 폴더에서 보관 및 관리하면 된다.

또한, 기밀성 및 중요성이 높은 산출물에 대해서는 「어떻게 변경 실시의 판단을 하는가?」, 「누가 그 변경을 승인하는가?」, 「어떻게 변경을 기록하는가?」 등 정식으로 변경 관리의 절차를 정의해둘 필요가 있다.

형상 관리의 내용이 결정되면 마지막으로 베이스라인을 정의하고, 베이스라인과 변경을 확인하는 형상 감사의 일정을 정한다.

Column 칼럼 **베이스라인(Baseline)**

베이스라인이란 형상 관리의 대상인 모든 산출물에 대한 변경을 동결하여 산출물의 내용에 대해 이해관계자 전원의 합의를 얻은 프로젝트에서의 특정 시점을 가리킨다. 베이스라인은 변경 관리의 기점으로서 일반적으로는 요구사항 정의가 완료한 시점이나 설계가 끝난 설계서가 완성된 시점, 개발이 끝난 소스 코드가 완성한 시점 등에 베이스라인을 설정한다.

프로젝트는 폭포수(waterfall : 시스템의 개발을 여러 공정으로 나누어 순차적으로 실시하는 방법), 반복(iteration), 나선형(spiral : 여러 공정을 계속 반복하면서 완성시키는 방법) 등의 소프트웨어의 개발 생명주기를 고려하여 베이스라인의 시점을 정의할 필요가 있다.

SG 2 : 변경을 추적하여 제어한다.

베이스라인이 정의된 후의 산출물 변경은 정식으로 변경 관리의 절차를 밟아 실시하지 않으면 안 된다. 가령 프로젝트에서 정식으로 변경 관리 프로세스가 정의되고 운용되지 않으면 변경 요구를 컨트롤 할 수 없고, 프로젝트 범위의 관리가 곤란하게 되어 최악의 경우에는 프로젝트가 예산 및 일정 내에서 종결되지 않을 가능성도 있다.

변경 요구에 대해서는 의뢰가 있는 시점에서 완료할 때까지 관련 내용을 모두 기록으로 남겨서 관리할 필요가 있다. 또한, 변경 대상의 산출물에 대해서도 변경을 추가한 경우에는 변경 이력을 남겨서 관리한다.

SG 3 : 무결성을 확립한다.

베이스라인으로서 어떤 판단에서 산출물 군이 지정되어 변경 관리되고 있다면 모든 변경을 누락없이 올바르게 반영할 수 있으므로 항상 산출물 간의 내용의 정합성을 유지하는 것이 가능하게 된다.

단계 이행(특히 실전 환경으로의 이행)을 할 때는 필요한 산출물이 갖춰져 있고, 무결성이 확보된 것을 보증할 필요가 있다. 이 산출물의 무결성을 보증하는 활동이 「형상 감사」인 것이다.

Column

칼럼 **형상 감사**

형상 감사는 일반적으로 「기능 형상 감사」와 「물리적 형상 감사」의 2종류가 있으며, 베이스라인 수립의 시점에서 실시된다.

기능 형상 감사란 기능 요구사항이나 성능 요구사항 등의 프로젝트 요구사항을 산출물로서 정의하고 게다가 테스트 계획, 테스트 사양서에서 정의된 요구사항을 검증할 수 있도록 한 것을 감사하는 것으로서 소스 코드가 동결되고 실전 환경으로 전개되기 전의 베이스라인을 수립하는 시점에서 실시된다.

물리적 형상 감사는 다음 단계로 이행하기 위해 필요한 산출물이 갖춰져 있는가, 산출물이 최신 상태로 무결성을 유지하고 있는가, 산출물이 프로젝트 표준에 따라가고 있는지 등을 감사하는 것으로서 베이스라인을 확립하는 시점에서 실시된다.

또한, 산출물 간에 내용의 일관성을 유지하는 데는 감사뿐만이 아니라 프로젝트 기간을 통해 형상관리 활동을 정기적으로 실시하고 있는지를 모니터 할 필요가 있다. 모니터 하는 것은 프로젝트 전체의 형상 관리에 관한 과제나 위험, 형상 관리되는 산출물의 상태, 형상 관리 감사에서 지적을 받은 사항의 대응 상황, 변경 요구의 발생건수와 대응건수라는 형상 관리 활동에 관한 지표 등으로서 그 상황을 보고서로서 정리하여 프로젝트 내에서 공유하고, 관리층에게도 보고한다.

Point! 형상 관리에서 담당자의 역할과 책임을 명확하게 하라.

형상 관리를 단순한 버전 관리로 이해하는 프로젝트 구성원이 있는 경우도 많아서 「형상 관리(CM)」 프로세스 영역은 프로젝트 구성원에 따라서는 친숙하지 않고 이해하기 어려운 경우가 있다.

이 때문에 프로젝트에서 형상 관리의 도구를 도입할 때 포인트가 되는 것은 전담할 수 있는 담당자를 두는 것이다. 형상 관리의 활동은 여러 팀에 걸친 연결적인 활동이기 때문에 형상 관리 계획을 계획하고, 프로세스 계획 수립 및 전개를 하는 역할을 명확하게 정의하여 실시하는 것이 요망된다. 그리고 산출물의 무결성을 확보하기 위해 담당자 레벨의 체크뿐만 아니라, 예를 들면 「형상 관리 관리자」나 「버전 관리 담당」, 「형상관리 도구 담당」, 「형상관리 감사 담당」, 「변경관리 담당」 등 외부 감사적인 시점에서 체크하는 역할에 대한 정의도 필요하다.

표 04-14 외부 감사적인 시점에서 체크하는 역할

역할	책임 범위
형상 관리 관리자	프로젝트의 형상관리 전반에 책임을 갖고 프로젝트의 형상 관리에 관한 활동을 조정한다. 또한, 형상 관리 계획 수립이나 형상 관리의 실시 상황을 보고서로서 정리한다.
버전 관리 담당	산출물의 버전이나 상태를 정기적으로 확인한다.
형상 관리 도구 담당	프로젝트 구성원의 형상관리 도구에 대한 접근 권한이나 산출물의 보관 장소를 관리한다.
형상 관리 감사 담당	형상 관리 감사를 위해 필요한 준비를 하고, 감사를 실시한다.
변경관리 담당	형상 관리에 의해 발생한 변경에 관한 작업을 승인하는 형상 제어 위원회의 일원으로서 활동하고, 형상 변경의 승인이나 확립된 베이스라인을 승인한다.

이와 같이 형상 관리에 관련된 담당자의 역할과 책임을 명확하게 정의함으로써 형상 관리에 관한 활동을 추진하여 프로젝트를 철저하게 하는 것이 가능하게 된다.

프로세스와 제품의 품질 보증(PPQA)

개요

충분히 주의하여 확인이나 자기 점검을 실시했다고 해도 모든 관점에서 누락없이 확인을 실시하는 것은 어렵다. 그래서 필요하게 된 것이 제3자와 함께 실시하는 검토나 검토의 균일성을 보증하는 도구를 구축하는 것이다.

「프로세스와 제품의 품질보증(PPQA : Process and Product Quality Assurance)」 프로세스 영역의 목적은 프로젝트의 프로세스나 제품에 대해 표준 프로세스에 따라 작업이 실시되어 제품이 개발되었는지를 객관적인 시점에서 검토하여 프로젝트의 품질을 관리하는 것이다.

「프로세스와 제품의 품질보증(PPQA)」 프로세스 영역은 다음의 내용으로 구성되어 있다.

표 04-15 프로세스와 제품의 품질보증(PPQA)

고유 목적	내용
SG 1	객관적인 관점에서 검토를 실시한다.
SG 2	발견된 문제가 해결될 때까지 추적한다.

그림 04-17 프로세스와 제품의 품질보증(PPQA)

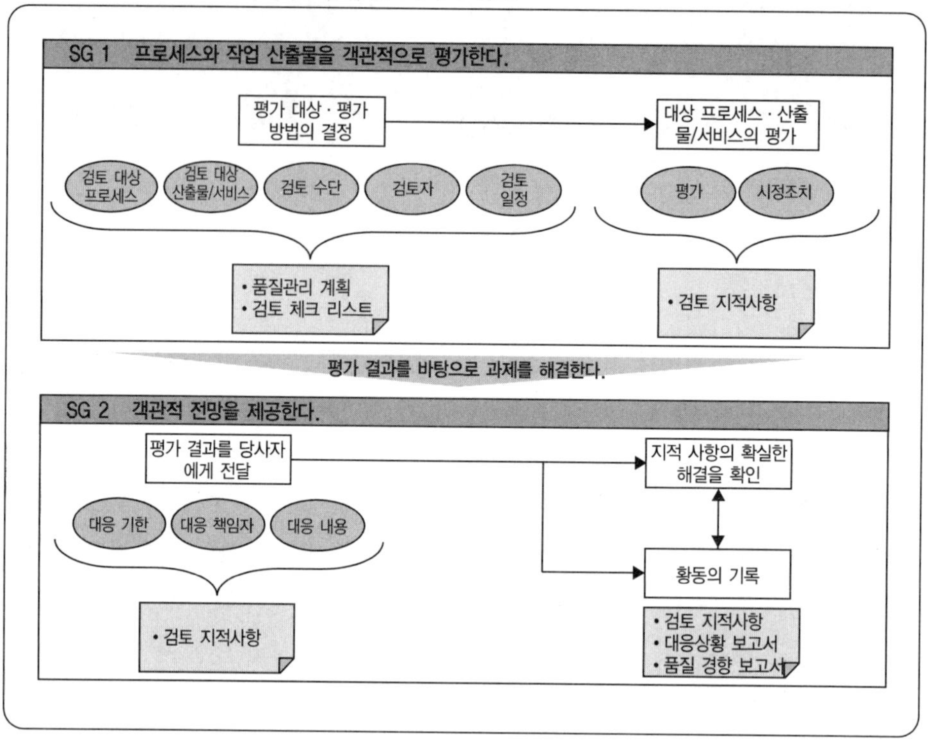

SG 1 : 프로세스와 작업 제품을 객관적으로 평가한다.

프로젝트의 프로세스나 제품 및 서비스의 품질을 관리하기 위해서는 우선 검토해야 할 대상과 검토 방법을 정할 필요가 있다. 이 때문에 품질관리 계획에서는 검토를 실시해야 할 대상이 되는 프로세스와 제품 및 서비스를 식별하고, 각각에 적절한 검토자, 검토 방법, 검토 시기 등을 정의한다.

검토 대상은 크게 나누어 두 개가 있다. 통상 검토라고 하면 제품이나 서비스의 검토가 일반적이지만, 잊어서 안 되는 것은 프로세스의 검토이다. 프로세스란 프로젝트 운영에서 필요한 관리 절차를 말하는 것으로, 예를 들면 프로젝트 내에서 실시하는 검토의 방법이나 변경 관리의 방법 등이다.

프로세스도 제품이나 서비스와 마찬가지로 정의된 품질관리 계획에 준하여 검토를 실시하게 되지만, 객관적이고 균일한 검토를 실시하기 위해서는 사전에 검토에서 확인해야 할 항목을 체크리스트로서 정하는 것이 요구된다. 체크리스트는 주로 계획이나 프로젝트에서 정의한 표준에 대한 준수성을 확인하는 항목과 제품 및 서비스의 내용면에서의 적절성과 타당성을 확인하는 항목의 두 가지 관점에서 작성된다. 검토를 할 때는 체크리스트를 사용하여 검토 결과를 지적사항이나 결과 보고서로서 문서화한다. 검토 결과를 가능한 미리 결정한 템플릿을 이용하는 등 인식 공유의 수단을 정해둔다.

SG 2 : 객관적 시각을 제공한다.

검토가 완료되어 지적사항이 문서화 된 후에는 우선 그 지적사항이나 그 대응 기한, 대응 책임자를 확실하게 당사자에게 전달하고 이해시킬 필요가 있다. 이 때의 전달 방법은 상황에 따라 대면, 메일, 서면 등에서 선정한다.

그리고 프로세스나 제품, 서비스에 관한 지적사항뿐만이 아니라 검토를 통해 발견된 과제는 과제관리 일람에 기록하여 대응이 완료할 때까지 검토자 또는 품질관리자가 계속적으로 확인을 할 필요가 있다.

또한, 각각의 지적사항과는 별도로 검토 결과를 분석하여 검토 자체의 품질이나 제품의 품질에 대해 한쪽으로 치우치지 않았는지를 확인하여 필요에 따라 시정조치를 할 필요가 있다.

Point! 객관적 확인을 위한 연구

검토의 객관성을 어떻게 확보할지는 프로젝트의 프로세스나 제품, 서비스의 품질을 보증하는 데 매우 중요하다. 여기서는 두 개의 포인트를 들어 그 구체적인 정책을 소개한다.

우선 첫 번째 포인트는 「제3자에게 검토를 의뢰한다」는 것이다. 실제 프로세스나 작업 산출물의 작성자가 아닌 제3자가 검토를 실시함으로써 작성자와 다른 관점에서 검토를 할 수 있으므로 객관성을 확보할 수 있는 것이다. 단, 제3자는 프로세스나 제품, 서비스에 직접 관계하지 않았으므로 작성자와 다른 시점에서 검토를 기대할 수 있는 한편으로 검토 의뢰자가 기대하던 검토의 관점이나 수준에 도달하지 못할 가능성도 있으므로 미리 체크리스트 등에서 검토의 관점을 제공할 필요가 있다. 제3자에 대한 검토 의뢰가 어려운 경우에는 작성자 자신이 검토를 하게 되지만, 이 때는 객관성을 확보하기 위해 「SG 1 : 프로세스와 작업 제품을 객관적으로 심사한다」에서 서술한 체크리스트에 따라 검토를 실시할 필요가 있다.

두 번째 포인트는 검토자가 볼 때의 포인트지만, 「적절한 검토 대상자를 선정하면서 객관적 검토를 할 수 있는 환경을 정비하는 것」이다. 프로젝트의 프로세스 준수 상황을 확인한다는 관점에서 검토를 실시하는 경우에는 대면하는 식으로 실시하는 것이 많지만, 실제로 프로세스를 이용하는 프로젝트 구성원으로 참가시키거나 검토 대상자가 대화하기 쉬운 환경을 만듦으로써 유효한 검토를 실시할 수 있다.

예로서 프로젝트에서 프로세스 준수 상황을 제3자인 QA가 프로젝트 구성원에게 확인하는 경우를 가정해본다. QA가 실시하는 검토에서는 프로젝트가 일상적으로 어떤 프로세스를 통해 관리되고 있는지를 관리 프로세스를 책정하는 프로젝트 관리자가 아닌 프로세스를 이용하는 입장의 프로젝트 구성원에게 실제 운영상황을 확인한다.

또한, 이 때에 프로젝트 구성원뿐만이 아니라 그 상사가 있으면 프로젝트 구성원이 솔직한 의견을 발언하기 어렵기 때문에 QA가 객관적으로 검토할 수 없을 가능성이 있다. 그리고 검토 대상자도 프로젝트 전체의 공통 프로세스나 제품에 대해 검토할 때는 PMO 구성원을 대상으로 검토하므로 문제가 없는가, 또한, 설계 및 개발 표준이라는 특정의 프로세스나 제품에 대해 검토할 때에는 가능한 한 직접 그 프로세스나 제품에 관련된 구성원에 대해 검토를 실시함으로써 유효한 검토를 할 수 있다.

측정 및 분석(MA)

개요

「요구되는 품질을 유지하고, 예산 및 일정대로 진척되고 있는가?」, 「프로젝트로서 사양 변경을 수용해야 할지의 여부」 등 프로젝트를 운영하는 데에는 프로젝트 관리자가 판단할 상황이 많이 발생한다. 이 때 프로젝트 관리자는 프로젝트의 상황을 올바르고 객관적으로 파악하여 적절한 판단을 내리지 않으면 안 된다.

예를 들면, 프로젝트 관리자는 프로젝트가 테스트 단계에 들어갔을 때 품질의 관점에서 테스트 밀도나 버그 밀도 등의 지표를 정의하여 시스템의 규모에 대해 실시해야 할 테스트 사이클 수, 테스트에 의해 검출되는 버그 건수 등을 산출하여 적절한 레벨로 억제되어 있는지를 추적 할 필요가 있다.

또한, 프로젝트를 시작할 때에 작성한 일정과 현재의 프로젝트에서 작업의 달성 상황을 비교하여 일정의 지연 상황이나 프로젝트의 달성 상황, 비용의 소화 상황, 사양 변경의 발생 상황을 확인하여 품질 · 비용 · 일정(QCD)의 관점에서 측정해야 할 지표를 정의하고, 측정 데이터에 입각한 정량적 분석 결과를 바탕으로 객관적으로 프로젝트 상황을 파악하지 않으면 안 된다.

「측정 및 분석(MA : Measurement and Analysis)」 프로세스 영역의 목적은 프로젝트에서 관리층이 필요로 하고 판단 재료가 되는 정보의 정의 및 대상에 따른 판단 기준을 명확하게 지표로서 만들고, 각 지표의 값을 산출하기 위해 필요한 측정 데이터를 프로젝트 구성원이나 프로젝트 관리자에게서 정기적으로 수집하여 이것을 분석하고, 분석 결과를 프로젝트에 관련된 이해관계자에게 전달하는 것이다.

「측정 및 분석(MA)」 프로세스 영역은 다음의 내용으로 구성되어 있다.

표 04-16 측정 및 분석(MA)

고유 목적	내용
SG 1	측정 목표에 따라 데이터 수집, 분석의 프로세스를 수립한다.
SG 2	측정 데이터를 분석하여 이해관계자와 공유한다.

그림 04-18 측정 및 분석(MA)

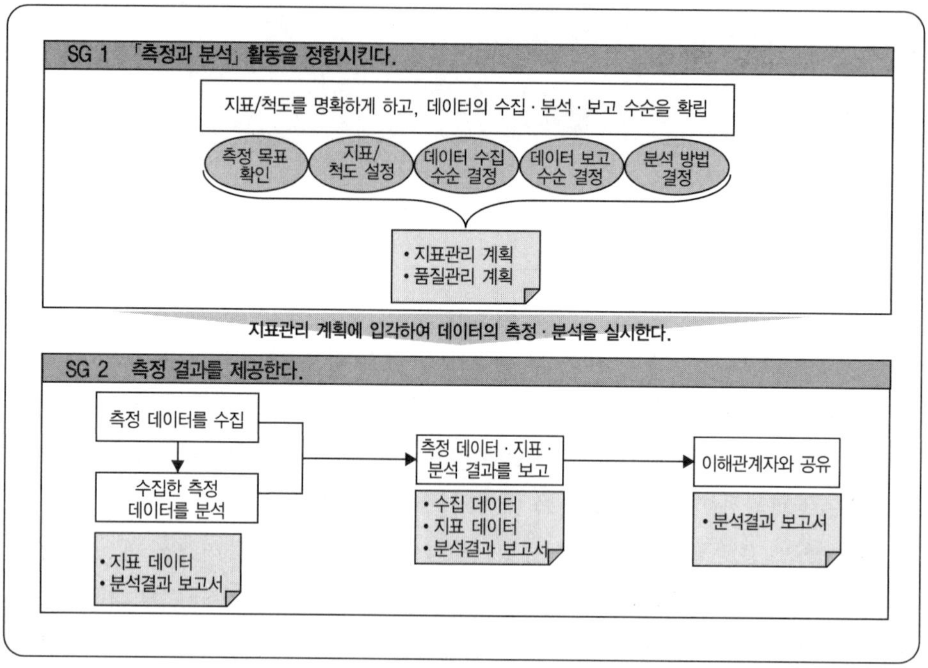

SG 1 :「측정 및 분석」 활동 계획을 수립한다.

우선 프로젝트 계획이나 이해관계자와의 의사소통 방법, 타 프로젝트의 성과 등을 바탕으로 지표를 수집하여 분석하는 목적을 명확하게 하고, 객관적인 판단에 도움이 되는 정량적인 판단 기준(지표)을 프로젝트의 지표관리 계획으로서 정의한다.

그런 후에 각 지표의 값을 산출할 때에 필요한 측정 데이터에 대해 수집하는 대상별로 데이터 수집을 위한 도구나 저장 방법 등의 규칙을 만들고, 수집한 데이터에 대한 분석 방법을 정의한다. 동시에 지표를 관리하는 담당자의 역할과 책임에 대해서도 명확하게 설정한다.

지표관리 계획을 정의할 때에는 품질의 관점에서 테스트 밀도나 버그 밀도를 이용하여 테스트 품질을 볼 수 있다. 또한, 일정 비용 관점에서는 EVM(Earned Value Management)을 이용하여 SPI(일정 효율 지수), CPI(비용 효율 지수)를 측정하여 프로젝트의 상황을 판단할 수 있다. SPI나 CPI를 산출할 때에는 필요한 수치(각 작업의 달성율이나 프로젝트 구성원의 성과 작업시간)에 대해 수집할 시점이나 방법을 정의하여 프로젝트 내의 규칙으로 주지시킨다. 지표관리 계획에서는 데이터의 수집 및 격납 방법을 정의하는 것에 추가하여 수집한 측정 데이터의 분석 방법에 대해서도 정의할 필요가 있다.

SG 2 : 측정 결과를 제공한다.

지표관리 계획을 정했으면 다음은 정의한 프로세스를 운용하여 측정 데이터의 수집을 시작한다. 수집한 측정 데이터를 사용하여 산출된 지표 값의 분석 결과는 올바른 의사결정을 내리기 위해서 프로젝트의 의사결정에 관련된 모든 이해관계자 사이에서 공유하지 않으면 안 된다.

분석 결과를 프로젝트 운영에 활용하기 위해서는 지표의 정의, 데이터의 수집에서 분석까지 프로세스를 확립하고 확실하게 운영하는 것이 중요한 것은 말할 필요도 없다. 그러나 수집된 데이터의 정밀도가 낮으면 정확하게 프로젝트의 상황을 분석하고 판단할 수 없다. 특히, 몇 개의 팀으로 구성된 프로젝트에서는 팀을 최소 단위로 하여 데이터 수집에 적용하는 경우가 많지만, 팀 사이에서 「산출물 검토 상태의 정의」, 「상태 갱신 시기」, 「상세한 일정 달성율에 대한 기준」 등 데이터에 대한 기본적인 사고방식이 다르면 데이터를 수집하고 분석하더라도 분석 결과의 신뢰성은 떨어지게 될지도 모른다.

이 때문에 수집한 측정 데이터에 대한 기본적인 사고방식을 프로젝트의 지표관리 계획에 정의하면서 프로젝트 구성원에 대한 교육적인 지도를 하는 것이 중요하다.

데이터 분석 후에는 분석 결과와 개선점/시정조치 안(案)을 정리하여 분석결과 보고서를 작성하고, 팀 리더나 프로젝트 관리자는 물론 관리층을 포함하여 모든 이해관계자가 공유한다.

Point! 데이터를 동일한 기준으로 작성한다.

「측정 및 분석(MA)」 프로세스 영역에서는 작성한 분석결과 보고서를 모든 이해관계자가 공유하도록 되어 있다. 측정을 할 때는 작업 수행에 걸린 성과 작업시간이나 일정, 그리고 각 작업의 달성 상황 등의 데이터를 각 팀에게서 수집하여 집계한다. 집계 결과는 팀별로 비교하거나 팀 내에서 기간별로 비교하여 분석한다.

또한, 비교 분석할 때의 전제 조건은 데이터가 동일한 기준으로 정의되고 집계되는 것이다. 이 전제 조건이 지켜지지 않으면 아무리 정밀한 분석을 실시해도 분석 결과를 신뢰할 수 없다. 분석 결과를 올바른 시정조치 안으로 연결시키기 위해서도 바탕이 되는 수집 데이터를 프로젝트 내에서 충분히 검토하여 정의하고, 리더뿐만이 아니라 실제로 성과 작업시간을 보고하는 각 프로젝트 구성원이 올바르게 이해하는 것이 중요하다.

Point! 프로젝트의 지표는 적정한가?

지표는 프로젝트 운영을 도와주기 위한 매우 유용하고 객관적인 정보다. 그러나 지표는 어디까지나 프로젝트 운영에서 도구에 지나지 않는다. 상세한 데이터를 수집하는 것이나 데이터 수집을 위해 복잡한 도구를 사용하는 것에 주력하여 도구 운영에 세월을 보낸다면 의미가 없다. 보다 자세한 단위에서 관리를 요구하는 프로젝트 관리자가 있을지는 모르지만, 프로젝트에서 우선순위를 매겨 비용 대비 효과를 고려하고 프로젝트의 현장에서 운용 가능하고 의미가 있는 지표를 선정하여 운영하는 것이 중요하다.

의사결정 분석 및 해결(DAR)

개요

프로젝트의 계획 수립 중이나 실행 중에는 다양한 의사결정을 하게 된다. 이 중에는 앞으로의 방향성에 크게 영향을 주는 중요한 것도 많이 포함된다.

예를 들면, 시중의 패키지 소프트웨어를 이용할 것인가, 자기 비용으로 스크래치 개발(scratch 개발 : 기존의 패키지를 이용하지 않고 독자적인 시스템을 개발하는 것)을 실시할 것인가, 패키지 소프트웨어를 이용한다면 어떤 패키지로 할 것인가, 또한, 폭포수 모델(waterfall 모델: 시스템의 개발을 여러 공정으로 나누어 순서적으로 실시하는 방법)로 개발할 것인가, 나선형 모델(spiral : 여러 공정을 계속 반복하면서 완성시키는 방법)로 개발할 것인가, 그리고 어느 소프트웨어 벤더에게 개발을 위탁할 것인가 등 의사결정을 하지 않으면 안 되는 사항이 있다.

이들과 같은 프로젝트의 범위나 일정에 대한 영향이 큰 의사결정 사항이 프로젝트 관리자의 주관만으로 결정되는 것은 허용될 수 없다. 선택지를 들어 일정한 심사기준에 따라 공평하게 심사하여 선택할 필요가 있다. 집착이나 선입관, 감에 의존하여 적절하지 못한 개발 접근방식이나 벤더를 선정하여 프로젝트가 예정대로 진행되지 않고 일정한 품질 수준에 도달하지 못한다면 의미가 없다.

이와 같은 사태를 피하기 위해 누구의 눈으로 보아도 프로젝트에 「적절」하다고 생각되는 객관적인 심사에 따른 의사결정을 하지 않으면 안 된다. 「의사결정 분석 및 해결(DAR)」 프로세스 영역의 목적은 중요한 사항을 의사결정 하는 프로세스를 정의하여 적정한 기준에 입각한 선택을 할 수 있도록 하는 것이다.

「의사결정 분석 및 해결(DAR : Decision Analysis and Resolution)」 프로세스 영역은 다음의 내용으로 구성되어 있다.

표 04-17 의사결정 분석 및 해결(DAR)

고유 목적	내용
SG 1	의사결정의 기법을 정의하고, 심사 · 선정을 실시한다.

그림 04-19 의사결정 분석 및 해결(DAR)

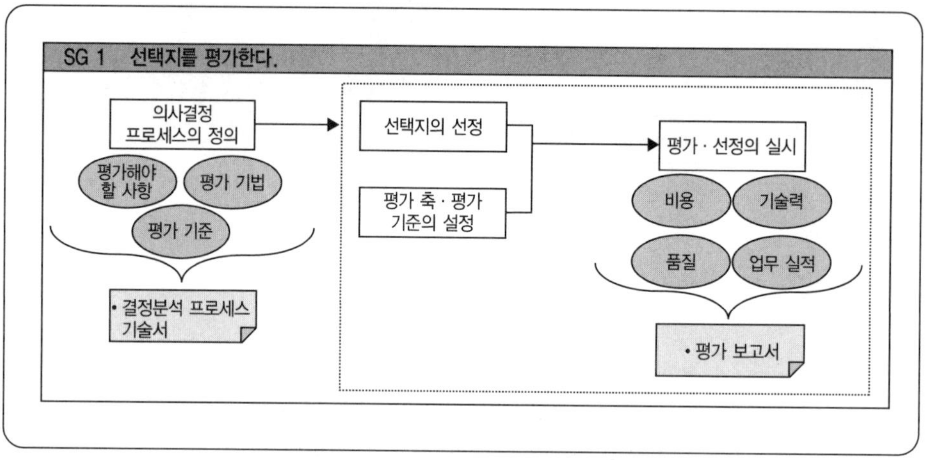

SG 1 : 대안을 평가한다.

의사결정은 프로젝트에서 정의한 기준을 이용하여 정식으로 프로세스를 거쳐 실시해야 한다. 그러나 실제로는 모든 결정 사항에 대해 「정식」으로 프로세스를 따르는 것은 현식적으로 불가능하고, 또한, 가령 가능하다고 해도 프로젝트 운영의 관점에서 보면 모든 문제를 취급하는 것은 비효율적이다.

이 때문에 우선은 「정식」으로 의사결정 프로세스를 밟을 필요가 있는 것을 미리 정할 필요가 있다. 원칙적으로 프로젝트의 범위, 품질, 비용, 일정 등 프로젝트의 목표에 대해 큰 영향을 주는 사항이나 위험이 큰 사항, 정식으로 프로세스에서 의사결정을 실시하는 편이 결과적으로 합리적으로 되는 사항 등이 대상이 된다.

프로젝트의 계획을 세우는 시점에서 정식으로 의사결정이 필요한 항목과 그 기준이나 기법을 다음의 표와 같이 정리해 두었다. 또한, 이 심사기준이나 심사기법이 효력을 갖고 정식으로 의사결정을 원활하게 실행하는 데에는 주요한 이해관계자와 충분히 검토하고 관련된 모든 이해관계자에게 철저하게 주지시킬 필요가 있다.

표 04-18 의사결정이 필요한 항목 일람(예)

항목	의사결정을 위한 지침	평가 기준	심사 기법
소프트웨어 벤더 선정	소프트웨어 규모 중 1/5 상당 이상의 영역을 위탁하는 경우.	요구 레벨의 적합 상황을 3단계로 평가한다. • 평가 항목 비용, 기술력, 품질보증 체제, 보안 대책, 벤더의 업무 성과 • 평가 기준 A : 요구 이상 B : 요구 충족 C : 불충분	평가 항목의 합계치를 비교한다. • A : 3점 • B : 1점 • C : 0점 프로젝트의 특성에 따라 평가 항목에 가중치를 준다.
하드웨어 벤더 선정	…	…	…
…	…	…	…

또한, 프로젝트를 추진하는 도중에는 의사결정이 필요한 현상을 항상 모니터링 할 필요가 있다. 계획서에서 정의한 의사결정 프로세스 대상에 합치하는 현상이 발생한 경우에는, 우선 이에 대해 생각할 수 있는 해결책을 몇 개 열거하고 이와 병행하여 계획을 세웠을 때에 작성한 의사결정 항목에 대한 평가 기법이나 평가 기준을 확인하고 필요에 따라 그 현상에 적합한 각각의 평가 항목에 가중치를 주어 기법이나 기준을 구체화 한다. 그리고 이들 기법이나 기준을 바탕으로 열거한 해결책을 평가하여 프로젝트에 최적인 해결책을 선정한다.

또한, 평가 결과는 반드시 문서로서 남길 필요가 있다. 어떤 경위로 선정되었는지를 명시함으로써 장래에 후임 구성원이 평가의 경위를 이해할 필요가 있거나 비슷한 의사결정의 필요성이 발생할 때에 참고로 할 수 있기 때문이다.

Point! 중요한 것은 의사결정 프로세스의 가시화

「의사결정 분석 및 해결(DAR)」 프로세스 영역에서 정의된 활동은 특별한 것이 아니라 「의사결정을 하는 프로세스를 정하여 이에 따라 실행한다」는 당연한 것이다. 그러나 프로젝트의 현장에서는 가끔 이 당연한 일이 실시되지 않는 것이다. 예를 들면, 현장 관리자의 개인적인 친분으로 벤더를 선정하거나 하는 것이다.

「의사결정 분석 및 해결(DAR)」 프로세스 영역에서 정의된 활동을 당연한 일이라고 정리하기 전에 다양한 의사결정에 대해 프로세스가 정의 및 문서화되어 있는지, 필요에 따라 프로세스에 준하여 의사결정을 하고 있는지를 확인하는 것이 필요하다.

객관적이고 적절한 의사결정을 하는 데 중요한 것은 결정을 하는 프로세스를 가시화 하여 누구의 눈에도 선택 이유를 명확하게 하는 것이다.

Point! 의사결정을 위한 회의 프로세스를 정의하라

프로젝트에서 의사결정을 해야 할 것은 사소한 것부터 프로젝트의 진행방향을 좌우할만한 것까지 다양하다. 팀 리더 단위에서 의사결정할 수 있는 것도 있지만, 리더가 전원 모이는 곳에서 결정해야 할 것도 있다. 이 중에는 프로젝트 관리자뿐만 아니라 고객이나 최종 사용자도 참가하여 의사결정을 하지 않으면 안 되는 경우도 있을 것이다.

이 때문에 정식으로 의사결정 프로세스를 정의할 때는 평가 방침 · 기법 · 기준에 추가하여 프로젝트의 운영체제상 어느 계층에서 어떤 레벨의 의사결정 사항을 취급하는지를 결정하지 않으면 안 된다. 취급하는 곳을 결정함으로써 주어진 역할의 범위에서 판단할 수 없는 의사결정사항이 발생한 경우에 그 항목을 상위 계층으로 이동하여 대처할 수 있도록 하는 것이다.

또한, 이 프로세스를 실현하는 데는 프로젝트의 체제에 따라 의사결정을 위한 회의체의 정의가 필요하게 된다. 이 때문에 프로젝트의 구조를 이해하고 어떤 역할의 구성원이 모여 무엇을 이야기할지를 고려하여 회의체를 설계할 필요가 있다.

원인 분석 및 해결(CAR)

개요

프로젝트를 실시하는 도중에 문제가 발생했을 때 충분한 원인 분석을 실시하지 않고 표면적으로 대처한 것만으로 문제해결 완료라고 보고한다면 비슷한 문제가 반복해서 발생하는 경우가 있다. 또한, 충분한 원인 분석을 실시하고 그 근본원인에 대한 대처를 강구함으로써 그 문제의 재발을 방지할 수 있음에도 불구하고 문제해결을 위한 프로세스나 각각의 문제해결의 내용이 조직 내에서 공유되지 않았기 때문에 타 프로젝트에서 활용할 수 없는 경우도 있다.

「원인 분석 및 해결(CAR : Causal Analysis and Resolution)」 프로세스 영역의 목적은 문제의 근본원인까지 추적하여 조치함으로써 유사 문제의 재발을 미연에 방지하여 프로젝트나 서비스의 품질을 향상시켜 생산성을 높이는 것이다. 또한, 프로젝트에서 발견된 문제 중에서 타 프로젝트에도 해당되는 문제에 대해서는 근본원인과 그 유효한 대처방법을 프로젝트 사이에서 공유하는 것도 중요한 목적의 하나이다.

「원인 분석 및 해결(CAR)」 프로세스 영역은 다음의 내용으로 구성되어 있다.

04-19 원인 분석 및 해결(DAR)

고유 목적	내용
SG 1	데이터를 수집하여 문제의 근본원인을 명확하게 한다.
SG 2	문제의 근본원인에 대처하여 결과를 심사한다.

또한, 「원인 분석 및 해결(CAR)」 프로세스 영역은 다음의 3개의 프로세스 영역과 깊게 관련되어 있다.

- 「측정 및 분석(MA)」 프로세스 영역
- 「정량적 프로젝트 관리QPM)」 프로세스 영역
- 「조직 혁신 및 전개(OID)」 프로세스 영역

그림 04-20 원인 분석 및 해결(CAR)

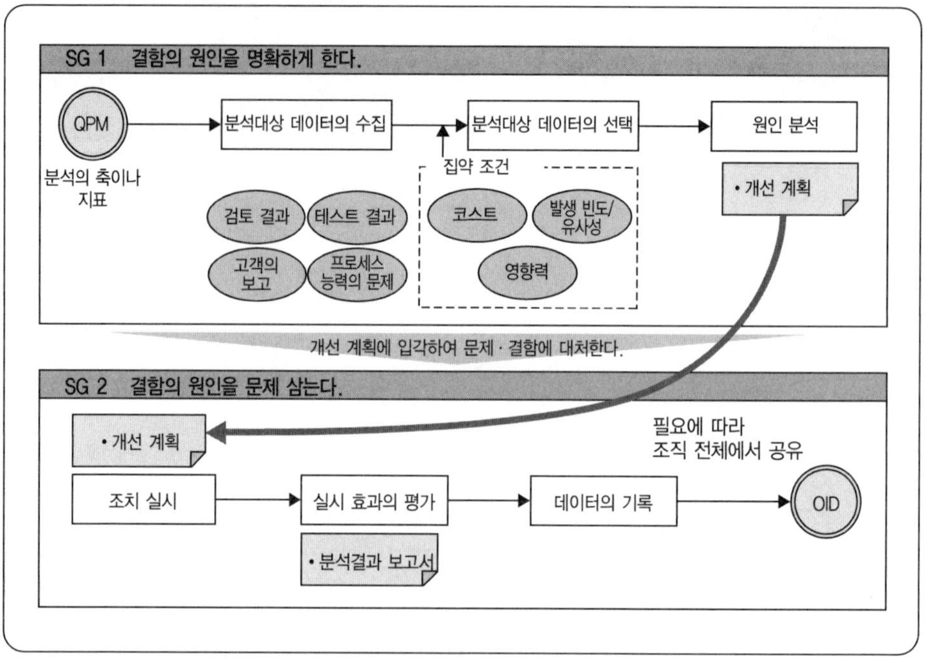

예를 들면, 「원인 분석 및 해결(CAR)」 프로세스 영역에서는 충분한 원인 분석이 필수이므로 「측정 및 분석(MA)」 프로세스 영역에서 취급하는 SPI(일정 효율 지수)나 CPI(비용 효율 지수), 테스트 밀도 및 버그 밀도 등의 정량적 지표를 이용하여 파악한 프로젝트 상황이 필요하고, 또한, 중요한 데이터 중의 하나가 된다.

또한, 사용한 대처방법의 효과를 검증하여 조직 전체에서 공유해야 할지를 판단할 때에 사용되는 분석의 주축이나 지표는 「정량적 프로젝트 관리(QPM)」 프로세스 영역에서 정의한 것이다. 그리고 공유해야 할 문제와 그 근본원인 및 대처방법은 조직 전체의 품질향상을 위해 「조직 혁신 및 전개(OID)」 프로세스 영역에서 공유 및 전개할 필요가 있다.

SG 1 : 결함의 원인을 명확하게 한다.

SG 1에서는 문제의 근본원인을 명확하게 할 필요가 있으므로 우선 과제 관리 및 위험 관리 일람에 추가하여 「측정 및 분석(MA)」 프로세스 영역의 활동으로 프로젝트에서 수집한 검토 결과나 테스트 결과, 고객이나 최종 사용자의 보고 등을 이용하여 현재의 문제나 장래에 일어날 수 있는 문제를 파악한다.

다음에는 근본원인을 파악하기 위해 분석해야 할 대상을 집약한다. 이 때 분석이나 대처에 드는 비용이나 시간 등을 고려한다. 분석 대상의 예로서는 문제의 발생 빈도, 비용 초과, 일정 지연, 신뢰도 손상 등을 들 수 있다.

체크리스트 등을 사용하여 집약한 대상을 분석하고 근본원인을 이끌어낸다. 그리고 지정된 근본원인에 대처하기 위한 조치 안(案)을 검토하여 문서화 한다.

SG 2 : 결함의 원인에 초점을 맞춘다.

도출한 조치 안에 대해 문제 해결에 효과가 있다고 생각되는 순서로 우선순위를 매겨 우선순위가 높은 조치 안부터 실시 가능한 구체적인 태스크에 적용하여 조치를 실시한다.

근본원인에 대한 조치를 수행한 후에는 「정량적 프로젝트 관리(QPM)」 프로세스 영역에서 정의된 분석의 주축이나 지표를 사용하여 그 조치가 적절했었는지의 여부를 심사한다.

문제가 해결된 경우에는 문제 자체의 내용뿐만이 아니라 다음의 항목을 「조직 혁신 및 전개(OID)」 프로세스 영역의 활동 중에서 타 프로젝트나 조직 전체가 활용할 수 있도록 반드시 문서화 한다.

- 도출된 근본원인
- 판단의 근거
- 조치 안
- 조치 안을 구체화 한 작업
- 해결시까지 소요된 시간 · 공수 · 비용
- 심사 결과

Point! 중요한 것은 예측과 미연에 방지하는 도구 만들기

근본원인을 확립하는 기법이나 근본원인에 대한 조치 안의 우선순위 기준을 확립하는 것은 중요하다. 문제를 파악하는 기법으로는 이미 발생한 문제나 발생할 가능성이 있는 문제를 분류하고, 분류한 각각의 문제와 문제의 타입을 연결하여 중요도를 사전에 정의하는 방법을 들 수 있다(표 04-20 참조).

이와 같이 관리하면 문제의 분류나 타입을 참조하여 파악하는 것이 가능하게 되고, 조치 안의 우선순위의 검토도 용이하게 된다.

표 04-20 문제별 중요도

문제의 분류	문제의 타입	중요도
요구사항	…	…
기본 설계	…	…
상세 설계	로직(logic)	고
	기능	고
	정합성	고
	설계 표준	중
	인터페이스	고
	사용자 인터페이스	고
	기타	저
개발	…	…
단위 테스트	…	…
통합 테스트	…	…
시스템 테스트	…	…

또한, 프로젝트나 조직에서 많이 발생하는 문제의 발생 원인을 그 타입별로 분류하여 발생 건수 등을 추적한 표(표 04-21 참조)를 이용하거나 결함이나 문제의 타입별 발생 건수를 발생순으로 열거한 파레토 그래프(그림 04-21 참조)를 이용함으로써 근본원인을 쉽게 발견할 수 있다.

표 04-21 원인별 누계 문제발생 수

문제의 발생원인	발생 수(주)	누계 발생 수
요구사항 정의 부족	0	1
설계 미스	1	5
개발 미스	1	10
로직 부정합	0	2
표준 비 준수	0	4
인터페이스 부정합	1	2
성과 부적합	0	1
테스트 사양서 미스	3	10
테스트 데이터 미스	2	5
테스트 환경 미정비	1	2

그림 04-21 문제 발생 수 파레토 그래프

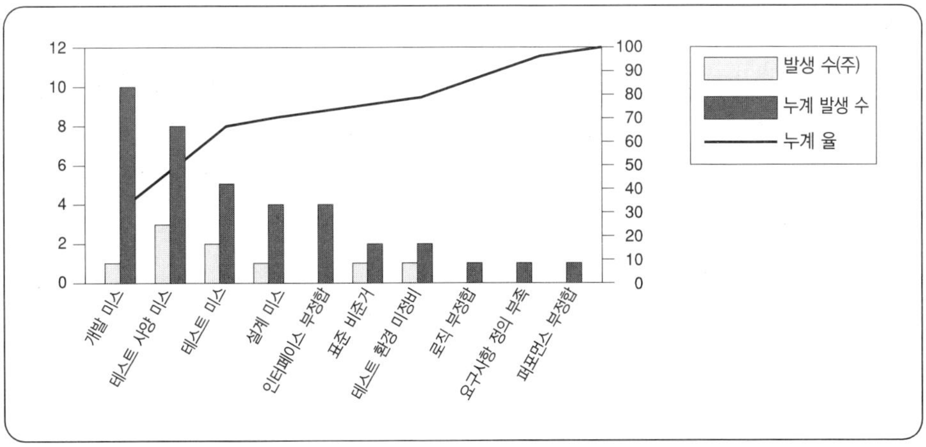

또한, 근본원인의 분석에는 상정된 근본원인의 분류나 타입을 미리 정의하는 것도 매우 유효하다(표 04-22 참조).

표 04-22 근본원인의 분류와 타입

근본원인의 분류	근본원인의 타입
부적절한 견적	…
불충분한 계획	…
부정확한 요구사항 정의	…
부정확한 설계	…
개발 시의 결함	…
불충분한 테스트 계획	…
불충분한 테스트	테스트 자원의 부족
	부적격한 테스트 자원
	테스트 미실시 부분이 존재
	…
부적절한 환경이나 도구	…
불충분한 모니터링	…
불충분한 표준	…
능력 · 지식 부족	…
검토 부족	…

또한, 대규모 프로젝트나 프로그램 전체에 걸친 조치는 넓은 범위에 영향을 주기 때문에 사전에 신중한 계획 수립이 필요하다.

우선 파일럿으로 한정된 범위에 전개하여 그 범위 내에서 효과를 심사하고, 당초의 조치 안과 전개 계획을 재검토하여 전체적으로 전개하는 것이 유효하다. 또한, 심사를 할 때는 조직이나 프로젝트의 품질 목표에 맞춰 정량적인 심사 기준을 확립하고 효과를 측정하는 것이 중요하다.

또한, 유사 문제가 발생하기 전에 미연에 그 경향을 발견하여 방지책을 강구하기 위해서도「원인 분석 및 해결(CAR)」프로세스 영역의 활동에 관한 이들 데이터를 기록으로 남겨서 프로젝트뿐만이 아니라 조직 전체에서 공유하여 문제를 미연에 방지하기 위해 이용해야 할 것이다.

조직 프로세스 정의+IPPD(OPD+IPPD)

개요

조직이 표준화에 대처할 때에는 조직의 구성원이나 프로젝트가 실제로 작업을 진행하는데 필요한 프로세스, 도구, 산출물을 「조직의 프로세스 자산」으로서 체계적으로 정의하고, 유지 관리할 필요가 있다.

표준이 되는 자산이 항상 제공 가능한 형태라면 프로젝트는 백지상태에서 작업하는 것이 아니라 필요한 자산을 활용하여 작업할 수 있으므로 작업 효율이나 품질의 향상을 기대할 수 있을 것이다.

그리고 이들 자산을 프로젝트에서 능숙하게 사용하기 위해서는 표준을 활용할 때의 지침을 결정하고, 프로젝트에 적용하기 위해 「조정」을 실시하게 된다.

「조직 프로세스 정의 + IPPD」 프로세스 영역의 목적은 표준이 되는 조직 프로세스 자산을 정의 · 확립하여 조직이나 프로젝트에서 이용할 수 있는 상황으로 만드는 것이다. 또한, 1.2판에서는 「SP 1.6 : 조직에서의 작업환경 표준의 확립」이 추가되었다. 또한, IPPD의 추가분으로서 프로젝트나 팀 내부에서 프로세스를 운영할 때의 지침과 「SG 2 : 권한 위양이나 의사결정의 도구 확립」이 추가되었다.

「조직 프로세스 정의 + IPPD」 프로세스 영역은 다음의 내용으로 구성되어 있다.

표 04-23 조직 프로세스 정의 + IPPD(OPD + IPPD)

고유 목적	내용
SG 1	조직 표준을 지원하는 조직 프로세스 자산을 확립한다.
SG 2	통합팀 군을 운영하여 IPPD 관리를 실시한다.

그림 04-22 조직 프로세스 정의 + IPPD(OPD + IPPD)

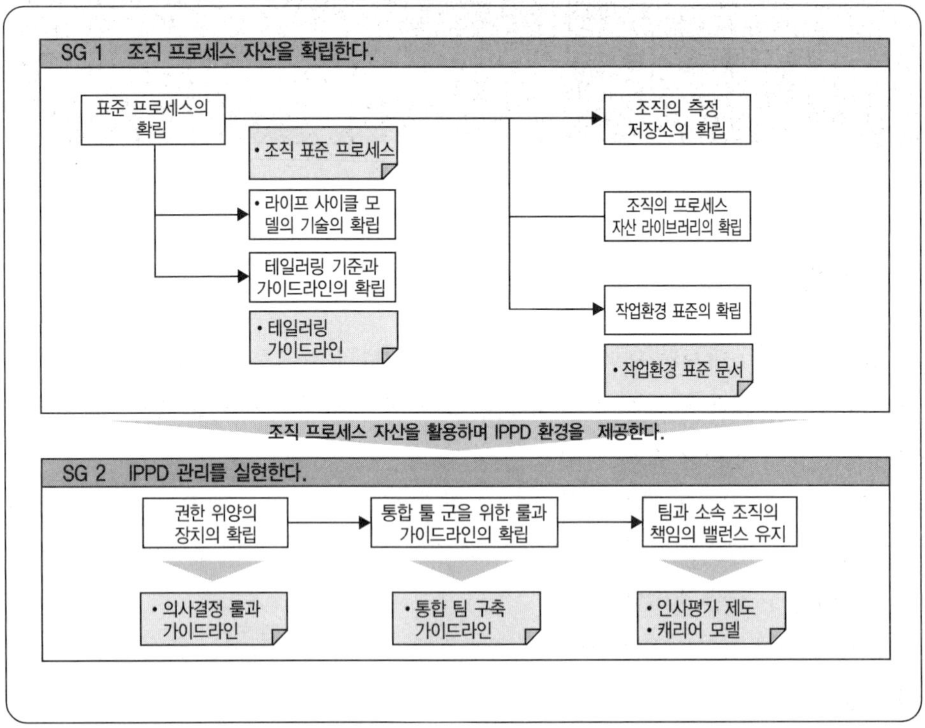

SG 1 : 조직 프로세스 자산을 확립한다.

조직 프로세스 자산에는 「정책」, 「방법론」, 「프로세스」, 「소프트웨어 개발 라이프사이클」, 「지표」, 「도구」, 「지침」 등 조직 표준을 유지하기 위한 모든 요소가 해당한다. 또한, 조직 표준은 고객이나 서비스의 종류에 따라 폭포수이나 나선형 등의 라이프사이클 모델별로 몇 개의 유형이 표준으로서 준비된 경우가 있다.

실제로 프로젝트가 조직 표준 프로세스를 적용할 때는 「조직 표준 프로세스의 적용 방법」, 조직 프로세스 자산을 사용할 때의 「필수 조건」, 「필수 항목」, 「필수 산출물」 등을 조직에서 「조정 지침」으로 정의해 둘 필요가 있다.

그리고 조직 프로세스 자산을 표준으로서 확립하여 이용할 수 있는 상태로 만드는 것이 요구되고 있다. 계속해서 조직 프로세스 자산의 품질을 향상시키기 위해서는 조직 프로세스 자산으로서 프로젝트에 이용한 자산이나 프로젝트에 고유의 프로세스를 적용하여 조정한 결과 등을 집적하는 도구를 준비하고, 다음과 같은 다양한 자산을 조직 프로세스 자산 라이브러리(library)로서 관리하는 것도 중요하다.

- 조직 프로세스 자산
- 산출물 예제나 템플릿

- 실제의 산출물
- 계획 문서
- 프로젝트 내의 프로세스를 정의한 관리 문서

또한, 조직 프로세스 자산에 맞춰 조직에서 측정한 다음의 데이터도 축적해야 할 것이다.

- 표준 프로세스 준수 상황을 나타내는 데이터
- 공수나 비용의 견적 데이터
- 테스트 밀도나 검토 효율 등의 품질 지수

이들 조직 프로세스 자산 라이브러리에 축적한 데이터나 지표는 조직의 측정 저장소(repository)로서 정량적 관리를 지원하기 위해 활용하게 된다.

그리고 1.2판에서는 조직의 구성원이 작업을 실시할 때 필요한 작업 환경에 대한 표준을 정의하고 관리하는 것을 요구한다. 작업환경 표준에는 작업의 하드웨어나 소프트웨어의 표준 또는 작업 환경의 보안, 표준 애플리케이션 등의 작업환경 표준이 조직 프로세스 자산으로서 포함되어 있다.

SG 2 : IPPD 관리를 실현한다.

SG 2는 1.2판에서 새로 추가된 고유의 목적이다.「통합 프로젝트 관리(IPM + IPPD)」 프로세스 영역에서도 서술한 것과 같이 1.2판에서는 통합 프로젝트 관리가「IPM + IPPD」로, 조직 프로세스 정의가「OPD + IPPD」로 되었으므로「IPPD 추가분」을 사용하지 않는 경우에는 이 고유의 목적은 적용되지 않는다.

「조직 프로세스 정의(OPD)」에서「IPPD 추가분」은 IPPD 관리에 필요한 조직 프로세스 자산을 정의하여 축적 및 관리하는 것이다. 따라서 OPD에 축적 및 관리되는 조직 프로세스 자산을 프로젝트에 적용하여 실시하는 것이 통합 프로젝트 관리(IPM)에서 요구되는 것이다.

우선 IPPD에서의 중요한 키워드로「통합팀 군」이 있다.「통합팀 군」이란 작업에 필요한 능력이나 전문적 지식, 기술에 따라 모인 다른 조직이나 배경을 가진 구성원으로 구성된 팀(그룹)을 말하는 것이다. 이「통합팀 군」을 운영할 때에 필요한 조직 프로세스 자산을 정의하고 관리함으로써「IPPD 관리」가 실현 가능하게 된다.

구체적으로는 통합팀에 대해「무슨 권한을 위임할 것인가?」,「의사결정은 어떻게 실시할 것인가?」 등의 프로젝트와 팀 사이의 거버넌스(governance)에 관한 방침이나 통합팀 군을 체계화 하여 운영 관리하기 위한 팀 체계에 관한 지침, 운영 · 검토 · 승인에 관한 지침 등에 의해 관리된다.

또한, 예를 들면, 직능이나 소속하는 부서 · 사업소가 다른 경우 등 통합팀에 모인 구성원의 소속 조직이 다른 것을 고려하여 평가에 관한 방침이나 소속된 조직의 책임에 관한 지침이나 커리어 패스(career path), 승진에 관한 방침 등에 관해서도 조직에서 정의해두지 않으면 안 된다.

Point! 조직 프로세스 자산 라이브러리의 구축과 유지

「표준」을 조직의 구성원에게 전개하고 활용을 촉진할 때 중요한 것은 조직의 구성원이 필요할 때에는 표준의 내용을 언제라도 활용할 수 있는 상태로 만들어놓는 것이다.

그림 04-23은 조직의 구성원이 언제라도 필요한 정보에 접근 할 수 있도록 조직의 프로세스자산 라이브러리를 포털 사이트에서 관리하는 예이다.

또한, 조직 프로세스 자산으로서 프로젝트가 정의한 고유 자산의 장점을 흡수하여 계속적으로 개선이나 자산을 추가하는 것이 매우 중요하다. 포털 사이트를 이용한다면 프로젝트에서 조직 프로세스 자산에 대한 피드백을 수집하기 위한 도구를 사이트에 편성시켜도 좋다. 또한, 우수 사례로서 프로젝트에서 수집한 산출물을 예제화하여 사이트에 게재하는 것도 조직 프로세스 자산의 활용을 촉진하는 데는 효과적일 것이다.

단, 이와 같은 포털 사이트나 조직 프로세스 자산을 유지 및 관리하는 데는 이들을 유지 및 관리하기 위한 팀이나 공수가 필요하다는 것을 잊어서는 안 된다.

그림 04-23 조직의 프로세스 자산 라이브러리

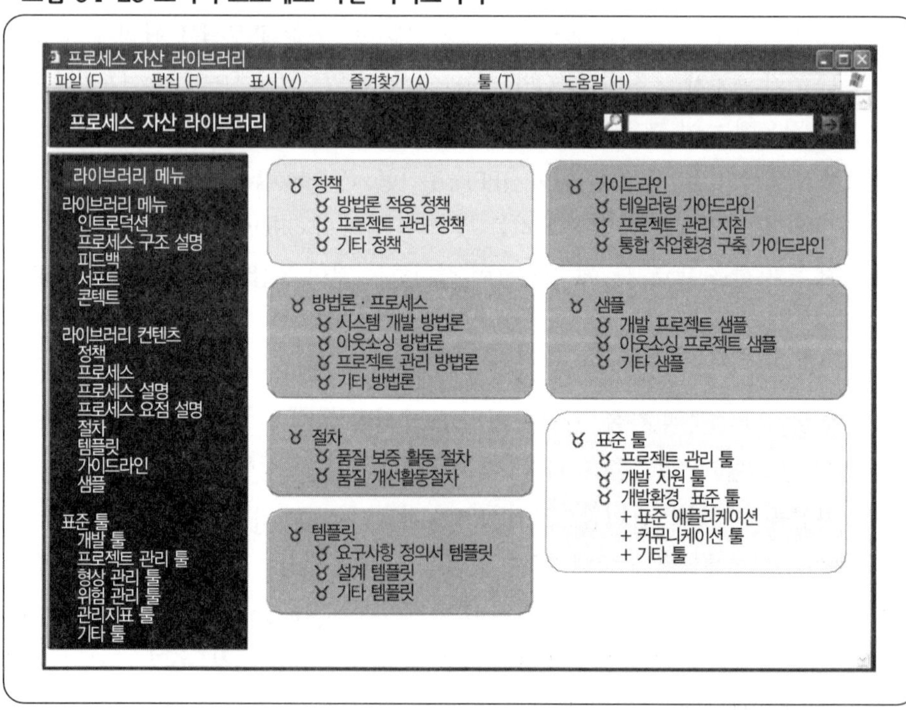

조직 프로세스 초점(OPF)

개요

「조직 프로세스 초점(OPF : Organizational Process Focus)」 프로세스 영역의 목적은 조직 프로세스의 개선 니즈를 파악하고, 조직 프로세스나 조직 프로세스 자산의 강점과 약점을 파악하고, 개선 계획을 수립하여 개선 활동을 실시하는 것이다.

이 목적을 달성하기 위해서는 개선의 기회를 지정하는 대처가 필요하고, 이 대처를 실시하기 위해서는 QA와 같은 프로세스 개선 담당이 정기적으로 프로세스를 점검하거나 CMMI의 심사에 관한 계획을 수립할 필요가 있다.

또한, 조직 프로세스 자산은 조직 내부를 가로질러 전개되므로 프로젝트에서 수집한 개선 요구를 적정하게 수용할 필요가 있다.

또한, 1.2판에서는 조직 프로세스 자산이 어떻게 전개되는지를 중시하고 있으므로 프로젝트를 시작할 때의 조직 프로세스 자산의 전개 방법(「SP 3.1 : 조직 프로세스 자산을 전개한다」)과 프로젝트에서 실시되는 것들의 감시 방법(「SP 3.3 : 구현을 감시한다」)에 관한 실천 항목이 새로 추가되었다.

「조직 프로세스 초점(OPF)」 프로세스 영역은 다음의 내용으로 구성되어 있다.

표 04-24 조직 프로세스 초점(OPF)

고유 목적	내용
SG 1	프로세스 개선 니즈를 파악하여 대응책을 수립한다.
SG 2	프로세스 개선 계획을 수립하여 실행한다.
SG 3	조직 프로세스 자산을 조직에 전개하여 수시로 개선요구를 받아들여 반영한다.

그림 04-24 조직 프로세스 초점(OPF)

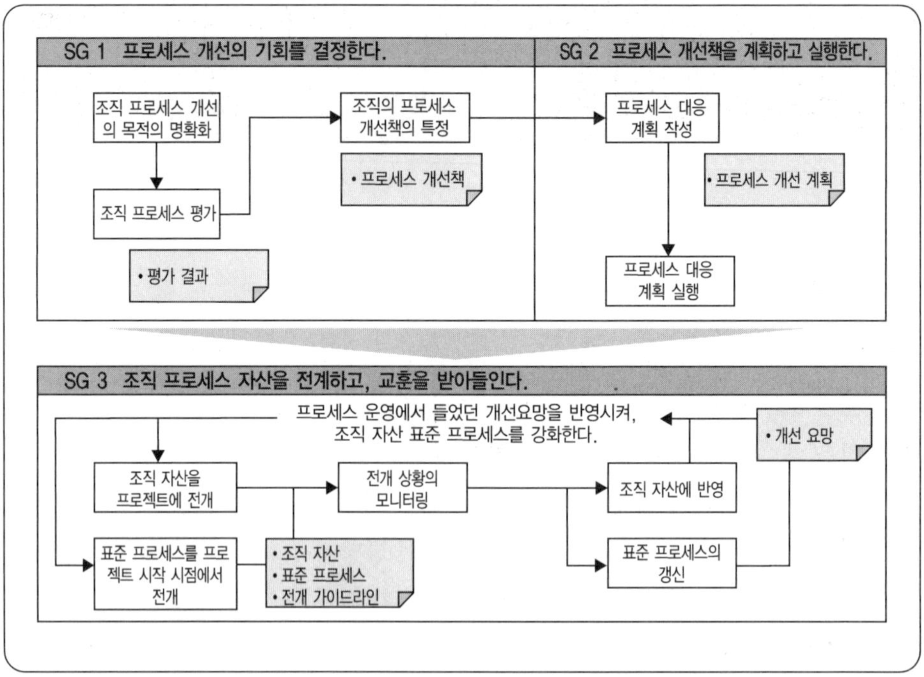

SG 1 : 프로세스 개선의 기회를 결정한다.

프로세스를 개선할 기회를 지정하려면 우선 프로세스에 대한 개선 니즈나 프로세스의 목표를 명확하게 할 필요가 있다.

개선 니즈는 결함 제거율이나 생산성과 같은 조직에서 프로세스 성과 목표의 달성 상황 등은 조직 프로세스의 심사 결과에서 식별된다. 실제로 조직의 장점이나 단점을 파악하고 개선해야 할 프로세스를 식별하기 위해서는 무언가 심사기준이 필요하므로, CMMI나 ISO 9001 : 2000을 레퍼런스(reference)로서 활용하게 된다.

예를 들면, CMMI를 활용하는 경우에는 심사를 반복해서 실시하고 프로세스를 심사하는 과정에서 개선 항목을 식별하게 된다. 심사에 관해서는 상위 관리자나 스폰서의 이해를 획득하고, 심사에 관련된 인력이나 체제를 확보하고 마일스톤을 정의하여 정기적으로 심사를 실시하도록 계획을 수립할 필요가 있다.

다음에는 심사에서 식별된 약점과 프로세스에 있어야 할 자세 사이에 어떤 차이(Gap)이 있고 개선안이 필요한지를 정리하여 우선순위를 매겨 개선을 위한 대응을 실시한다.

SG 2 : 프로세스 개선활동을 계획하고 구현한다.

SG 2에서는 SG 1에서 식별한 프로세스의 약점이나 개선 항목에 대한 대응방법을 정의한다. 우선 「역할」과 「체제」를 프로세스 대응 계획으로 확립한다. 프로세스 개선활동을 감독하는 관리자와 상위 관리 층, 프로세스 개선활동을 촉진하고 관리하는 사무국, 실제로 프로세스 개선을 현장에서 추진 · 전개하는 QA, 조직 프로세스 자산의 관리와 유지를 담당하고 개선 요구를 관리하는 EPG 등, 이 활동에 관한 체제와 역할을 정의하고 개선활동에 참가시킬 필요가 있다. 그리고 프로세스 개선 계획을 실현하기 위해서는 다음의 점을 고려할 필요가 있다.

- 개선 일정
- 인력 할당
- 구체적인 절차 수립
- 개선을 위한 대응이 유효한지의 여부를 판단하는 방법
- 대응시 위험 식별

이 SG에서는 이와 같은 프로세스 개선에 관한 계획 문서의 작성과 그 실시 결과에 관한 정보를 요구하게 된다.

SG 3 : 조직 프로세스 자산을 전개하고, 교훈을 받아들인다.

SG 3은 조직 프로세스 자산이 조직을 가로질러 전개되고, 실제로 프로젝트를 적용하는 과정에서 얻은 개선 요구나 제안이 조직 프로세스 자산에 계속적으로 반영되는 것을 요구한다.

우선 「조직을 가로질러 조직 프로세스 자산을 전개한다」고 하는 포인트에 대해서는 「조직 프로세스 정의(OPD + IPPD)」 프로세스 영역에서도 기재한 것과 같이 조직 프로세스 자산 라이브러리(library)를 포털 사이트 등에서 열람할 수 있게 하여 프로젝트가 필요할 때에 이용할 수 있는 수단을 계획한다. 또한, 조직 프로세스 자산의 변경에 관한 정보의 제공이나 정보의 요구에 대한 수집도 필수적이다.

그리고 프로젝트에서 이용할 때에는 프로젝트에 어떻게 적용할지에 대해 QA나 EPG와 같은 프로세스나 프로세스 자산에 정통한 구성원에 의해, 사용에 관한 지침이나 컨설팅 등을 실시함으로써 적절하게 활동할 수 있도록 하는 것이 요구된다.

또한, 1.2판에서는 「표준 프로세스를 전개할 때에는 프로젝트의 시작 시점에서 전개할 것」, 「변경이 있는 경우에는 프로젝트에 언제라도 적정하게 전개할 것」이라는 실천항목이 추가되었다. 또한, 「조직 프로세스 자산이 구현되었는지의 여부를 감시한

다」라는 항목도 추가되어 「조직 프로세스 자산의 구현에 관한 체크 항목」이나 「프로세스 준수 상황 확인」, 「프로세스나 프로세스 자산의 조정 결과」, 「QA 등에 의한 검토 결과」 등을 산출물로서 요구한다.

즉, 1.2판에서는 프로젝트의 시작부터 모든 단계를 통해 조직 프로세스 및 조직 프로세스 자산의 적용을 감시하는 것을 중시하고 있다고 볼 수 있다.

Point! 시작 단계부터 일관된 개선활동을 적용한다.

프로젝트를 시작하는 단계에서는 프로젝트 계획 수립이나 사용자 요구사항의 정의 및 수집, 다양한 자원(인력 · 산출물의 템플릿 · 환경 등)의 확보라는 활동이 발생한다. 이들 활동이 원활하게 진행될지의 여부가 프로젝트의 성공을 위한 열쇠라고 할 수 있다. 이 단계에서 프로젝트가 조직 표준 프로세스나 조직 프로세스 자산을 활용할 수 있는 상태로 되어 있다면 조직 프로세스 자산이 축적된 것들의 장점을 향유할 수 있을 것이다. 이를 위해서는 프로젝트의 시작 단계부터 프로젝트가 표준 프로세스나 조직 프로세스 자산을 적용할 수 있도록 개선활동을 지원하는 QA 등의 관여가 필수적이다.

구체적으로는 QA나 EPG가 프로젝트에 적합한 방법론을 검토(walk through)하여 프로젝트가 산출물의 정의 및 조정을 실시할 때 조직 프로세스 자산 중 어느 부분을 프로젝트에 적용하는가라는 판단을 지원하게 된다.

프로젝트가 시작된 후, 조직 표준 프로세스 관점이나 조직 프로세스 자산의 관점에서, 준수 상황의 체크라는 관리적인 측면뿐만 아니라, 시작할 때부터 관여함으로써 실제로 프로젝트에 조직 표준 프로세스를 적용한 후에 「조직 프로세스 자산의 어느 부분을 개선할 필요가 있는가?」라는 개선 요구에 대해서도 쉽게 식별할 수 있다. 개선을 추진 및 지원하는 QA나 EPG가 프로젝트에 적극적으로 관여하는 것이 조직 표준 프로세스의 적용과 조직 프로세스 자산에 대한 개선을 촉진하는 원동력이 되는 것은 틀림없을 것이다.

조직 훈련(OT)

개요

프로젝트를 수행하는 도중에 프로젝트 구성원의 능력이 부족하여 프로젝트의 진척이 지연되거나 산출물의 품질 저하가 발생하는 일이 있다. 이 능력 부족을 보충하기 위해서 프로젝트의 목적을 달성하기 위한 능력 요구사항을 정의하여 부족한 능력을 명확하게 하고 구성원에 대해 필요한 훈련을 수강시킬 필요가 있다. 훈련을 실시함으로써 구성원의 능력은 향상되고 최종적으로는 능력 요구사항을 충족한 프로젝트 구성원으로서 프로젝트를 구성할 수 있게 된다.

또한, 조직 수준에서는 조직의 비즈니스 전략에 따라 훈련 니즈를 식별하고, 현재 상태에서 능력의 수준 차이(skill gap)에 대한 분석을 실시하여 훈련 내용을 확정한다. 또한, 기존의 커리어별 커리큘럼이나 기술 영역별 능력이 비즈니스 니즈를 충족하고 있는지의 여부를 검증할 필요가 있다. 조직이 제공하는 훈련에는 프로젝트를 가로지르는 기술 훈련이나 리더십 훈련, 코칭 훈련(coaching training) 등이 있다.

훈련을 계획, 전개하기 위해서는 훈련 전체의 책임을 맡는 부서를 명확하게 지정하여 훈련 실시 방법을 검토하고, 훈련 강사의 선정이나 육성을 실시할 필요가 있다. 특히, 훈련 전체의 책임을 맡은 부서가 명확하지 않으면 인사 교육이나 기술 교육 등 한쪽으로 치우친 조직 훈련 커리큘럼이 작성되는 일이 많다. 또한, 훈련 강사의 능력을 향상시키는 계획을 세우지 않으면 유명무실한 내용의 훈련이 조직 전체에 전개되는 것이 된다.

「조직 훈련(OT : Organizational Training)」 프로세스 영역의 목적은 조직이 조직의 비즈니스 전략에 따라 프로젝트를 가로지르는 훈련을 제공하는 것이다. 또한, 프로젝트 고유의 훈련에 대해서는 「프로젝트 계획 수립(PP)」 프로세스 영역에서 계획한다.

「조직 훈련(OT)」 프로세스 영역은 이하의 내용으로 구성되어 있다.

표 04-26 조직 훈련(OT)

고유 목적	내용
SG 1	조직의 전략적인 훈련 니즈에 따라 조직이 제공해야 할 훈련을 식별한다.
SG 2	훈련을 제공하고 훈련의 유효성을 심사한다.

그림 04-25 조직 훈련(OT)

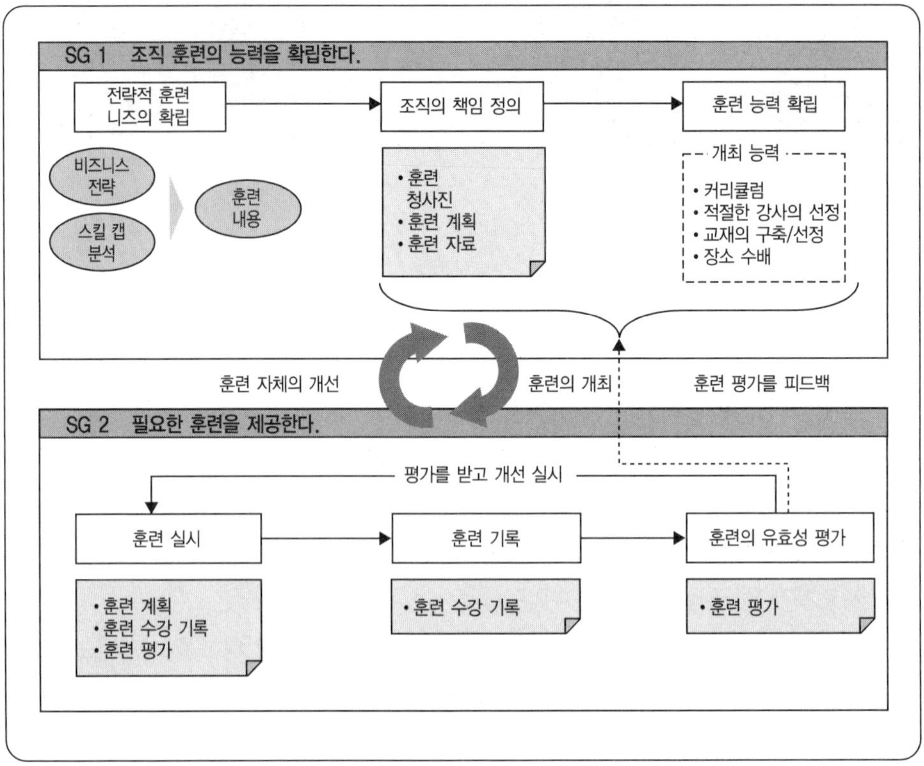

SG 1 : 조직 훈련의 능력을 확립한다.

SG 1에서는 조직의 비즈니스를 파악하여 전략적 훈련 니즈를 식별하고, 그 니즈 중에서 조직에서 제공해야 할 훈련인지, 또는 프로젝트로서 제공해야 할 훈련인지를 구분하여 제공의 책임을 명확히 한다.

훈련의 제공에 책임이 있는 조직 또는 프로젝트는 훈련 청사진(training blue print), 훈련 계획을 작성하여 관계자의 합의를 통해 훈련에 대한 접근방식을 검토하고, 조직의 훈련 능력을 확립한다. 또한, 「훈련 능력」이란 조직이 훈련을 개최하기 위해 필요한 장소의 준비, 교재의 개발/조달, 적절한 강사의 선정 등을 포함한 훈련 개최 능력을 의미한다.

Column 칼럼 **훈련 청사진(Training blue print)**

훈련 청사진이란 조직 내에서 전개되는 훈련을 훈련의 제공 책임을 가진 조직 레벨, 프로젝트 레벨로 분류하여 전체상을 나타낸 문서다.

이하의 그림은 조직에서 제공되는 훈련과 프로젝트 특유의 기술 훈련을 체계적으로 정리한 청사진이다. 이와 같은 청사진을 작성함으로써 훈련 제공 책임과 훈련 종류가 명확화 된다.

그림 04-26 훈련 청사진

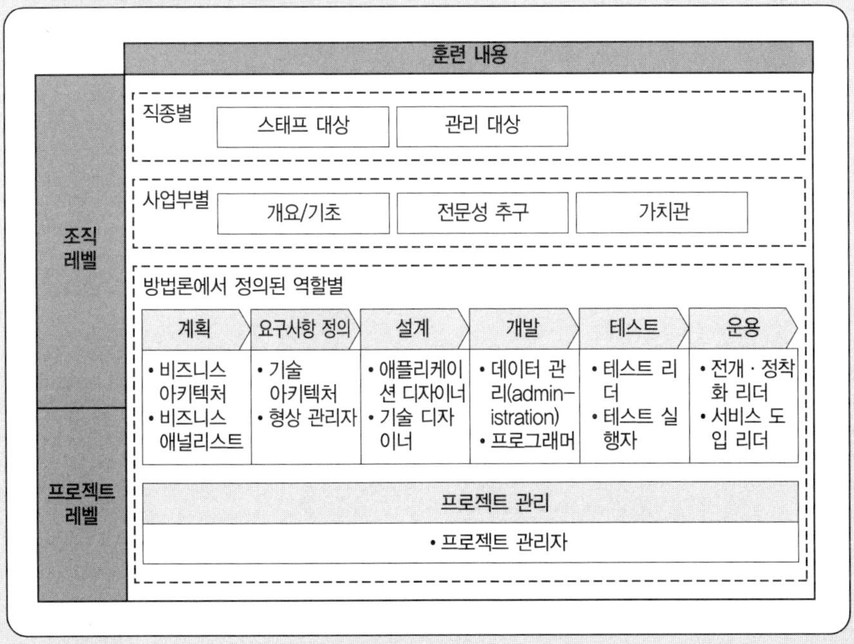

SG 2 : 필요한 훈련을 제공한다.

SG 1에서 정의한 훈련 니즈에 따라 조직 또는 프로젝트는 구성원에게 필요한 훈련을 제공한다. 개최되는 훈련 내용이나 훈련 참가자는 훈련 기록, 수강 기록을 통해 관리된다. 구성원의 훈련 수강 이력은 프로젝트에 구성원을 배속할 때 참고 정보로서 이용되고, 프로젝트가 요구하는 능력 요구사항을 충족하고 있는지의 여부를 판단하는 기준으로도 이용된다.

또한, 조직이나 프로젝트는 전개한 훈련의 유효성을 심사하기 위해 훈련 기록과 마찬가지로 수강자에게서 훈련 심사를 수집하여 유지 및 관리한다. 「훈련 내용의 실무에 대한 적용성」, 「훈련 강사의 능력」, 「훈련 자료의 난이도」 등에서 훈련의 유효성을 심사하고, 심사 결과를 훈련 자체의 개선에 이용함으로써 심사 결과에 따라 기존의 훈련 자료의 개정이나 신규 훈련 과정의 추가 등의 개선활동으로 이어지는 일도 있다.

Point! 비즈니스 전략과 관련된 조직의 훈련 계획

많은 기업에서는 인사부가 조직에서 제공하는 훈련을 결정하기 때문에 장래의 조직 미션(mission)이나 비전, 비즈니스 전략, 또는 현장에서 요구되는 기술 능력을 고려하지 않는 경우가 있다. 비즈니스 전략이나 기술 전략을 고려한 망라성이 높은 훈련을 계획하기 위해서는 인사부 내부뿐만 아니라 비즈니스 전략을 입안하는 사업 기획부나 IT 기획부, 기술개발 본부 등과 연계하면서 훈련을 계획하는 것이 중요하다.

조직 프로세스 성과(OPP)

개요

「조직 프로세스 성과(OPP : Organizational Process Performance)」 프로세스 영역의 목적은 품질이나 프로세스를 정량적으로 관리할 때 목표로 하는 데이터나 수치를 성과 베이스라인이나 프로세스 성과 모델로서 확립하고, 유지 및 관리하는 것이다. 또한, 「프로세스 성과」란 프로젝트가 조직 표준 프로세스에 따라 실시한 작업의 결과를 측정한 것을 가리킨다.

프로세스 성과를 취득할 때 대상이 되는 것에는 제품이나 서비스의 품질, 견적 데이터, 공수나 성과 데이터, 결함 제거율, 신뢰도나 결함 밀도 등을 들 수 있다. 이들 데이터를 프로젝트에서 수집하여 축적하고, 통계적 기법을 이용하여 예측 및 분석을 반복 실시함으로써 베이스라인이나 프로세스 성과 모델을 확립하는 것이 가능하게 된다.

프로세스 성과 모델의 전형적인 예로서 결함예측 모델이 있다. 「어느 단계에서 몇 건 정도의 결함이 발생하는가?」, 「각 단계에서 몇 건 정도 발생하는 것이 적당한가?」 등을 프로젝트의 규모나 애플리케이션 특성, 복잡성 등에 따라 예측하는 것이다.

프로젝트는 프로세스 성과 모델을 이용하여 목표로서 정의한 수치와 비교함으로써 현 단계에 회귀 테스트(regression test) 실시의 필요성을 확인하는 등의 대책을 세우는 것이 가능하게 된다.

- 수치가 작다면 그 단계에서 실시해야 할 테스트를 충분히 실시할 수 있는가?
- 수치가 크다면 앞 단계에서의 테스트가 충분했었는가?

이와 같이 프로세스 성과은 각 프로젝트에서 프로젝트의 상태를 파악 및 분석하여 장래를 예측함으로써 다음의 대응을 검토하기 위해 활용될 것이다.

「조직 프로세스 성과(OPP)」 프로세스 영역은 다음의 내용으로 구성되어 있다.

표 04-27 조직 프로세스 성과(OPP)

고유 목적	내용
SG 1	정량적으로 관리하는 프로세스를 선택하여 목표치를 정의하고, 정기적으로 재검토 성과 예측 모델을 확립한다.

그림 04-27 조직 프로세스 성과(OPP)

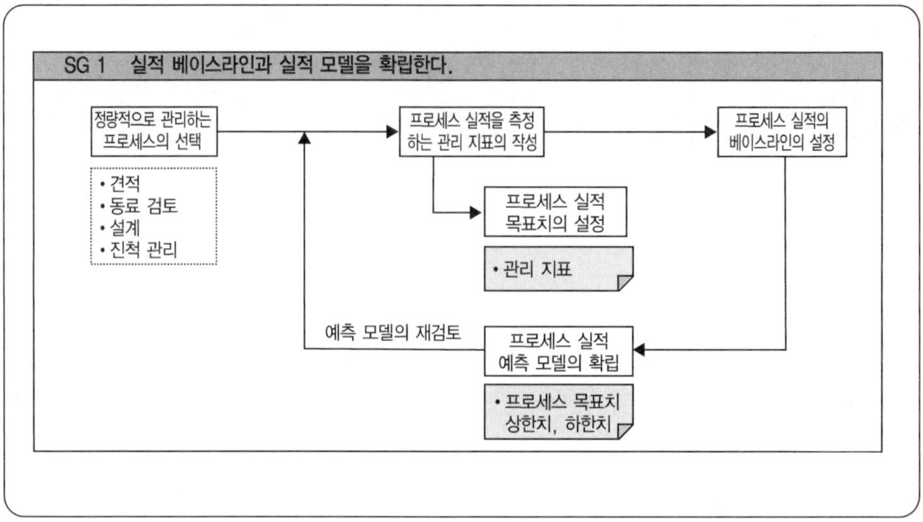

SG 1 : 성과 베이스라인과 성과 모델을 확립한다.

우선 조직 목표를 달성하는 데 무엇을 정량적으로 관리해야 할지를 검토하여 조직 표준 프로세스 속에서 프로세스를 선택한다. 예를 들면, 조직이 이익 목표를 달성하는 데 견적 정밀도의 향상을 중요한 과제로서 인식하는 경우에는 「견적 프로세스」를 선정하고, 견적 프로세스의 개선방법을 검토한다. 또한, 품질 문제에 의해 발생하는 설계 및 개발에 대한 개정 작업의 증가가 조직 이익을 압박하는 경우에는 동료 검토 프로세스가 정착하지 않은 경우 일 수 있으므로 이 경우에는 「동료 검토 프로세스」를 선정한다.

다음으로 품질에 관한 조직 목표를 실현하는 「품질 및 프로세스 성과의 목표」를 설정한다. 「생산성의 10% 향상」이나 「품질 비용의 20% 삭감」, 「개발기간의 10% 삭감」 등이 대표적인 예다. 최종적으로 이들 목표달성 정도가 조직에서 프로세스 개선 활동의 효과로 나타나게 된다.

마지막으로 수집된 지표 데이터와 과거의 유사한 데이터를 이용하여 조직 전체의 평균치나 상한치, 하한치를 설정하고, 예측 모델을 구축한다. 상한치나 하한치의 설정은 표준편차를 이용하는 통계적 기법을 이용하여 설정한다. 또한, 이 예측 모델은 정기적으로 재검토하여 보다 실태를 반영하는 것으로 유지 및 관리할 필요가 있다.

Point! 성과 모델의 구축은 현장과의 공동작업

프로세스 성과 모델이나 베이스라인은 프로젝트의 성과에 따라 축적 및 갱신할 필요가 있다. 예를 들면, 각 단계에서 발생하는 결함건수에서 장래의 결함 건수를 예측하는 모델(예측 모델)은 라이프사이클을 통해 단계별로 결함 건수를 축적하여 그 평균치, 상한치, 하한치를 통계적으로 산출함으로써 구축된다. 그리고 이 예측 모델을 이용하여 현재 가동 중인 프로젝트 성과치를 입력함으로써 각 단계의 잠재적 결함 건수를 예측할 수 있게 된다.

그러나 이 예측 모델을 조직에서 보다 정확하게 상황을 나타내는 것으로 하기 위해서는 프로젝트의 현장과 협력하면서 예측치의 정밀도를 향상시키는 것이 중요하다. 수집하는 데이터에 관해서는 데이터 취득의 기준을 명확하게 설정하여 다르게 해석한 데이터를 제출하지 않도록 세심하게 주의하지 않으면 안 된다. 또한, 각 프로젝트에서 결함 건수의 정의가 다르다면 모처럼 데이터를 수집해도 의미가 없으므로 프로젝트의 현장과 연계하여 데이터의 해석을 정리하는 것도 중요하다.

또한, 프로젝트 구성원에게 수집한 데이터를 어떻게 이용할지를 설명할 필요가 있다. 데이터의 용도를 설명하고 실제로 작성된 보고를 공유함으로써 현장의 이해나 협력을 얻을 수 있는 것이다.

조직 혁신 및 전개(OID)

개요

「조직 혁신 및 전개(OID : Organizational Innovation and Deployment)」 프로세스 영역의 목적은 조직 내에서 제안한 프로세스 개선 제안 및 기술적 개선 제안을 수집하여 정량적인 효과 분석과 파일럿 심사를 거쳐 조직의 품질 목표를 달성하기 위해 유효하다고 판단되는 경우에 개선안을 조직 전체에 전개하는 것이다. 개선활동을 할 때는 항상 조직의 품질에 관한 목표에 따라 확립된 정량적인 기준과 대조하여 활동하고 심사할 필요가 있다. 그리고 선택할 목표로서는 다음과 같은 것이 있다.

- 산출물 품질의 개선
- 생산성 향상
- 사이클 타임의 단축
- 고객 만족도 및 최종 사용자의 만족도 향상
- 기능 변경이나 신기술의 적응에 필요한 개발 또는 생산 시간의 단축
- 납기의 단축
- 새로운 기술 및 사업 니즈에 적응하는 시간의 단축

그리고 여기서 수집하는 개선 제안은 「개선(Improvement)」과 「혁신(Innovation)」의 두 가지의 면을 의식하고 있다. 예를 들면 시장 조사(market research)를 실시하는 등 혁신적인 제안 용법을 수집하여 능동적으로 개선점을 발견함으로써 조직의 「개선」이 「혁신」으로 연결되는 것을 의식하게 되어 장래의 발전을 전망하고 계속적으로 프로세스 개선을 실현할 수 있는 조직으로 나아갈 것이다.

「조직 혁신 및 전개(OID)」 프로세스 영역은 다음의 내용으로 구성되어 있다.

표 04-28 조직 혁신 및 전개(OID)

고유 목적	내용
SG 1	개선안을 수집 분석하여 조직에 전개할 안(案)을 선택한다.
SG 2	개선안의 계획을 수립하여 조직에 전개한다.

그림 04-28 조직 혁신 및 전개(OID)

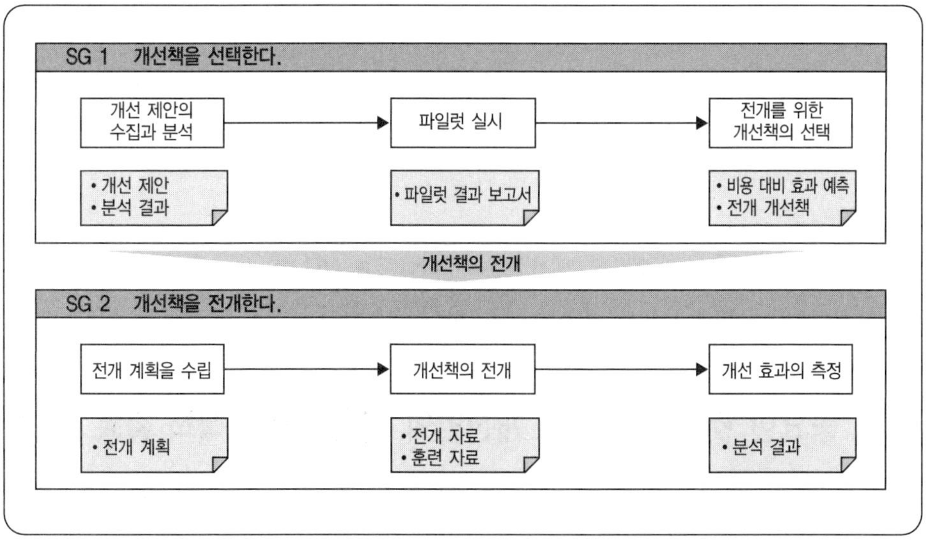

SG 1 : 개선안을 선택한다.

이 프로세스를 실시하기 위한 전제로 프로젝트나 기타 조직 내부에서 프로세스 개선 제안 및 기술적 개선 제안을 할 필요가 있다. 또한, 개선 제안 중에는 「원인 분석 및 해결(CAR)」 프로세스 영역에서 얻은 조치도 포함된다. 그리고 제안된 개선안에서 효과적인 것을 선택하는 활동(수동적 활동)에 추가하여 앞에서 기술처럼 시장 조사에 의한 혁신적 제안 정보의 수집과 같은 개선안을 탐색하는 활동(능동적 활동)도 필요하다.

그리고 수집한 개선안을 정량적으로 분석하고, 그 결과로 조직의 품질 목표나 프로세스 성과 목표를 충족시키기 위해 유효하다고 판단된 개선안에 관해서는 통상의 운영에 앞서서 파일럿을 실시하여 실제로 사용해보고 심사한다. 이 심사에 의해 효과가 인정된 것을 조직에서 개선안으로 전개한다.

조직 내에 전개하는 개선안은 조직의 품질 목표나 프로세스 성과 목표의 달성에 공헌하고, 그 효과를 정량적으로 측정할 수 있는 개선안을 선택하는 것이 필요하다. 그리고 개선안 적용에 의한 영향이나 투자 대비 효과, 일정, 문제점을 고려하여 개선안을 심사할 필요가 있다.

SG 2 : 개선안을 전개한다.

SG 2에서는 SG 1에서 선택한 개선안을 전개하여 개선효과를 측정한다. 단, 개선안의 전개는 조직 전체에 걸친 전개가 되기 때문에 조직 전체에 인식된 전개 계획에 입각하여 계통적으로 실시 · 관리 · 보고할 필요가 있다.

전개 상황은 정량적 측정에 입각하여 관리되고, 전개 효과 또한, 정량적 측정에 입각하여 심사된다. 그리고 전개 효과를 정량적으로 측정하기 위해서는 조직의 품질 목표나 프로세스 성과 목표의 관점에서 각 개선의 가치를 판단하기 위해 측정 가능한 기준이나 목표(개선 실시의 전개에 의한 비용 대비 효과의 향상이나 품질 비용의 감소 등)를 확립할 필요가 있다.

또한, 이들 조직 프로세스의 개선활동을 일회성으로서 끝내는 것이 아니라 개선효과를 측정하면서 계속적으로 재검토 하는 것이 중요하다.

Point! 중요한 것은 혁신적인 개선안의 계속적인 조직적 활동

이 프로세스 영역에 대해서도「원인 분석 및 해결(CAR)」프로세스 영역과 마찬가지로 성숙도 레벨 5의 프로세스인 것을 항상 의식할 필요가 있다. 이 프로세스 영역에서 중요한 키워드는 다음의 4가지 이다.

조직 수준에서 대처할 활동일 것

프로젝트나 조직 활동을 통해 프로세스에 대한 개선 제안을 수집할 뿐만 아니라 제안에 입각하여 전개할 도구나 체제를 확실하게 확립하는 것이 매우 중요하다. 또한, 여기서 검토되는 개선안을 조직 활동으로서 조직 전체에서 인식할 필요도 있다.

조직 목표에 입각하여 확립된 기준에 의해 심사할 것

성숙도 레벨 5에서 실시할 모든 개선활동은 성숙도 레벨 4에서 확립한「조직의 품질 및 프로세스 성과의(정량적) 목표」를 충족하기 위해 실시하지 않으면 안 된다. 이 때문에 개선안을 선택하기 위한 기준이나 파일럿에 의한 심사의 기준, 전개 후의 효과를 심사하는 기준이 각각 필요하고, 이들 기준은 어느 것이나「조직의 품질 및 프로세스 성과의 목표」를 바탕으로 확립될 필요가 있다.

기술 개선안 및 혁신적인 개선할 것

「조직 혁신 및 전개(OID)」프로세스 영역이 내재화되어 성숙한 조직에서는 자발적으로 개선안을 만들어 낼 수 있고, 각 구성원이 항상 보다 좋은 방법을 탐구하는 의식을 갖고 있다. 이미 발생한 결함에 대한 개선 활동뿐만이 아니라 조직의 목표나 문제 상황을 정량적으로 측정하여 필요한 개선안을 스스로 탐색하여 발견하려는 활동이 항상 실시되고 있다. 이와 같은 능동적인 활동이 단지 기술 개선안뿐만 아니라 때에 따라 혁신적인 개선을 이루고 조직의 힘을 비약적으로 강화하는 활동력이 되는 것이다.

지속적인 활동일 것

「조직의 프로세스」나 「조직의 목표치」는 사회나 회사, 고객 환경이나 상황에 따라 변하는 것이다. 이 때문에 개선활동을 계속적으로 실시하여 변화에 충분히 견딜 수 있는 프로세스나 목표치를 정의하지 않으면 의미가 없다.

이와 같이 올바르게 문제를 식별하고(성숙도 레벨 4 이전의 프로세스) 그 근본원인을 발견하여 적절한 조치를 실시하는(성숙도 레벨 5의 「원인 분석 및 해결(CAR)」 프로세스 영역) 것에 의해 프로세스 성과의 평균치가 조직의 목표치에 근접하면서 프로젝트 간의 수치의 불균형이 감소하게 되는 것이다. 이것이 성숙도 레벨 5를 달성한 조직의 프로세스 개선의 형태다.

Point! 정량적 품질관리에 입각한 프로세스 개선의 실시

이 프로세스 영역에서는 성숙도 레벨 4를 토대로 한 개선안의 실시가 요구된다. 이것이 성숙도 레벨 3의 「조직 프로세스 초점(OPF)」 프로세스 영역과 다른 점이다. 구체적으로 개선안을 선정할 때 OID 활동은 조직이 정의한 정량적 목표(생산성 ○○% 향상, 결함율 ○○% 저하, ROI ○○% 향상 등)를 실현하는 개선안을 선정할 필요가 있고, 개선 결과에 대해서도 마찬가지로 달성율을 정량적으로 제시하는 것이 요구된다.

또한, 몇 개의 개선안에서 실시안을 선정할 때는 정량적인 분석을 실시할 필요가 있다. 예측되는 개발 기간의 단축, 형편이 좋지 않은 대응 공수의 삭감, 비용 대비 효과 등의 요소를 수치화하여 최대효과를 기대할 수 있는 실시안을 제안한다.

그리고 개선안의 실시 효과를 측정하는 경우에도 관리도나 분포도 등을 이용하여 실시된 프로세스의 불균형이 축소되고 안정되었는지를 정기적으로 모니터링 할 필요가 있다. 예를 들면, 시스템 장애발생 상황에 대해 관리도를 이용하여 모니터링 하고, 시스템 가동 프로세스의 안정화를 꾀하는 경우도 있다.

최근에 레벨 5를 지향하는 기업에서 식스 시그마를 적용하는 사례가 증가하고 있지만, 이것은 식스 시그마의 개념인 「프로세스의 불균형에 착안하여 프로세스를 개선한다」는 것을 바탕으로 정량적 목표를 달성한다는 생각이 「조직 혁신 및 전개(OID)」 프로세스 영역의 목표와 일치하고 있기 때문이다.

이와 같이 「조직 혁신 및 전개(OID)」 프로세스 영역은 성숙도 레벨 4에서 달성한 정량적 품질관리에 입각하여 실시하는 것으로서 가일층 프로세스의 안정화, 조직의 개혁을 목표로 하고 있다.

Column

칼럼 **식스 시그마(Six Sigma)**

식스 시그마란 1980년대에 미국 모토롤라(Motorola) 회사가 개발한 통계적 품질관리 기법이다. 제조업에서 적용하고 있으며, 불량품의 발생률을 100만분의 3.4 이내로 억제하는 것을 목표로 하고 있다.

공통 목표와 공통 프랙티스(practice)

CMMI에서 정의된 「프로세스 영역」에 대해 개별적으로 설명했지만, 지금까지의 설명은 모두 「고유 목적(Specific Goal : SG)」과 「고유 프랙티스(Specific Practice : SP)」에 대한 것이었다. 여기서는 고유 목적이나 고유 프랙티스와 마찬가지로 프로세스 영역의 구성요소로 되어 있는 「공통 목적(Generic Goal : GG)」과 「공통 프랙티스(Generic Practice : GP)」에 대해 설명한다.

공통 프랙티스의 필요성

프로젝트의 관리 · 엔지니어링 · 지원 영역이라면 하나의 프로젝트뿐이라도 고유 프랙티스의 실천을 할 수 있다. 또한, 프로세스 관리 영역에 대해서도 어느 일정한 기간만 실천함으로써 요구되는 고유 프랙티스를 충족할 수 있다.

그러나 단일 프로젝트나 일정한 시기를 대상으로 하고 계속성이 없는 활동에서는 「성숙한 프로세스를 가진 조직」이라고는 할 수 없다. 어떤 프로젝트라고 해도 조직의 표준 프로세스에 입각한(조정된) 적정한 프로세스에 따라 운영될 필요가 있고, 조직의 프로세스 개선활동도 계속적으로 실천해야 할 것이다.

이와 같은 프로세스 영역의 지속적인 실천이나 조직에서의 정착화를 도모하는 활동으로서 공통 프랙티스가 정의되어 있다. 「공통」이라는 이름과 같이 공통 목적과 공통 프랙티스는 전체 프로세스 영역에 공통적으로 적용할 수 있는 프랙티스로서 CMMI의 어느 프로세스 영역의 공통 프랙티스를 보아도 동일한 표현으로 연결된 것을 알 수 있다.

예를 들면, GP 2.1이라면 어느 프로세스 영역에서도 「조직 정책을 확립한다」는 표현이 있고, GP 2.2라면 「프로세스를 계획한다」는 표현으로 통일되어 있다. 이것은 프로세스의 내용이 어떠하든 확실하게 프로세스를 이행하기 위한 대처라는 것이 어느 프로세스에서도 공통이라는 것을 나타내는 것이며, 여기서 나타낸 공통적인 대처가 모두 충족되어야 비로소 「프로세스가 정착하여 그 조직에서는 당연하게 이행되는 상태」로 해석할 수 있게 되는 것이다.

또한, 연속적 표현에서 공통 목적은 GG 1에서 GG 5까지 정의되어 있지만, 단계적 표현에서는 GG 4, GG 5는 사용되지 않는다. 성숙도 레벨 4나 레벨 5를 지향하는 경우에는 성숙도 레벨 3에 정의된 각 프로세스 영역의 고유 목적과 GG 3까지의 공통 목적을 충족함으로써 각 성숙도 레벨을 달성하는 것이 가능하게 된다.

여기서는 단계적 표현에서 대상이 되는 공통 목적에 대해 설명한다.

GG 2 : 관리된 프로세스를 제도화 한다.

GG 2는「관리된 프로세스를 제도화 한다」고 표현되어 있다. 이「관리된」이라고 하는 것은 CMMI의 단계적 표현에서 말하면 성숙도 레벨 2의「관리(Managed)」과 동일한 의미다. 즉, 성숙도 레벨 2에서 정의된 각 프로세스 영역의 고유 프랙티스를 정착화 시키는 대처라는 것이 된다. GG 2를 달성하기 위해 필요한 GP 2.1~2.10은「프로세스를 계획한다」,「책임을 할당한다」,「인원을 훈련시킨다」 등의 프로세스 영역 공통의 내용으로 되어 있고, 이들 활동이 적절하게 실시되지 않으면, 프로세스 영역의 고유 프랙티스를 실시해도 일회성 활동에 지나지 않는다고 판단되는 것이다.

여기서는「프로젝트의 모니터링 및 통제(PMC)」 프로세스 영역의「SP 1.6 : 진척 검토를 실시한다」라는 활동을 예로서 설명한다. 개발 프로젝트를 실시하는 도중에 진척 검토를 몇 회 이상 실시하고 그 의사록 등의 기록이 있으면 이 공유 프랙티스를 충족했다고 심사에서 증명할 수 있다.

GP 2.1~2.10에서 요구되는 모든 공유 프랙티스가「프로젝트의 모니터링 및 통제(PMC)」 프로세스 영역에서 보증함으로써 일회성이 아니라 지속적인 활동으로서「제도화」 되어 있다고 할 수 있는 것이다.

GG 3 : 정의된 프로세스를 제도화 한다.

GG 3은「정의된 프로세스를 제도화 한다」고 표현되어, CMMI의 단계적 표현에서 성숙도 레벨 3의「정의(Defined)」과 동일한 의미다. 즉, 성숙도 레벨 2나 레벨 3에서 정의된 프로세스 영역의 각 고유 프랙티스를 조직적인 프로세스로서 정착화 시키는 활동이라는 것이다.

GG 3을 달성하기 위해 필요한 공통 프랙티스는 다음의 두 가지 이다.

- GP 3.1 : 정의된 프로세스를 확립한다.
- GP 3.2 : 개선 정보를 수집한다.

이 2개의 공통 프랙티스는 각각 아래와 같이 바꿀 수 있다.

- 조직 공통의 프로세스로서 정의된다.
- 프로세스를 보다 나은 방향으로 바꾸기 위한 정보(프로젝트에서 프로세스를 실

행할 때 발견한 개선점 등)을 수집한다.

모든 프로세스 영역에서 이와 같은 대처가 실시되어야 비로소 조직에서 공통 프로세스가 정의되고 정착되었다고 판단하는 것이다.

Point! 「프로세스 영역」과 「공통 프랙티스」의 관계

GG 2나 GG 3에 연결된 공통 프랙티스는 이하의 표와 같이 성숙도 레벨 2와 레벨 3의 프로세스 영역, 또는 고유 프랙티스와 밀접하게 관련된 것이 많다.

표 04-29 공통 프랙티스와 관련된 프로세스 영역 또는 고유 프랙티스

공통 프랙티스		관련된 프로세스 영역 또는 고유 프랙티스
GP 2.2	프로세스를 계획한다.	• 프로젝트 계획 수립(PP)
GP 2.3	자원을 제공한다.	• 프로젝트 계획 수립(PP)의 「SP 2.4 : 프로젝트 자원에 대해 계획한다」
GP 2.4	책임을 할당한다.	• 프로젝트 계획 수립(PP)
GP 2.5	인원을 훈련시킨다.	• 조직 훈련(OT) • 프로젝트 계획 수립(PP)의 「SP 2.5 : 필요한 지식과 능력에 대해 계획한다」
GP 2.6	형상 관리를 한다.	• 형상 관리(CM)
GP 2.7	직접적인 이해관계자를 지정하여 관여시킨다.	• 프로젝트 계획 수립(PP)의 「SP 2.6 : 이해관계자의 관여를 계획한다」 • 프로젝트의 모니터링 및 통제(PMC)의 「SP 1.5 : 이해관계자의 관여를 감시한다」 • 통합 프로젝트 관리(IPM + IPPD)의 「SP 2.1 : 이해관계자의 관여를 관리한다」
GP 2.8	프로세스를 감시하고 제어한다.	• 프로젝트의 모니터링 및 통제(PMC) • 측정 및 분석(MA)
GP 2.9	충실함을 객관적으로 심사한다.	• 프로세스와 제품의 품질 보증(PPQA)
GP 2.10	상위 레벨의 관리층과 함께 상황을 검토 한다.	• 프로젝트의 모니터링 및 통제(PMC)의 「SP 1.6 : 진척 검토를 실시한다」와 「SP 1.7 : 마일스톤 검토를 실시한다」
GP 3.1	정의된 프로세스를 확립한다.	• 조직 프로세스 정의(OPD) • 통합 프로젝트 관리(IPM + IPPD)의 「SP 1.1 : 프로젝트의 정의된 프로세스를 확립한다」
GP 3.2	개선 정보를 수집한다.	• 통합 프로젝트 관리(IPM + IPPD)의 「SP 1.6 : 조직 프로세스 자산에 기여한다」 • 조직 프로세스 초점(OPF)의 「SP 3.4 : 프로세스 관련의 경험을 조직 프로세스 자산에 포함한다」 • 조직 프로세스 정의(OPD)

이와 같이 공통 프랙티스는 관련된 프로세스 영역의 대처를 타 프로세스 영역에 대해 적용한다고 해석할 수 있다.

Point! 절대적으로 필요한 것은 정책

공통 프랙티스 중에서 오직 「GP 2.1 : 정책을 확립한다」는 것은 어떤 프로세스 영역의 내용과도 연계되지 않은 프랙티스이다. 프로세스 영역의 각 프랙티스에 대해 조직에 소속한 구성원이 통일적인 대처 방법이 될 수 있도록 정책을 나타내는 것은 가장 중요한 것이다.

구체적으로는 회사 전체 회의에서 전 사원에게 주지시키는 것을 생각할 수 있다. 이와 같은 형태로 조직의 상위 관리층이 프로세스에 대한 커미트먼트(commitment)를 나타냄으로써, 조직에 소속하는 구성원에 대한 의식이 고양되고 조직의 표준 프로세스를 지켜야 할 규칙으로서 인식시키는 것이 가능하게 되는 것이다.

맺은 말

제가 CMM/CMMI에 관계한지 벌써 10년 이상이 지났습니다. 당시에는 「CMM? 미국 방송국?」으로 말하는 사람도 있었습니다. 그만큼 성숙도 모델이라는 용어 자체도, 조직 레벨에 주목하여 그 능력을 성숙도라는 형태로 측정한다는 사고방식도 익숙하지 않던 시기였습니다.

한때 큰 유행이었던 ISO 9000 시리즈는 그 본질보다도 인증 획득에 중점을 두었고, 노력은 많이 했지만 기대만큼의 효과가 있지 않았다는 쓰라린 경험을 한 담당자분들이 많았습니다. 이에 비해 CMM은 보다 현장 중심의 개선에 중점을 둔것이 큰 인상으로 남았습니다. 또한, 심사 기법(당시는 CBA-IPI)에서도 감명을 받았습니다. 심사를 경험했을 때의 진한 감동과 심사팀 내부의 뜨거운 논쟁은 지금도 선명하게 기억되고 있습니다.

그로부터 10년, CMM은 CMMI로 거듭나 더욱 확장성을 갖고 우리에게 받아들여지고 있습니다. 이제는 「CMMI란 무엇인가? 」또는 방송국으로 착각하는 일은 없을 것입니다. 이런 의미에서 CMM/CMMI도 세상에 인지된 존재가 되었다고 할 수 있습니다. 그러나 한편으로는 CMMI 도입이 일회성이 되어 최종적으로 현장에 내재화/정착되지 못한 사례도 있습니다.

「그 축제의 떠들석함은 무엇이었는가?」
「결국 개선된 것은 무엇인가?」

라는 소리를 듣는 것은 매우 애석한 일입니다. 올바르게 도입했다면 CMMI를 비롯한 프로세스 개선활동은 큰 ROI를 기대할 수 있었을텐데...

CMM도, CMMI도 그 도입 포인트는 동일합니다. 본 번역서에서는 저자가 실제로 경험한 것을 바탕으로 「어떻게 CMMI를 도입하여 효율적으로 현장을 개선하였는가?」를 설명하고 있습니다. CMMI의 도입에 관련된(또는 관련 되었던) 구성원이 자신의 경험을 바탕으로 서술하고 있습니다. 도입을 위해서 고생하는 여러분들은 공감할 수 있는 부분이 많을 것이라고 생각합니다.

또한, 관리의 커미트먼트가 반복하여 강조되고 있지만, 이것도 CMMI를 실제 도입한 후에야 와닿을 수 있습니다. 그리고 진행 중인 프로젝트에서 심사나 정보 수집은 프로젝트 팀에 부담이 될 수 있지만, 조직 목표 달성을 위해 각 프로젝트의 협력을 얻을 수 있었습니다. 각 프로젝트에서는 특별히 CMMI를 의식하지 않아도 CMMI의 레벨 3는 달성할 수 있는 프로세스를 수행하지만, 심사를 받게 되면 압박도 느낄 것입니다. 이를 슬기롭게 극복하는 것도 관리자의 커미트먼트와 함께 각 구성원의 높은 의식에 의한 것이라고 생각됩니다. 결코 타인의 일이 아니라 자신을 위해서라는 오너십도 성공에는 필수적이라고 생각됩니다.

CMMI는 어디까지나 프레임워크/모델입니다. 이것을 유효하게 활용하여 조직에서 진정한 실력을 키워야 그 효과가 극대화되며, 그렇지 않으면 단지 주위에서 추진하기 때문에 실시한다는 자세로는 쓸데없는 부담만 될 뿐입니다.

본 번역서에서는 단순히 자세가 아닌, 또한 일회성이 아닌 CMMI의 우수한 부분을 현장에 활용하고 정착시키기 위해 원서의 본문 외에 저의 경험에 기반한 노하우나 힌트를 포함시켰습니다. 부디 본 번역서에 있는 내용과 저의 노하우나 힌트를 활용하여 CMMI의 목적인 프로세스 개선을 통한 생산성 향상이라는 근본적 취지를 달성하여 여러분의 기업 가치를 높이고 주주, 고객, 회사, 사원 모두가 행복할 수 있는 조직으로 성장시키시길 바랍니다.

2009년 08월

역자 박 철 구

찾아보기

▶ 역자 **박 철 구**

(현)
KTDS 정보서비스연구소 품질생산성팀장
명지대학교 대학원 산업경영공학과 박사과정

(전)
1984~1995 포스코 열연부 제품 검사팀
1995~2000 현대하이스코 정보기술팀
2000~2005 포스데이타 품질보증팀
2005~2008 KT IT본부 품질혁신팀

정가 19,000원

CMMI 기본과 실천
생산성과 품질이 향상되는 프로세스 개선의 모든 것

2009년 10월 28일 초판 인쇄
2009년 11월 5일 초판 발행

역자와의
협의하에
인지생략

저 자 : 안마 유타카
역 자 : 박 철 구
발행자 : 우 명 찬 · 송 준
발행처 : 홍릉과학출판사
주 소 : ㊥142-885 서울시 강북구 인수동 455-60
등 록 : 1976년 10월 21일 제5-66호
전 화 : 999-2274~5, 996-8341, 903-7037
팩 스 : 905-6729
ISBN : 978-89-7283-772-5
hongpub@hongpub.co.kr
www.hongpub.co.kr